U1021099

刘大年全集

十二

笔记 随笔

国家出版基金项目
NATIONAL PUBLICATION FOUNDATION

長江出版傳媒
湖北人民出版社

编者说明

一、《刘大年全集》第十二卷包括读书笔记、随笔、题词三部分内容。

二、读书笔记以刘大年先生阅读《马克思恩格斯全集》所作笔记、批注为主，也有少量阅读其他著作的批注。这些批注是直接写在原书上的。此类批注甚多，本卷选录了编者认为有价值的部分。为便于读者阅读，此部分内容编辑体例为：先录入所针对的原文，再在其后用黑体字录入笔记、批注。有下横线者为批注作者所划。阅读马恩全集并写下批注，主要是在“文革”十年搁笔时期。此后，或有重读以及补充批注的情况。

读书笔记排序，按照先马恩全集、马恩其他读本、毛泽东选集，后其他；其他则按照各书出版时间为先后。

三、随笔部分多为未刊文稿，包括一些论文写作提纲，著作的资料准备和写作构想。比较零散，并不成熟、系统，编辑时秉承保持原貌的宗旨，除部分添加标题外，不予改动。排列先后按写作时间为准，不能判明时间的，按内容顺序排列于后。

四、本卷多为手稿，释读时以衍字用【】、漏字用〖〗、纠正错别字用［］、辨认不清用□做文字处理符号。

五、本卷脚注均为编者注。

六、本卷文字录入、整理和编辑由中国社会科学院历史理论研究所副研究员赵庆云负责。在整理过程中，我们本着尊重史料的原则，努力保存手稿原貌。手稿中有些地方写得过于随意、简省和口语化，颇为费解，整理时也未作改动。有些地方人名、地名、日期、统计数字及史实等可能记忆有误，我们对其中部分问题进行了核查订正，但囿于条件所限，未便一一核查。为了帮助读者理解，个别地方作了力所能及的注释。不妥之处，请读者指正。

目　录

读书笔记

随　笔

题　词

读书笔记

《马克思恩格斯全集》第一卷

人民出版社 1972 年版

第Ⅵ页

“马克思恩格斯全集”第二版共计三十卷。——《第二版说明》

剩余价值学说史，载马克思通信的最后五卷，中文版未出（另有单行旧译《剩余价值学说史》）。

第 108 页

海尔梅斯　为什么我不能这样说呢？各种各样的事都压在我身上，而且还不断地让我一个人干各种奴隶般的活。……，——这种种职务的重担已使我筋疲力尽，但是我还得负起关于死人的一切事务。——《第 179 号“科伦日报”社论》

一、“天堂”里不幸，《西游记》等神话故事写的天堂也是这样。神，包括如来都丑恶。二、要负担起关于死人的一切事务。

第 113—114 页

必须把作者的话整个颠倒过来，才能得出真理。作者完全颠倒了历史。希腊和罗马恰巧就是古代世界各民族中“历史发展”最高的国家。希腊的内部极盛时期是伯利克里时代，外部极盛时期是亚历山大时代。在伯利克里时代，诡辩学派、称得上哲学化身的苏格拉底、艺术以及修辞学等排斥了宗教。而亚历山大时代就是既否认“个人”精神的永恒不灭又否认当代各种宗教之神的亚里士多德的时代。罗马的情形则更是如此！请读一读西塞罗的著作吧！伊壁鸠鲁、斯多葛派或者怀疑论者的哲学学说，正是在罗马的极盛时期才成为有教养的罗马人的宗教信仰的。——《第 179 号“科伦日报”社论》

历史本质问题的重要观点。一、希腊罗马是古代世界历史发展最高的国家。二、历史盛衰与宗教盛衰成反比。

第 117 页

那就是说，法国也是这样吗？但是，宪章第三条并没有说："凡基督徒"或"唯有基督徒"，而是说"凡法国人皆享有担任文武官职之平等权利"。

同样，普鲁士法的第二部分第十三章也说道：

"国家元首的主要职责是安内攘外，保证国家安全，保护每个人之一切不受暴力侵犯。"

根据第一节，国家元首一人掌有"国家之全部职责与权利"。但这并不是说，国家的主要职责就在于镇压异端的谬误和保证其臣民的来世幸福。——《第 179 号"科伦日报"社论》

历史本质：驳欧洲国家建立在基督教基础上的胡说。此处引据的宪法条文实质上是说明国家建立在阶级统治的基础上。

第 127—128 页

哲学在政治方面所做的事情，就像物理学、数学、医学和任何其他科学在自己领域内所做的事情一样。维鲁拉姆男爵培根把神学的物理学称为献给上帝的永不生育的少女；他把物理学从神学里解放出来，于是物理学就变成一门有成果的科学了。正如你们不会去问医生是不是教徒一样，你们也不应该问政治家这一点。差不多和哥白尼的伟大发现（真正的太阳系）同时，也发现了国家的引力定律：国家的重心是在它本身中找到的。各种形式的欧洲国家的政府都企图——诚然，这是肤浅的，这是初次实践活动中所常有的——在确立国家间的均势方面运用这个定律；然而，马基雅弗利、康帕内拉和其后的霍布斯、斯宾诺莎、胡果·格劳修斯，以及卢梭、费希特、黑格尔等都已经用人的眼光来观察国家了，他们是从理性和经验中而不是从神学中引申出国家的自然规律。——《第 179 号"科伦日报"社论》

国家就是阶级对立的产物，国家引力定律就是阶级斗争。阶级斗争有自己的引力定律，那就是人民群众的力量。马克思第一次指出哲学政治学说必须从神学统治下解放出来成为一门科学。以后历次讲到，并且更加具体。

第 133 页

在同你们分手之前，我们还想顺便提醒你们注意一下自己的超人智慧。要知道，用你们的闪烁其词的方法可以时而在这里时而在那里无意地发表一些正确的思想，但这并不是你们的思想。你们发现巴黎艾奈肯先生关于反对地产析分的辩论使他同自治论者奇怪地协调起来！亚里士多德说过，惊奇是发议论的开端。然而对你们来说，开端就是结束。不然你们怎么没有注意到在德国不是自由主义者而是你们的反动朋友在传播共产主义的原理这一惊人的事实呢？——《共产主义和奥格斯堡“总汇报”》

马克思引用过亚里士多德的一句话：“首先我想提出一个令人‘惊奇’的问题，到底什么叫历史？什么叫历史学？”

第149页

然而利益是讲求实际的，世界上没有比消灭自己的敌人更实际的事情了。——《第六届莱茵省议会的辩论（第三篇论文）》

人民力量。统治阶级憎恨人民，但他永远无力消灭人民——非不为也，是不能也。挟泰山以超北海。如果做得到，统治阶级早已把人民消灭了不止一万次。

第174页

在菲力浦国王时期，安特卫普只要淹没自己的领地，便能够轻而易举地阻止住西班牙人的进攻，但屠户行会却不同意这样做，因为牧场上牧放着该行会肥壮的牛群。——《第六届莱茵省议会的辩论（第三篇论文）》

国家政权必须服从某个统治阶级的根本利益，一例。

第273页

谓语的存在是主体，所以主体是主观性等等的存在。黑格尔把谓语、客体变成某种独立的东西，但是这样一来，他就把它们同它们的真正的独立性、同它们的主体割裂开来。随后真正的主体即作为结果而出现，实则正应当从现实的主体出发，并把它的客体化作为自己的研究对象。因此，神秘的实体成了现实的主体，而实在的主体则成了某种其他的东西，成了神秘的实体的一个环节。……黑格尔不是把普遍物看做一种现实的有限物（即现存的固定物）的现实本质，换句话说，他没有把现实的存在物看做无限物的真正主体，这正是二元论。——《黑格尔法哲学批判》

主体是与客体相对的。历史的本质是阶级、阶级斗争。但是把两个对立

的阶级同等看待，这正是二元论。实际是唯心论。即否定人民群众是历史的主体。所谓“共同创造”“无君子莫治野人，无野人莫养君子”，即如此。

第281页

在君主制中，整体，即人民，从属于他们存在的一种方式，即他们的政治制度。在民主制中，国家制度本身就是一个规定，即人民的自我规定。在君主制中是国家制度的人民；在民主制中则是人民的国家制度。民主制是国家制度一切形式的猜破了的哑谜。在这里，国家制度不仅就其本质说来是自在的，而且就其存在、就其现实性说来也日益趋向于自己的现实基础、现实的人、现实的人民，并确定为人民自己的事情。国家制度在这里表现出它的本来面目，即人的自由的产物。也许有人会说，在一定意义上，这对于君主立宪制也是正确的。然而民主制独有的特点，就是国家制度无论如何只是人民存在的环节，政治制度本身在这里不能组成国家。

黑格尔从国家出发，把人变成主体化的国家。民主制从人出发，把国家变成客体化的人。正如同不是宗教创造人而是人创造宗教一样，不是国家制度创造人民，而是人民创造国家制度。在一定的意义上说，民主制对其他一切国家形式的关系，正如同基督教对其他一切宗教的关系一样。……民主制也是一样，它是一切国家制度的实质，是作为国家制度特殊形式的社会化了的人。它对国家制度其他一切形式的关系，正好像类对自己的各个种的关系一样。然而在这里类本身也表现为一个存在物，所以对其他不适合于自己的实质的存在形式说来，它自己就是一个特殊的种。民主制对其他一切国家形式的关系就像对自己的旧约全书的关系一样。在民主制中，不是人为法律而存在，而是法律为人而存在；在这里人的存在就是法律，而在国家制度的其他形式中，人却是法律规定的存在。民主制的基本特点就是这样。——《黑格尔法哲学批判》

主体客体：宗教、国家制度的透彻说明。但是反过来，它仍是一经被创造出来，对人便发生严重的影响。不是统治阶级创造了人民，而是人民“创造”了统治阶级能够存在的条件。统治阶级不可能消灭人民，人民最后要消灭统治阶级。谁是主体，谁是客体，这还不明显吗？

第412页

他在行加冕礼时便宣称，他的心意和愿望就是他的领地——普鲁士、他的国家——的未来的国家的根本法律。事实上，在普鲁士，国王就是整个制度；在那里，国王是唯一的政治人物。总之，一切制度都由他一个人决定。他所做的或者人家要他做的，他所想的或者人家要他讲的，就是普鲁士国家所做的和所想的。因此，就凭这位国王能如此坦白地说出这些话也的确该给他记一大功了。——《摘自“德法年鉴”的书信》

据此，普鲁士国王（威廉四世）认为自己是历史的创造者。与俾斯麦正好相反的例子（俾斯麦议论见《普列哈诺夫人物问题》）。

第529页

相反地，海涅和蒙特从袖手旁观转到了公开变节。海涅评论白尔尼的书是历来最不像样的德文书；蒙特最近写的“舵手”把人民的心目中对“圣母”作者的最后一点点尊敬都扫荡无余了。——《评亚历山大·荣克的“德国现代文学讲义”》

马克思的著作不止一次引过海涅的诗。附注中亦称之为“伟大的德国革命诗人”。此处论断如此。注意！

第575页

每当遇到英国社会主义者的时候，我总有些奇怪：他们大部分人对大陆上各国所展开的社会运动竟了解得这样少。可是在法国，就有50多万共产主义者，傅立叶派和其他不太激进的社会改革派还不包括在内；在瑞士，到处都有共产主义联合会，这些联合会在意大利、德国、甚至匈牙利都有自己的代表；德国的哲学通过长期的痛苦摸索过程，也终于达到了共产主义。

于是，欧洲三个文明大国——英国、法国和德国——都得出了这样的结论：在集体所有制的基础上来改变社会结构的那种急剧的革命，现在已经是急不可待和不可避免的了。尤其值得注意的是，这个结论是由上述每个国家各自单独得出来的。这一事实雄辩地证明了，共产主义并不是英国或其他什么国家的特殊情况造成的结果，而是以现代文明社会的一般情况为前提所必然得出的结论。——《大陆上社会改革运动的进展》

按：马克思主义以前的共产主义。历史前进的方向。人类历史走上共产

主义的必然性——共产主义并非马克思臆想出来的。他只是把它科学化了。

第 588—589 页

在法国发生政治革命的同时，德国发生了哲学革命。这个革命是由康德开始的。他推翻了前世纪末欧洲各大学所采用的陈旧的莱布尼茨的形而上学体系。费希特和谢林开始了哲学的改造工作，黑格尔完成了新的体系。从人们有思维以来，还从未有过像黑格尔体系那样包罗万象的哲学体系。逻辑学、形而上学、自然哲学、精神哲学、法哲学、宗教哲学、历史哲学，——这一切都结合成为一个体系，归纳成为一个基本原则。看来这个体系从外部是不能攻破的。实际上也是这样。只是由于身为黑格尔派的那些人从内部攻击，这个体系才被打破。我在这里当然不能详细叙述这个体系及其历史，只能谈谈下面几点。德国哲学从康德到黑格尔的发展是连贯的，合乎逻辑的，必然的，——如果可以这样说的话，以致除了上面提到的体系而外，其他任何体系都是站不住脚的。虽然还有两三种体系，但这些体系丝毫没有引起人们的注意，而且受到极端轻视，人们连驳斥一下的兴趣都没有。——《大陆上社会改革运动的进展》

历史前进规律。黑格尔的学说，从内部分裂——一切重要学说、学派发展、前进的根本法则。基督教、儒家经典（分裂今文、古文，最后今文学经学由康有为集大成，实际上否定了儒家经典）全如此。修正主义从马克思主义、国际共产主义分裂出来。马克思主义大发展、大前进。

第 622 页

这种财产的集中是一个规律，它同所有其他的规律一样，都是私有制所固有的；中等阶级必然愈来愈多地被消灭，直到世界分裂为百万富翁和穷光蛋、大土地占有者和贫穷的短工为止。——《政治经济学批判大纲》

人民群众能够最后废除私有制的条件之一。这个规律非常重要：人民群众的力量越来越大，最后埋葬统治者。

第 647 页

卡莱尔和谢林（早期的谢林，不是“启示”时期的谢林）有很多共同点；在“英雄崇拜”或“天才崇拜”方面，他和施特劳斯是一致的；后者的观点

也是泛神论的。——《英国状况　评托马斯·卡莱尔的“过去和现在”》

卡莱尔也是二元论者。两个崇拜是一件事：所以是天才，因为成了英雄；所以成为英雄，因为具有天才。

第 660 页

17 世纪英国革命完全是 1789 年法国革命的预演。在“长期议会”里，很容易识别出相当于法国制宪会议、立法会议和国民公会的三个阶段。从君主立宪制到民主制、军事专政、复辟以至 juste-milieu〔中庸〕革命这个转变过程，在英国革命里面也鲜明地反映了出来。克伦威尔兼罗伯斯比尔和拿破仑于一身；长老会派相当于吉伦特派，独立派相当于山岳派，平等派相当于阿贝尔派和巴贝夫派。两次革命在政治上的结果都相当可怜。——《英国状况　十八世纪》

精彩：英国革命为法国革命预演。两者相似之点。从这里看出阶级斗争的规律。不是偶然性。

《马克思恩格斯全集》第三卷

人民出版社 1972 年版

第 15 页

人们迄今总是为自己造出关于自己本身、关于自己是何物或应当成为何物的种种虚假观念。他们按照自己关于神、关于模范人等等观念来建立自己的关系。他们头脑的产物就统治他们。他们这些创造者就屈从于自己的创造物。我们要把他们从幻想、观念、教条和想像的存在物中解放出来，使他们不再在这些东西的枷锁下呻吟喘息。我们要起来反抗这种思想的统治。一个人说，只要我们教会他们如何用符合人的本质的思想来代替这些幻想，另一个人说，只要我们教会他们如何批判地对待这些幻想，还有个人说，只要我们教会他们如何从头脑里抛掉这些幻想，这样……当前的现实就会崩溃。——《德意志意识形态　序言》

这段话内容，从宗教到各种学说，都适用。应据此引申发挥。但必须充分注意本卷页 22 对青年黑格尔批判的根本论点。不然就要发生唯心主义大错，成为用一种词句反对另一种词句，为反对词句而斗争，而不是反对剥削阶级世界。又注意本卷页 43。回答历史科学的问题或历史的各种观点，就是这种创造物之本质或公正问题。人改为“阶级”。

第 31—32 页

我们遇到的是一些没有任何前提的德国人，所以我们首先应当确定一切人类生存的第一个前提也就是一切历史的第一个前提，这个前提就是：人们为了能够“创造历史”，必须能够生活。但是为了生活，首先就需要衣、食、住以及其他东西。因此第一个历史活动就是生产满足这些需要的资料，即生产物质生活本身。同时这也是人们仅仅为了能够生活就必须每日每时都要进行的（现在也和几千年前一样）一种历史活动，即一切历史的一种基本条件。即使感性在圣布鲁诺那里被归结为像一根棍子那样微不足道的东西，但它仍须以生产这根棍子的活动为前提。因此任何历史观的第一件事情就是必须注意上述基本事实的全部意义和全部范围，并给予应有的重视。大家知道，德国人从来没有这样做过，所以他们从来没有为历史提供世俗基础，因而也从来没有过一个历史学家。法国人和英国人尽管对这一事实同所谓的历史的联系了解得非常片面（特别因为他们受政治思想的束缚），但毕竟作了一些给历史编纂学提供唯物主义基础的初步尝试，首次写出了市民社会史、商业史和工业史。——《德意志意识形态　第一卷》

这是人民群众是历史主体的首要一面。这一段【不】只是说明历史是怎么延续下来的，还不能说明历史是怎么前进的——阶级斗争就是前进的动力。注意：1．延续，2．前进，两者都只是关于劳动人民。

第34—35页

只有现在，在我们已经考察了原初的历史的关系的四个因素、四个方面之后，我们才发现：人也具有“意识”。但是人并非一开始就具有“纯粹的”意识。“精神”从一开始就很倒霉，注定要受到物质的“纠缠”，物质在这里表现为震动着的空气层、声音，简言之，即语言。语言和意识具有同样长久的历史；语言是一种实践的、既为别人存在并仅仅因此也为我自己存在的、现实的意识。语言也和意识一样，只是由于需要，由于和他人交往的迫切需要才产生的。凡是有某种关系存在的地方，这种关系都是为我而存在的；动物不对什么东西发生“关系”，而且根本没有“关系”；对于动物来说，它对他物的关系不是作为关系存在的。因而，意识一开始就是社会的产物，而且只要人们还存在着，它就仍然是这种产物。当然，意识起初只是对周围的可感知的环境的一种意识，是对处于开始意识到自身的个人以外的其他人和其他物的狭隘联系的一种意识。同时，它也是对自然界的一种意识，自然界起初是作为一种完全异己的、有无限威力的和不可制服的力量与人们对立的，人们同它的关系完全像动物同它的关系一样，人们就像牲畜一样服从它的权力，因而，这是对自然界的一种纯粹动物式的意识（自然宗教）。

这里立即可以看出，这种自然宗教或对自然界的特定关系，是受社会形态制约的，反过来也是一样。这里和任何其他地方一样，自然界和人的同一性也表现在：人们对自然界的狭隘的关系制约着他们之间的狭隘的关系，而他们之间的狭隘的关系又制约着他们对自然界的狭隘的关系，这正是因为自然界几乎还没有被历史的进程所改变；但是，另一方面，意识到必须和周围的人们来往，也就是开始意识到人一般地是生活在社会中的。这个开始和这个阶段上的社会生活本身一样，带有同样的动物性质；这是纯粹畜群的意识，这里人和绵羊不同的地方只是在于：意识代替了他的本能，或者说他的本能是被意识到了的本能。——《德意志意识形态　第一卷》

语言、思维的关系，动物相互的关系。此处对自然的关系应作为生产力理解。生产力越低，阶级关系即阶级斗争的规模越狭小，生产力越高，受限制越小，人民群众的作用越显示出来。主体问题，以上每一种各不相同，不能相比。人民统治的关系也决定它本身性质、特点，不能与其他相比。并且全部人类历史上具有这种关系，矛盾只是短短一瞬。

第36—37页

分工包含着所有这些矛盾，而且又是以家庭中自然形成的分工和以社会分裂为单独的、互相对立的家庭这一点为基础的。与这种分工同时出现的还有分配，而且是劳动及其产品的不平等的分配（无论在数量上或质量上）；因而也产生了所有制，它的萌芽和原始形态在家庭中已经出现，在那里妻子和孩子是丈夫的奴隶。家庭中的奴隶制（诚然，它还是非常原始和隐蔽的）是最早的所有制，但就是这种形式的所有制也完全适合于现代经济学家所下的定义，即所有制是对他人劳动力的支配。其实，分工和私有制是两个同义语，讲的是同一件事情，一个是就活动而言，另一个是就活动的产品而言。——《德意志意识形态　第一卷》

所有制的定义。所有制是对他人劳动的支配。应当是指在私有制社会，或共产主义以前?

第38页

由此可见，国家内部的一切斗争——民主政体、贵族政体和君主政体相互之间的斗争，争取选举权的斗争等等，不过是一些虚幻的形式，在这些形式下进行着各个不同阶级间的真正的斗争（德国的理论家们对此一窍不通，尽管在“德法年鉴”和“神圣家族”中已经十分明确地向他们指出过这一点）。从这里还可以看出，每一个力图取得统治的阶级，如果它的统治就像无产阶级的统治那样，预定要消灭整个旧的社会形态和一切统治，都必须首先夺取政权，以便把自己的利益又说成是普遍的利益，而这是它在初期不得不如此做的。正因为各个个人所追求的仅仅是自己的特殊的、对他们来说是同他们的共同利益不相符合的利益（普遍的东西一般说来是一种虚幻的共同体的形式），所以他们认为这种共同利益是“异己的”，是“不依赖”于他们的，也就是说，这仍旧是一种特殊的独特的“普遍”利益，或者是他们本身应该在这种分离的界限里活动，这种情况也发生在民主制中。另一方面，这些特殊利益始终在真正地反对共同利益和虚幻的共同利益，这些特殊利益的实际斗争使得通过以国家姿态出现的虚幻的“普遍”利益来对特殊利益进行实际的干涉和约束成为必要。——《德意志意识形态　第一卷》

各种政治斗争都是阶级斗争。统治阶级要把自己的利益说成普遍的利益。1. 照前面一段，只有阶级利益共同利益是虚幻的。2. 照后段，又存在着普遍与特殊利益的对立。是一阶级内部而言。

第39页

这种“异化”（用哲学家易懂的话来说）当然只有在具备了两个实际前提之后才会消灭。要使这种异化成为一种“不堪忍受的”力量，即成为革命所要反对的力量，就必须让它把人类的大多数变成完全“没有财产的”人，同时这些人又和现存的有钱的有教养的世界相对立，而这两个条件都是以生产力的巨大增长和高度发展为前提的。另一方面，生产力的这种发展（随着这种发展，人们的世界历史性的而不是狭隘地域性的存在已经是经验的存在了）之所以是绝对必需的实际前提，还因为如果没有这种发展，那就只会有贫穷的普遍化；而在极端贫困的情况下，就必须重新开始争取必需品的斗争，也就是说，全部陈腐的东西又要死灰复燃。——《德意志意识形态　第一卷》

消灭阶级压迫的工具——国家——的根本条件，即消灭剥削阶级的根本条件的前提，以及为什么要具备这种前提——特要。

第43页

这种历史观和唯心主义历史观不同，它不是在每个时代中寻找某种范畴，而是始终站在现实历史的基础上，不是从观念出发来解释实践，而是从物质实践出发来解释观念的东西，由此还可得出下述结论：意识的一切形式和产物不是可以用精神的批判来消灭的，也不是可以通过把它们消融在“自我意识”中或化为“幽灵”、“怪影”、“怪想”等等来消灭的，而只有实际地推翻这一切唯心主义谬论所由产生的现实的社会关系，才能把它们消灭；历史的动力以及宗教、哲学和任何其他理论的动力是革命，而不是批判。这种观点表明：历史不是作为“产生于精神的精神”消融在“自我意识”中，历史的每一阶段都遇到有一定的物质结果、一定数量的生产力总和，人和自然以及人与人之间在历史上形成的关系，都遇到有前一代传给后一代的大量生产力、资金和环境，尽管一方面这些生产力、资金和环境为新的一代所改变，但另一方面，它们也预先规定新的一代的生活条件，使它得到一定的发展和具有特殊的性质。由此可见，这种观点表明：人创造环境，同样环境也创造人。——《德意志意识形态　第一卷》

至要，与本卷页 15 对照读。唯物史观是从现实出发分析历史。当然这不是意味着对反动的东西不要批判。

第 43—44 页

各代所面临的生活条件还决定着这样一些情况：历史上周期性地重演着的革命震荡是否强大到足以摧毁现存一切的基础；如果还没有具备这些实行全面变革的物质因素，就是说，一方面还没有一定的生产力，另一方面还没有形成不仅反抗旧社会的某种个别方面，而且反抗旧的“生活生产”本身、反抗旧社会所依据的“综合活动”的革命群众，那末，正如共产主义的历史所证明的，尽管这种变革的思想已经表述过千百次，但这一点对于实际发展没有任何意义。

过去的一切历史观不是完全忽视了历史的这一现实基础，就是把它仅仅看成与历史过程没有任何联系的附带因素。根据这种观点，历史总是遵照在它之外的某种尺度来编写的；现实的生活生产被描述成某种史前的东西，而历史的东西则被说成是某种脱离日常生活的东西，某种处于世界之外和超乎世界之上的东西。这样就把人对自然界的关系从历史中排除出去了，因而造成了自然界和历史之间的对立。因此这种观点只能在历史上看到元首和国家的丰功伟绩，看到宗教的、一般理论的斗争，而且在每次描述某一历史时代的时候，它都不得不赞同这一时代的幻想。——《德意志意识形态　第一卷》

从思想意识领域来解释历史者，注意！人民推翻剥削阶级的条件。共产主义思想出现了千百次，对现实没有任何意义。因此，像贾谊《过秦论》、“水能载舟，亦能覆舟”等格言早就意识到了人民群众的伟大力量，但仍不能找出人民群众必然推翻旧制度的科学根据。民族矛盾观念，也是时代幻想之一——注意！

第51页

当费尔巴哈是一个唯物主义者的时候，历史在他的视野之外；当他去探讨历史的时候，他决不是一个唯物主义者。在他那里，唯物主义和历史是彼此完全脱离的。这一点从上面所说的看来已经非常明显了。——《德意志意识形态　第一卷》

认为民族矛盾没有阶级内容的人也是如此。

第52—53页

统治阶级的思想在每一时代都是占统治地位的思想。这就是说，一个阶级是社会上占统治地位的物质力量，同时也是社会上占统治地位的精神力量。支配着物质生产资料的阶级，同时也支配着精神生产的资料，因此，那些没有精神生产资料的人的思想，一般地是受统治阶级支配的。占统治地位的思想不过是占统治地位的物质关系在观念上的表现，不过是表现为思想的占统治地位的物质关系；因而，这就是那些使某一个阶级成为统治阶级的各种关系的表现，因而这也就是这个阶级的统治的思想。此外，构成阶级的各个个人也都具有意识，因而他们也会思维；既然他们正是作为一个阶级而进行统治，并且决定着某一历史时代的整个面貌，不言而喻，他们在这个历史时代的一切领域中也会这样做，就是说，他们还作为思维着的人，作为思想的生产者而进行统治，他们调节着自己时代的思想的生产和分配；而这就意味着他们的思想是一个时代的占统治地位的思想。例如，在某一国家里，某个时期王权、贵族和资产阶级争夺统治，因而，在那里统治是分享的，那里占统治地位的思想就会是关于分权的学说，人们把分权当作“永恒的规律”来谈论。

我们在上面（第〔35—39〕页）已经说明分工是先前历史的主要力量之一，现在，分工也以精神劳动和物质劳动的分工的形式出现在统治阶级中间，因为在这个阶级内部，一部分人是作为该阶级的思想家而出现的（他们是这一阶级的积极的、有概括能力的思想家，他们把编造这一阶级关于自身的幻想当作谋生的主要泉源），而另一些人对于这些思想和幻想则采取比较消极的态度，他们准备接受这些思想和幻想，因为实际上该阶级的这些代表才是它的积极成员，所以他们很少有时间来编造关于自身的幻想和思想。在这一阶级内部，这种分裂甚至可以发展成为这两部分人之间的某种程度上的对立和敌视，但是一旦发生任何实际冲突，当阶级本身受到威胁，甚至占统治地位的思想好像不是统治阶级的思想这种假象、它们拥有的权力好像和这一阶级的权力不同这种假象也趋于消失的时候，这种敌视便会自行消失。一定时代的革命思想的存在是以革命阶级的存在为前提的，关于这个革命阶级的前提所必须讲的，在前面（第〔37—41〕页）已经讲过了。——《德意志意识形态　第一卷》

后来《共产党宣言》发挥同一思想。历史本质，即思想反映阶级、阶级斗争的物质利益。整个这两大段，要仔细读。精辟之至！顾、王等人思想可由此说明。如果民族矛盾无阶级，那末王夫之、顾炎武就是民族思想家，不是超阶级的思想家。

第 56 页

在日常生活中任何一个 shopkeeper〔小店主〕都能精明地判别某人的假貌和真相，然而我们的历史编纂学却还没有达到这种平凡的认识，不论每一时代关于自己说了些什么和想了些什么，它都一概相信。——《德意志意识形态　第一卷》

资产阶级历史学的面貌。

第 61 页

单独的个人所以组成阶级只是因为他们必须进行共同的斗争来反对某一另外的阶级；在其他方面，他们本身就是相互敌对的竞争者。另一方面，阶级对各个人来说又是独立的，因此各个人可以看到自己的生活条件是早已确定了的：阶级决定他们的生活状况，同时也决定他们的个人命运，使他们受它支配。——《德意志意识形态　第一卷》

阶级内部也是分裂的——统治阶级尤其如此。

第 61 页

某一个地方创造出来的生产力，特别是发明，在往后的发展中是否会失传，取决于交往扩展的情况。当交往只限于毗邻地区的时候，每一种发明在每一个地方都必须重新开始；一些纯粹偶然的事件，例如蛮族的入侵，甚至是通常的战争，都足以使一个具有发达生产力和有高度需求的国家处于一切都必须从头开始的境地。在历史发展的最初阶段，每天都在重新发明，而且每个地方都是单独进行的。发达的生产力，即使在通商相当广泛的情况下，也难免遭到彻底的毁灭。关于这一点，腓尼基人的例子就可以说明。由于腓尼基民族被排挤于商业之外，由于亚历山大的征服以及继之而来的衰落，腓尼基人的大部分发明长期失传了。——《德意志意识形态　第一卷》

由此可见，战争是给生产力带来破坏的。

第 86 页

对于各个个人来说，出发点总是他们自己，当然是在一定历史条件和关系中的个人，而不是思想家们所理解的“纯粹的”个人。……有个性的个人与阶级的个人的差别，个人生活条件的偶然性，只是随着那个自身是资产阶级产物的阶级的出现才出现的。只有个人相互之间的竞争和斗争才产生和发展了这种偶然性。因此，在资产阶级的统治下个人似乎要比先前更自由些，因为他们的生活条件对他们说来是偶然的；然而事实上，他们当然更不自由，因为他们更加受到物的力量的统治。——《德意志意识形态　第一卷》

两种个人：1. 个性的个人。2. 阶级的个人。适用于其他统治阶级。物——指财富、资本？或指无产阶级？

第 88 页

“维干德季刊” 1845 年第 3 卷中，真是发生了考尔巴赫预言式地描绘过的匈奴人之战。阵亡者死有余恨，亡灵在空中喧嚣和号叫，恍如战斗的轰响，厮杀的叫喊，剑、盾、战车的铿锵。——《德意志意识形态　第一卷》

思想的斗争并非此种绘画，它是实际阶级斗争的一部分。

第 535 页

我们在第一卷中（参看“圣麦克斯”、“政治自由主义”）考察过的那种迄今存在的德国自由主义和法英资产阶级运动之间的关系，在德国社会主义和法英无产阶级运动之间也存在着。除德国共产主义者之外，还出现了许多著作家，他们接受了英国和法国的某些共产主义思想，把这些思想和自己的德国哲学前提混为一团。这些“社会主义者”——或者像他们自称的那样，“真正的社会主义者”——认为外国的共产主义文献并不是一定的现实运动的表现和产物，而纯粹是些理论的著作，这些著作完全像他们所设想的德国哲学体系的产生一样，是从“纯粹的思想”中产生的。他们并没有考虑到，即使这些著作是在宣传某些体系，它们仍然是以实际的需要为基础，是以一定国家里的一定阶级的生活条件的总和为基础的。——《德意志意识形态　第二卷》

即这些条件使那些宣传体系必须这样，只能这样，而不是其他。因此归根到底是阶级斗争的产物。

第 569 页

例如：

事实：猫吞噬老鼠。

反思：猫是自然界，老鼠是自然界，猫吞噬老鼠＝自然界吞噬自然界＝自然界自己吞噬自己。

这个事实的哲学描写是：猫吞噬老鼠是以自然界自己吞噬自己为基础的。——《德意志意识形态　第二卷》

抽象的思辨哲学公式——资产阶级历史学中有许多这种抽象公式。

第 608 页

他立即就来证明这一点，同时讲述了在根据傅立叶的原则建立的世界上，最穷的人每天吃四十样菜，在那里人们每天吃五顿饭，而人的寿命延长到一百四十四岁等等。傅立叶天真幽默地用人的生活的宏伟想像来和复辟时期人们的庸碌无为的习气相对抗，可是格律恩先生因此便找到了一种借口，从这一切当中抓住那些最天真的方面，给它加上道德的庸俗的注释。——《德意志意识形态　第二卷》

条件变了。对抗资产阶级有意义。土豆烧牛肉就是反动的。

《马克思恩格斯全集》第四卷

人民出版社 1972 年版

第 30 页

决定法国命运的不是土伊勒里宫，也不是贵族院，甚至也不是众议院，而是巴黎交易所。真正的大臣并不是基佐和杜沙特尔这些先生，而是路特希尔德先生、富尔德先生和巴黎其他的大银行家，这些人的巨大财富使他们成为本阶级最有权势的代表人物。他们操纵着内阁，而内阁在选举的时候也关心仅使那些效忠于现存制度和受这个制度的恩惠的人当选。——《法国的政府和反对派》

现在一切资本主义国家的政府均如此。

第 51—52 页

世界各国的资产阶级都是从小资产阶级的队伍中分离出来的，它的产生是由于世界贸易和大工业的发展以及由此而引起的自由竞争和财产集中。小资产者代表内地和沿海的商业、手工业和以手工劳动为基础的工场手工业——这些经济部门在有限的区域里发展着，需要的资本数额不大而且周转缓慢，它们所引起的竞争只是地方性的、微弱的。资产者代表世界贸易、全世界范围内商品的直接交换、银钱业、以机器劳动为基础的大工厂工业——这些经济部门需要尽可能大的地盘、最大数额的资本和最快的资本周转率，它们所引起的竞争是普遍的、剧烈的。小资产者代表的是地方利益，资产者代表的是普遍利益。小资产者发现，只要他能在间接影响国家立法的情况下直接参加省政机关，同时又做自己本地市政机关的主人，那他的处境就十分安全了。资产者如果不直接地、经常不断地控制本国的中央行政机关、对外政策和立法，就无法保障自己的利益。小资产者的典型产物是德国的帝国城市；资产者的典型产物是法国的代议制国家。小资产者哪怕得到统治阶级些微的让步，就变得保守起来；而资产者在自己还没有爬上统治地位的时候则是革命的。……德国资产阶级的创造者是拿破仑。由于他的大陆体系，由于在他的压迫下普鲁士必然实行的经营的自由，德国人才有了工业，并扩大了矿藏的开采。——《德国的制宪问题》

资产阶级是由小资产阶级分裂出来的。资产阶级一经从小资产阶级分裂出来，就起了质的变化，处处与小资产阶级对立。资产阶级与小资产阶级的各种区别。这里小资产阶级指的主要是农民。拿破仑创造德国资产阶级，照此也可以分析中国的情形？不能！

第 54—55 页

小资产者比贵族还软弱；它更远不能和资产阶级抗衡。小资产阶级和农民一样，也是在历史上曾留下过足迹的最可怜的阶级。它的琐碎的地方性利益使得它即使在自己的全盛时代即中世纪后期，也只能够建立地方性的组织，进行地方性的斗争，取得地方性的成绩，只能做到这样一点，即它和贵族的并存只是得到了容忍；而全面的政治统治它在什么地方也没有达到过。随着资产阶级的诞生，它连表面上的一点历史主动性也丧失了。——《德国的制宪问题》

此处讲小资产阶级和农民不是一回事。农民是可怜的阶级。农民是历史上的伟大阶级，小资产阶级也重要。

第 56 页

我们这里所讲的农民仅仅指小农户、小租佃者和小土地所有者而言，不包括短工和雇农。农民和小资产者一样，也是一个没有办法的阶级，不过他们有一点胜过小资产者，即他们比小资产者有勇气。可是在历史上他们完全不能从事任何首创活动。甚至他们从农奴制的铁链下解放出来也只是在资产阶级的保护之下实现的。凡是由于没有贵族和资产阶级以致农民有可能进行统治的地方，例如在瑞士山区各州和挪威，封建时代以前的野蛮、地方的局限性、愚昧而怪诞的顽固和迷信、愚忠和愚善这些东西同时也就占居统治地位。凡是除农民之外还有贵族继续存在的地方，例如在德国，农民就完全和小资产者一样，处于贵族和资产阶级两面夹攻的地位。——《德国的制宪问题》

农民是一个没有办法的阶级。有勇气，在历史上不能从事首创活动。这

里讲的情况与中国不同。

第57—58页

我们把前面讲过的总结一下。贵族已经衰败不堪，小资产者和农民的整个生活状况使得他们太软弱无力，工人还远不够成熟，所以他们都不可能在德国成为统治阶级。剩下来的就只有资产阶级了。

德国现状可悲之点主要在于：到现在为止，还没有一个阶级强大到足以使自己的生产部门变成全民族的par excellence〔主导〕生产部门，从而自己也成为全民族利益的代表者。从10世纪以来在历史舞台上出现的一切等级和阶级——贵族、农奴、徭役农民、自由农民、小资产者、帮工、工场工人、资产者和无产者——肩并肩地存在着。——《德国的制宪问题》

辛亥革命〖与〗此类似。辛亥革命时的资产阶级也如此，所以革命失败了。有这种“全民族”的代表吗？——下页对此有回答。

第59页

这种可悲的状况的出路何在呢？出路只有一条。应当有一个阶级强大到足以使全民族的提高依赖于它的提高，使所有其他阶级利益的发展依赖于它的利益的发展和演进。这一个阶级的利益在目前应该成为民族的利益，而这个阶级在目前则应该成为民族的代表者。从这时候起，在这个阶级以及跟着它走的全民族的大多数人，便同政治现状发生了矛盾。政治现状是与各个不同阶级的利益彼此冲突这种已不存在的情况相适应的。新的利益受到了束缚，并且就连本来是现状的服务对象的那些阶级中间，也有一部分人发觉现状不代表他们的利益了。这种情况的后果必然是消灭现状，不管是用和平的还是暴力的方法。代之而起的将是这样一个阶级的统治，这个阶级在目前是全民族大多数的代表者，它的统治标志着一个新的发展阶段的开始。——《德国的制宪问题》

资产阶级在目前应成为民族的代表者！此点极为重要！注意“目前”。

第75页

蒲鲁东先生不幸在欧洲异常不为人了解。在法国，人家认为他理应是一个拙劣的经济学家，因为他在那里以卓越的德国哲学家著称。在德国，人家却认为他理应是一个拙劣的哲学家，因为他在那里以最杰出的法国经济学家著称。我们是德国人同时又是经济学家，我们要反对这一双重错误。

读者将会明白，为什么我们在做这件不讨好的工作时常常不得不放下对蒲鲁东先生的批判，而去批判德国的哲学，同时还要对政治经济学做某些评论。——《哲学的贫困》

画线的地方译得好。何思敬译本在这些地方很难懂，不知什么意思！

第 89—90 页

突然受到这样追问的后人首先就会对年代感到困惑。他们必然会提出这样的问题：难道李嘉图和他的学派不就是 19 世纪的经济学家吗？根据“商品的相对价值完全取决于生产商品所需要的劳动量”这一原则建立起来的李嘉图的体系，创始于 1817 年。李嘉图是复辟时期以来在英国占统治地位的那个学派的领袖。李嘉图的学说严峻地总括了作为现代资产阶级典型的整个英国资产阶级的观点。“后人对此将怎么说呢？”他们总不会说蒲鲁东先生完全不知道李嘉图，因为蒲鲁东谈起过李嘉图，谈得不少，还常常引用他，可是结果却把他的学说说成是“废话连篇”。如果后人有一天过问这件事，他们也许会说，蒲鲁东先生怕激起读者的反英情绪，所以情愿自己充当李嘉图观念的负责发行人。李嘉图已科学地阐明作为现代社会即资产阶级社会的理论，蒲鲁东先生却硬把它当作“将来的革命理论”；李嘉图及其学派在很早以前就提出作为二律背反的一方面即交换价值的科学公式，蒲鲁东先生却把它当做效用和交换价值之间的二律背反的解决；无论如何，后人会认为这种做法太幼稚了。——《哲学的贫困》

资产阶级的各门学说，都有这种情形：他们的个别代表者，在某几点上取得了前进，而他们的后辈则在同一点上大肆反动、倒退。历史本身也如此。并且意识形态上的那种情形，正是从某个方面、角度反映了历史本身。

第 104 页

实际上，情况完全不象蒲鲁东先生所想的那样。当文明一开始的时候，生产就开始建立在级别、等级和阶级的对抗上，最后建立在积累的劳动和直接的劳动的对抗上。没有对抗就没有进步。这是文明直到今天所遵循的规律。到目前为止，生产力就是由于这种阶级对抗的规律而发展起来的。如果硬说由于所有劳动者的一切需要都已满足，所以人们才能创造更高级的产品和从事更复杂的生产，那就是撇开阶级对抗，颠倒整个历史的发展过程。不然也可以这样说：因为在罗马皇帝时代曾有人在人造的池子里喂养鳗鱼，所以说全体罗马居民的食物是充裕的。然而实际情况完全相反，当时罗马人民连必要的粮食也买不起，而罗马的贵族却并不缺少充当鳗鱼饲料的奴隶。——《哲学的贫困》

生产力与阶级斗争的关系——生产力是由阶级对抗而发展起来的。一、政治经济学领域否认阶级斗争是历史本质的典型例子。二、阶级、阶级斗争在一定生产状况下的必要性。在私有制时代生产力的状况下，没有对抗，没有阶级斗争，历史的进步就不能设想。对抗、斗争为历史所必需。社会生产状况改变了，历史进步的条件才改变了。

第109—110页

在现代社会中，在以个人交换为基础的工业中，生产的无政府状态是灾难丛生的根源，同时又是进步的原因。

因此，二者必居其一：

或者是希望在现代生产资料的条件下保持旧时的正确比例，这就意味着他既是反动者又是空想家；

或者是希望一种没有无政府状态的进步，那就必须放弃个人交换来保存生产力。

个人交换或者只适宜于过去几世纪的小工业和它特有的“正确比例”，或者适宜于大工业以及随之而来的一切贫困和无政府状态。

归根到底，用劳动时间来确定价值，即蒲鲁东先生当做将来再生公式向我们推崇的那个公式，也无非是现代社会经济关系的科学表现，而这早在蒲鲁东先生以前李嘉图就明确地论证过。——《哲学的贫困》

如果认为在资本主义以前可以减少黑暗或由人民自行创造历史，只能是空想。阶级压迫、对立，在阶级社会中所起的作用，正好和这一样。它既是灾难、黑暗的罪魁祸首，又是历史产前的推动力。由此产生阶级斗争。

第122—123页

首先，事实已经无数次地证明，如果君主要想伪造钱币，那末他就会遭到损失。他在最初发行中虽一度得到利益，但以后每当伪造的钱币以捐税等形式重新回到他那里去的时候，他又要将这些利益失掉。但是菲力蒲和他的继承人多多少少防止了这种损失，因为他们把伪造的钱币一投入流通，马上就下令照原有成色普遍改铸钱币。——《哲学的贫困》

统治者对抗人民的许多措施，都与此相似。要损毁别人，最后自己受到同一措施的损毁。

第 124 页

“任何商品，即使不是在事实上，至少在法律上具有交换能力”，金银所起的作用便是根据；其实这是不了解金银的作用。金银之所以在法律上具有交换能力，只是由于它们具有事实上的交换能力，而它们之所以具有事实上的交换能力，那是因为当前的生产组织需要普遍的交换手段。法律只是事实的公认。——《哲学的贫困》

法学。资产阶级法律是对资产阶级权力的公认。十二铜表法、拿破仑法典、汉律、唐律、大清律例，无一字不表示阶级性。

第 142 页

但是理性一旦把自己作为正题安置下来，这个正题、这个思想就会自相对置，分为两个互相矛盾的思想，即肯定和否定，“是”和“否”。这两个包含在反题中的对抗因素的斗争，形成辩证运动。“是”转化为“否”，“否”转化为“是”。“是”同时成为“是”和“否”，“否”同时成为“否”和“是”。对立面就是通过这种方式互相均衡，互相中和，互相抵消。这两个彼此矛盾的思想的融合，就形成一个新的思想，即它们的合题。这个新的思想又分为两个彼此矛盾的思想，而这两个思想又融合成新的合题。这种增殖过程就构成思想群。同简单的范畴一样，思想群也遵循这个辩证运动，它也有另一个与自己矛盾的群为自己的反题。从这两个思想群中产生出新的思想群，即它们的合题。——《哲学的贫困》

黑格尔的形而上学游戏，空洞的概念。

第 146 页

如果说，与黑格尔比较，他的长处是提出任务并且保留为人类最大幸福而解决这些任务的权利，那末，他也有一个短处：当他想用辩证法引出一个新范畴时，却毫无所获。两个矛盾方面的共存、斗争以及融合成一个新范畴，就是辩证运动的实质。谁要给自己提出消除坏的方面的任务，就是立即使辩证运动终结。我们看到的已经不是由于矛盾本性而自我安置和自相对置的范畴，而是在范畴的两个方面中间激动、挣扎和冲撞的蒲鲁东先生。——《哲学的贫困》

私有制借以存在的生产力状况下，剥削阶级这个“坏的方面”是不消灭的。

第152—153页

大家知道，英国工业的发展提高了苏格兰地产的价值。英国工业为羊毛开辟了新的销售市场。要生产大量的羊毛，必须把耕地变成牧场。要这样做就必须集中地产。要集中地产就必须消灭世袭租佃者的小农庄，使成千上万的租佃者离开家园，让放牧几百万只羊的少数牧羊人来居住。这样，由于耕地接连不断地变成牧场，结果苏格兰的地产使羊群赶走了人。如果现在你们说，羊群赶走人就是苏格兰土地私有制度的天命的目的，那末，你们就会得到天命的历史。——《哲学的贫困》

是历史的倒退，同时，是历史的进步。

第154页

封建主义也有过自己的无产阶级，即包含着资产阶级的一切萌芽的农奴等级。封建的生产也有两个对抗的因素，人们称为封建主义的好的方面和坏的方面，可是，却没想到结果总是坏的方面占优势。正是坏的方面引起斗争，产生形成历史的运动。假如在封建主义统治时代，经济学家看到骑士的德行、权利和义务之间美妙的协调、城市中的宗法式的生活、乡村中家庭手工业的繁荣、各同业公会、商会和行会中所组织的工业的发展，总而言之，看到封建主义的这一切好的方面而深受感动，抱定目的要消除这幅图画上的一切阴暗面（农奴状况、特权、无政府状态），那末结果会怎样呢？引起斗争的一切因素就会灭绝，资产阶级的发展在萌芽时就会被切断。经济学家就会给自己提出把历史一笔勾销的荒唐任务。——《哲学的贫困》

没奋斗了，没有前进，以为一切都美妙了，就太平盛世。这是个问题。

第 154—156 页

这样，为了正确地判断封建的生产，必须把它当做以对抗为基础的生产方式来考察。必须指出，财富怎样在这种对抗中间形成，生产力怎样和阶级对抗同时发展，这些阶级中一个代表着社会上坏的、否定的方面的阶级怎样不断地成长，直到它求得解放的物质条件最后成熟。这难道不是说，生产方式、生产力在其中发展的那些关系并不是永恒的规律，而是同人们及其生产力发展的一定水平相适应的东西，人们生产力的一切变化必然引起他们的生产关系的变化吗？由于最重要的是不使文明的果实（已经获得的生产力）被剥夺，所以必须粉碎生产力在其中产生的那些传统形式。从此以后，从前的革命阶级将成为保守阶级。

资产阶级开始自己的历史发展时就有一个本身是封建时期无产阶级残存物的无产阶级存在。资产阶级在其历史发展过程中不可避免地要发展它的对抗性质，起初这种性质或多或少是掩饰起来的，只是处于隐蔽状态。随着资产阶级的发展，在它的内部发展着一个新的无产阶级，即现代无产阶级。无产阶级同资产阶级之间展开了斗争，在双方尚未感觉、注意、重视、理解、承认并公开宣告以前，这个斗争最初仅表现为局部的暂时的冲突，表现为一些破坏行为。另一方面，如果说现代资产阶级的全体成员由于组成一个与另一个阶级相对立的阶级而有共同的利益，那末，由于他们互相对立，他们的利益又是对立的，对抗的。这种利益上的对立是由他们的资产阶级生活的经济条件产生的。资产阶级运动在其中进行的那些生产关系的性质绝不是一致的单纯的，而是两重的；在产生财富的那些关系中也产生贫困；在发展生产力的那些关系中也发展一种产生压迫的力量；只有在不断消灭资产阶级个别成员的财富和形成不断壮大的无产阶级的条件下，这些关系才能产生资产者的财富，即资产阶级的财富；这一切都一天比一天明显了。——《哲学的贫困》

据此，三大剥削阶级曾是革命阶级。被压迫阶级斗争前进，最后物质条件成熟而获得解放。前段是资、无对抗，后段是资产阶级本身对抗。统治阶级内部矛盾的理论根据。资产阶级内部斗争有：一、国内，二、国际。但其立足是对抗无产阶级，最后归宿仍为剥削、统治无产阶级。历史前进的同时，历史又在倒退。解放的物质条件，不是永恒规律，只与一定发展水平适应。

第 156 页

这种对抗性质表现得越明显，经济学家们，这些资产阶级生产的学术代表就越和他们自己的理论发生分歧，于是形成了各种学派。

宿命论的经济学家，在理论上对他们所谓的资产阶级生产的否定方面采取漠不关心的态度，正如资产者在实践中对他们赖以取得财富的无产者的疾苦漠不关心一样。这个宿命论学派有古典派和浪漫派两种。古典派如亚当·斯密和李嘉图，他们代表着一个还在同封建社会的残余进行斗争、力图清洗经济关系上的封建残污、扩大生产力、使工商业具有新的规模的资产阶级。从他们的观点看来，参加这一斗争并专心致力于这一狂热活动的无产阶级只是经受着暂时的偶然的苦难，并且它自己也把这些苦难当做暂时的。亚当·斯密和李嘉图这样的经济学家是当代的历史学家，他们的使命只是表明在资产阶级生产关系下如何获得财富，只是将这些关系表述为范畴和规律并证明这些规律和范畴比封建社会的规律和范畴更便于进行财富的生产。在他们看来，贫困只不过是一种暂时的病痛，正如自然界中新生出东西来和工业上新东西出现时的情况一样。——《哲学的贫困》

亚当·斯密和李嘉图是"当代的历史学家"。资产阶级各种学说（包括历史）彼此矛盾分歧的阶级根源——还有一个唯心论世界观。

第 160 页

亚当·斯密比蒲鲁东先生所想象的要看得远些。他很清楚地看到："个人之间天赋才能的差异，实际上远没有我们所设想的那么大；这些十分不同的、看来是使从事各种职业的成年人彼此有所区别的才赋，与其说是分工的原因，不如说是分工的结果。"搬运夫和哲学家之间的原始差别要比家犬和猎犬之间的差别小得多，他们之间的鸿沟是分工掘成的。——《哲学的贫困》

个人才能问题。另一个地方说两者的差别，本质上未必比白猫黑猫的差别更多一些。

第 174 页

蒲鲁东先生不知道，整个历史也无非是人类本性的不断改变而已。——《哲学的贫困》

历史辩证法。改变、改造。由私到公，由原始到共产主义。物质的、精神的，主观世界、客观世界，通过阶级斗争，通过革命。

第 218 页

基督教的社会原则有过一千八百年的发展，它并不需要普鲁士国教顾问做任何进一步的发展。

基督教的社会原则曾为古代奴隶制进行过辩护，也曾把中世纪的农奴制吹得天花乱坠，必要的时候，虽然装出几分怜悯的表情，也还可以为无产阶级遭受压迫进行辩解。

基督教的社会原则宣扬阶级（统治阶级和被压迫阶级）存在的必要性，它们对被压迫阶级只有一个虔诚的愿望，希望他们能得到统治阶级的恩典。

基督教的社会原则把国教顾问答应对一切已使人受害的弊端的补偿搬到天上，从而为这些弊端的继续在地上存在进行辩护。

基督教的社会原则认为压迫者对待被压迫者的各种卑鄙龌龊的行为，不是对生就的罪恶和其他罪恶的公正惩罚，就是无限英明的上帝对人们赎罪的考验。

基督教的社会原则颂扬怯懦、自卑、自甘屈辱、顺从驯服，总之，颂扬愚民的各种特点，但对不希望把自己当愚民看待的无产阶级说来，勇敢、自尊、自豪感和独立感比面包还要重要。

基督教的社会原则带有狡猾和假仁假义的烙印，而无产阶级却是革命的。——《“莱茵观察家”的共产主义》

基督教的本质：基督教是统治阶级——奴隶主、地主、资本家对劳动人民进行统治的工具的最深刻、概括的说明。这一些，就是基督教流传的原因、内容、作用。

第 219 页

我们这位国教顾问硬说：“王权和人民是一个统一的整体。”

这句话不过是《l’état c’est moi》〔“朕即国家”〕这句老话的另一种说法，和路易十六 1789 年 6 月 23 日对举行叛乱的等级所说的：假如你们不服从命令，我就把你们个个送回家去《et seul je ferai le bonheur de mon peuple》〔“我亲自来关照我的人民的福利”〕，几乎是完全一致的。——《“莱茵观

察家”的共产主义》

路易十六自称代表人民。中外一切反动统治越到危急，就越称自己代表人民。这除了纯属反动统治者的骗局以外，是最有力说明到头来人民是最有力量的，他的敌人也不得不承认了。举出古今中外具体人、事。

第 220—221 页

对国王来说，一切政治因素中最危险的是人民。但不是弗里德里希—威廉所说的那种吃了拳头、得点小恩小惠就感动得流泪的人民，这种人民自然不危险，因为他们只存在于国王的想象中。而真正的人民即无产者、小农和城市贫民，正象霍布斯所说的，是 puer robustus，sed malitiosus，一个结实而调皮的孩子；他不会让国王（无论是瘪瘦的还是肥胖的）牵着自己的鼻子走。——《“莱茵观察家”的共产主义》

统治者承认人民力量的又一种方式。人民决定历史——统治者处处提防人民，害怕人民，防民之口甚于防川。

第 221 页

英国的查理一世也曾抱怨自己的等级而向自己的人民呼吁。他曾号召自己的人民拿起武器反对议会。但人民却宣布自己反对国王，把议会中不代表人民利益的议员赶了出去，使因此而成为真正的人民代表机关的议会把国王斩首。这就是查理一世向人民呼吁的结局。这是 1649 年 1 月 30 日的事；1849 年是这个事件的二百周年。

法国的路易十六也向自己的人民发出过呼吁。三年中间他不断地呼吁一部分人民去反对另一部分人民，并到处寻找自己的人民，真正的人民，忠于他的人民，但始终没有找到。最后，他终于在科布伦茨军营和普奥军队的辎重车上找到了他们。但是他的法国人民觉得这种做法太过分了。1792 年 8 月 10 日，人民把呼吁者关进了腾普尔监狱，召集了在一切方面都是人民代表机关的国民公会。——《“莱茵观察家”的共产主义》

一、查理、路易斩首的历史。二、查理、路易所谓“人民”的含义。三、历史的辩证：反对人民的君主向人民呼吁，被人民送上断头台。四、人民决定历史，最反动的统治者也要以人民的名义进行统治，最危急的时候向人民求援。

第 300 页

可是，伟大的“鼓动家”海因岑先生究竟是怎样进行宣传的呢？他宣称君主是造成一切贫困和灾难的祸首。这种论调不仅可笑，而且极端有害。海因岑先生在这里对德国君主这帮昏聩愚蠢的傀儡的阿谀献媚，实在到了顶点，他把一种虚构的、超自然的、神奇的威力加在这帮傀儡身上。海因岑先生硬说君主能造下多少灾祸，他们也就能做出多少好事。由此做出的结论却不是必须进行革命，而是虔诚地希望有一位可爱的国王、好心的皇帝约瑟夫。但是人民要比海因岑先生更加清楚谁是自己的压迫者。海因岑先生要把徭役农民对地主的仇恨和工人对雇主的仇恨转到君主头上，是永远也办不到的。但海因岑先生的所作所为确实对地主和资本家有利，因为他把这两个阶级剥削人民的罪过转嫁于君主。而德国十分之九的灾难却正是由于地主和资本家剥削人民造成的！——《共产主义者和卡尔 · 海因岑》

把一切灾祸归于君主，等于对君主的献媚、歌颂，并且转移了视线。君主、英雄不是个人，而是阶级。

第 301 页

海因岑先生又是对谁进行这种革命说教的呢？首先是对小农这个在目前最不能发挥革命首倡精神的阶级。近 600 年来，城市总是一切进步运动的策源地，农民在独立民主运动（瓦特 · 泰勒、杰克 · 凯德、查克里、农民战争）中总是反动的，而且总是被镇压下去。城市工业无产阶级成了现代一切民主运动的核心；小资产者，尤其是农民，总是跟在他们后面。1789 年的法国革命，英国、法国和美洲东部各州的现代历史都证明了这一点。而海因岑先生在现在，在 19 世纪，却还把希望寄托在农民骚动上面！——《共产主义者和卡尔 · 海因岑》

小农目前不能发挥革命首创精神。农民在独立运动中是反动的。现在不能把希望寄托在农民骚动上！中国情形与此不同。

第 322—323 页。

16 世纪的粗俗文学是：平淡无味，废话连篇，大言不惭，象伏拉松一样夸夸其谈，攻击别人狂妄粗暴，对别人的粗暴则歇斯底里地易动感情；费力地举起大刀，吓人地一挥，后来却刀背朝下地砍去；不断宣扬仁义道德，又不断将它们破坏；把激昂之情同庸俗之气滑稽地结合一起；自称关心问题的本质，但又经常忽视问题的本质；以同样自高自大的态度把市侩式的书本上的一知半解同人民的智慧对立，把所谓“人的理智”同科学对立；轻率自满，大发空言，无边无际；给市侩的内容套上平民的外衣；反对文学的语言，给语言赋予纯粹肉体的性质（如果可以这样说的话）；喜欢在字里行间显示著者本人的形象：他磨拳擦掌，使人知道他的力气，他炫耀宽肩，向谁都摆出勇士的架子；宣扬健康的精神是寓于健康的肉体，其实已经受到16世纪极无谓的争吵和肉体的感染而不自知；为狭隘而僵化的概念所束缚，并在同样的程度上诉诸极微末的实践以对抗一切理论；既不满于反动，又反对进步；无力使敌手出丑，就滑稽地对他破口大骂；索洛蒙和马科尔夫，唐·吉诃德和桑科·判扎，幻想家和庸人，两者集于一身；卤莽式的愤怒，愤怒式的卤莽；庸夫俗子以自己的道德高尚而自鸣得意，这种深信无疑的意识象大气一样飘浮在这一切之上。如果我们没有记错，德国人民的智慧已用“海涅卡——力大无穷的仆人”这首歌为它立下了一座抒情纪念碑。海因岑先生是复活这种粗俗文学的功臣之一，在这方面可以说，他是象征着各国人民的春天即将来临的一只德国燕子。——《道德化的批评和批评化的道德》

这段话长达五百余字。那些指责，有些似乎是对目前我们某些作者说的，应当一读。

第337页

现代资产阶级社会有其与本身适应的立宪或共和的代议制国家形式。既然正是在这个现代资产阶级社会中“财产问题”成了最重要的“社会问题”，那末，只有德国小市民的狭隘要求才使得他终于叫喊出什么君主制问题就是“我们这个时代的”最重要的“社会问题”。同样李斯特博士在“国民政治经济学”的序言中对于人们“错误地认为”我们这个时代最重要的社会问题是赤贫现象而不是保护关税这一点也表示天真的烦恼。——《道德化的批评和批评化的道德》

敌对的阶级永无共同利益——从资产阶级笔下宣布此事。资产阶级用各种各样的“社会问题”代替、掩盖阶级对立：一、君主制与共和制。二、保护关税。三、胡适的“五鬼”等。

第 338 页

但是，首先要明白：君主和君主制是某一个人产生的呢，还是某一个东西产生的？

有一个时候，人民为了公共的利益曾经必须以最优秀的人物作为自己的首领。后来，这个职位开始在一定的家族内部一代一代地传下去。最后，由于人们的愚蠢和堕落，这种滥用现象得以维持数百年之久。——《道德化的批评和批评化的道德》

这里只是叙述海因岑的回答？下页 7 行对此有说明。以后马恩著作中对此作了最彻底的革命的科学的回答。

第 372—373 页

所谓社会主义者可分三类：

第一类是那些封建和宗法社会的拥护者……第二类是现代社会的拥护者……最后，第三类是民主主义的社会主义者。——《共产主义原理》

以下对三类的阐述，比《共产党宣言》上讲得清楚。

第 379 页

埃普斯博士提议首先为人民的主权干杯，但是他整篇演说中的冰冷的语调不止一次地引起了全场的不满，虽然他也讲了几句比较热情的话。

他说："我不认为人民的主权可以用革命的手段争得。法国人斗争了三天，却被骗走了国家的主权。我也不认为人民的主权可以用长篇大论的演说争得。讲得少些的人倒做得多些。我不喜欢那些吵闹不休的人；高谈阔论是做不出大事来的。"——《宪章派为 1847 年选举而举行的宴会》

著作不在此例。《资本论》谈出世界历史上最大的事业。——革命必须宣传。

第 395 页

天啊！这不光是共和主义，这纯粹是闹革命，是宣传动武，是社会主义、乌托邦主义、无政府主义、共产主义！哼！先生们，你们不要以为我们不认得你们，——我们见过你们的血腥罪行的样本，我们有证据证明你们的斗争目标是什么。先生们，五十年前你们这一伙人曾自称为雅各宾俱乐部！——

《法国的改革运动》

在反动派看来，革命的雅各宾是极可怕的罪名。皇室、贵族曾站在雅各宾一边。

第406页

利尔的宴会在报界引起了一场非常热烈的论战。保守派的报纸因改革派内部发生分歧而欢天喜地。梯也尔先生的陈旧而乏味的“立宪主义者报”和巴罗的“私人”报纸“世纪报”突然陷入了极度的不安中。

“世纪报”恼羞成怒，向着自己的听众，小店主们大声喊道：“不，不，我们和这些无政府主义者毫无关系，我们和这些主张恢复恐怖统治的人，这些马拉和罗伯斯比尔的信徒毫无共同之处。即使现今的制度再坏百倍，我们也宁愿选择现今的制度而不要他们的血腥统治！”——《改革派阵营的分裂。“改革报”和“国民报”。民主主义的胜利》

过了半个世纪，马拉、罗伯斯比尔还在受到谩骂。但已有正确评价。同一历史事件、人物，两种截然相反的评价。一种评为伟大人物，一种评为血腥罪犯——后者见前卷恩格斯所引哈尼演说辞。

第425页

我们认为真正的民主主义的最显著的特征，就是应当否定本国的历史，应当拒绝对充满贫困、暴政、阶级压迫和迷信的过去负任何责任。法国人还是不要在其他各国的民主主义者中间标新立异吧！不要为他们过去的国王和贵族的所作所为承担责任吧！因此，勃朗先生认为英国民主主义者的一个缺点，我们倒认为是英国民主主义者的一大优点，那就是他们应当抛弃过去而只展望将来。——《路易·勃朗在第戎宴会上的演说》

应当否定本国历史！——反对资产阶级民族主义，但不要否定人民革命斗争。

第476页

最后，在阶级斗争接近决战的那些时期，统治阶级内部的分化过程，整个旧社会内部的瓦解过程，就显得非常强烈，非常尖锐，这就使得统治阶级中间有一小部分人分化出去而归附于革命的阶级，即归附于未来主人翁阶级。

所以，正象过去贵族中间有一部分人曾经转到资产阶级方面一样，现在资产阶级中间也有一部分人转到无产阶级方面来了，这就是已经提高到在理论上认识全部历史运动进程的一部分资产者思想家。

在当前同资产阶级对立的一切阶级中，只有无产阶级才是真正革命的阶级。其余的一切阶级都随着大工业的发展而日趋衰落和灭亡，无产阶级却是大工业本身的产物。——《共产党宣言》

资产阶级中人可以转到无产阶级方面来。《哥达纲领》中引此段，但没有引下面一段。

第476—477页

中层等级，即小工业家、小商人、手工业者、农民，他们同资产阶级作斗争，都只是为了挽救他们这种中层等级的生存，以免于灭亡。所以，他们不是革命的，而是保守的。不仅如此，他们甚至是反动的，因为他们力图把历史的车轮扭向后转。如果说他们是革命的，那是指他们将转入无产阶级的队伍里来，那是指他们维护的不是他们目前的利益，而是他们将来的利益，那是指他们抛弃自己原来的观点，而接受无产阶级的观点。——《共产党宣言》

这时农民是保守的。过去有译反动的，不对！

第477页

至今发生过的一切运动都是少数人的运动，或者都是为少数人谋利益的运动。——《共产党宣言》

过去一切都是少数人的运动，应包括农民。

第480页

这些原理不过是当前进行着的阶级斗争的真实关系的总的表述，不过是现在我们眼前进行着的历史运动的表现。消灭先前存在的所有制关系，并不是共产主义所独具的特征。

一切所有制关系都遭到了经常发生的历史的更替，都遭到了经常发生的历史的变更。

例如，法国革命废除了封建的所有制，而代以资产阶级的所有制。

共产主义的特征，并不是要废除一般的所有制，而是要废除资产阶级的所有制。

但是，现代的资产阶级的私人所有制是那种建筑在阶级对抗上面，即建筑在一部分人对另一部分人的剥削上面的生产和产品占有方式的最后而又最完备的表现。

从这个意义上说，共产党人可以把自己的理论用一句话表示出来：消灭私有制。——《共产党宣言》

对此要着重讲的是，《共产党宣言》是第一次从理论上来阐述，而目前则早已成为历史的事实。这个事实出现在西方，也存在于东方。它的范围正在扩大，其生命力刚刚显露出来。

第485—486页

你们的偏颇观念，驱使你们把自己的生产关系和所有制关系从生产发展过程中暂时的历史性的关系夸大成为永久的自然规律和理性规律，而你们的这种偏颇观念原是过去一切灭亡了的统治阶级所共有的。一谈到资产阶级的所有制，你们就再也不敢去理解你们在谈到古代的所有制和封建的所有制的时候能理解的那种道理了。——《共产党宣言》

孔丘的“百世可知”，秦始皇的“一世二世传之万世”，就是奴隶主、封建阶级夸大的实例。

第487页

工人没有祖国。决不能剥夺他们原来没有的东西。既然无产阶级首先必须取得政治统治，上升为民族的阶级，确立为民族，所以它本身暂时还是民族的，不过这完全不是资产阶级所理解的那个意思。——《共产党宣言》

无产阶级暂时是民族的，它要取得统治成为民族的主导阶级。足见民族不能脱离阶级。

《马克思恩格斯全集》第五卷

人民出版社 1972 年版

第 81 页

我们的考察历史的朋友当然不会错过机会对柏林革命发表德国市民在罗泰克的著作中读到的而且越读越爱听的那种意见。柏林革命已经不能算是革命了，因为否则它就必定会产生克伦威尔和拿破仑，而这是康普豪森先生所反对的。——《柏林关于革命的辩论》

英国革命后——克伦威尔独裁。法国革命后——拿破仑独裁。历史的必然性，决非偶然。

第 153 页

巴黎工人被敌人的优势力量镇压下去了，但是并没有向他们投降。工人被击溃了，但真正被打败的是他们的敌人。暴力取得暂时胜利的代价是：二月革命的一切幻想和空想的破产，一切旧共和政党的瓦解，法兰西民族分裂为两个民族即有产民族和工人民族。三色旗的共和国今后只有一种颜色，即战败者的颜色，血的颜色。它成了红色共和国。——《六月革命》

每次人民斗争失败都应如此看待。

第 154 页

这就是 fraternité，就是一方剥削他方的那些互相对立的阶级之间的博爱，这就是在二月间所昭示的，用大号字母写在巴黎的三角墙上、写在每所监狱上面、写在每所营房上面的博爱（fraternité）。用真实的、不加粉饰的、平铺直叙的话来说，这种博爱就是内战，就是最可怕的国内战争——劳动与资本间的战争。在 6 月 25 日晚间，当资产阶级的巴黎张灯结彩，而无产阶级的巴黎在燃烧、呻吟、流血的时候，这个博爱便在巴黎所有的窗户前面烧毁了。

博爱只有在资产阶级利益还和无产阶级利益结合在一起的时候才继续存在。——《六月革命》

揭露资产阶级“博爱”的实质，“博爱”存在的条件。

第 178 页

这些卑鄙行为都是在德国的帮助下在其他国家中干出来的，这不仅是德国政府的罪过，而且在很大程度上也是德国人民的罪过。要是他们不盲目无知，没有奴隶精神，不甘愿扮演雇佣兵和“仁慈的”刽子手的角色，不甘愿充当“天生的”老爷们的工具，“德国人”这几个字在国外就不会被人当作充满仇恨、诅咒和蔑视的骂人话，而受德国奴役的各族人民也早就获得了自由发展的正常条件。现在，当德国人在抛弃自己身上的羁绊的时候，也应当改变一下他们对其他民族的全部政策。不然的话，我们的年轻的、几乎是刚刚预感到的自由就会被束缚在我们用来束缚别国民族的锁链上。德国将来自由的程度要看它给予毗邻民族的自由的多少而定。——《德国的对外政策》

德国侵略邻国，不仅是政府的罪过，德人民也有罪过。

第 525 页

但是我们将采取公正的态度。国家检察官黑克尔先生还是我们报纸的一个年轻的撰稿人。政治上的新手和自然科学中的新手一样，都象是写生画家，只知道两种颜色：白色和黑色，或者黑白色和红色。至于 espèce〔各种各样〕颜色在色调变化上的较为细微的区别，只有熟练的和有经验的人才能辨认得出来。——《国家检察官“黑克尔”和“新莱茵报”》

历史阶段区分革命与反革命，就有这两种色彩。

第 541 页

而在德国，资产阶级甚至连自己的公民自由和自己的统治所必需的起码的生存条件都没有来得及取得就卑贱地作了君主专制制度和封建制度的尾巴。在法国，资产阶级以暴君的面貌出现，并实行了自己的反革命。而在德国，资产阶级则以奴婢的身分出现，并为自己暴君的利益而实行反革命。在法国，资产阶级取得了胜利是为了制服人民。而在德国，资产阶级为了不让人民胜利而自己甘愿受人摆布。历史上没有比德国资产阶级更可耻更下贱的

角色了。——《反革命在维也纳的胜利》

据此评论中国资产阶级。

第 561 页

1815 年，当波旁王朝复辟的时候，当被驱逐的贵族又要求获得他们在革命中失去的领地的时候，农民看到这是对他们的全部革命成果的威胁。因此，他们对波旁王朝的统治刻骨仇恨，而当七月革命又一次保证他们占有土地，并把三色旗交还给他们的时候，他们又欢天喜地了。

但是在七月革命以后，农民又不再关心国家的一般利益了。他们的愿望已经实现了，他们的土地占有已经不再受到威胁了，那面使他们和他们的父亲们保持胜利达 25 年之久的旗帜又在他们村子的自治局屋顶上迎风飘扬了。——《从巴黎到伯尔尼》

法国农民的民族感到了狂热的地步。农民关心的不是哪个王朝，是土地问题。

《马克思恩格斯全集》第六卷

人民出版社 1972 年版

第 XVII—XVIII 页

马克思一再回顾法国无产阶级的六月失败，这次失败引起了无产阶级的敌人——法国共和主义资产阶级的失败，在整个欧洲大陆上则引起了反对封建专制政体的资产阶级和农民的失败，并使曾经以争取独立的斗争来响应二月革命的各被压迫民族遭到了新的奴役。所以马克思强调指出，欧洲革命的命运同最先进的阶级——无产阶级的命运紧密结合在一起。

马克思在总结欧洲革命时得出结论说："1848 年革命运动的主要成果不是人民赢得了东西，而是他们失去了东西，——他们丢掉了幻想。"（见本卷第 162 页）富于遐想、良好愿望和华丽辞藻的二月革命和三月革命的所有一切幻想，都被急剧的历史进程和残酷的反革命无情地践踏无遗了。马克思号召人民要吸取反革命所提供的教训，以便在将来的战斗中及时而大胆地运用这些教训。——《第六卷说明》

革命的阶级斗争的失败必然要引起系列反响。但这只说明历史前进，人们斗争是曲折的。历史并不因此就归统治者所支配。它仍要在人民的斗争下前进。人们丢掉幻想，受到教育，再斗争，历史就前进了。

第 XIX 页

他们依据民族运动为谁的利益服务，以及它在客观上成为谁的工具，把民族分为革命的和反革命的。他们把波兰人、匈牙利人和意大利人归为革命的民族，因为这些民族的斗争削弱了当时欧洲几个主要的反动国家——俄国、普鲁士和奥地利。——《第六卷说明》

按照民族运动为谁的利益服务，客观上成为谁的工具，区分其革命与反动。同一民族，前后性质不同。

第 XX—XXI 页

恩格斯提出了这样一种观点：似乎这些民族在未来的历史发展进程中已不能起进步作用，似乎这些民族注定要遭到灭亡，而不能作为独立的民族存在。在这些文章中，还片面地把德国人征服许多斯拉夫民族的过程描绘成进步的，传播文化和文明的过程。这种说法是同恩格斯自己在其他文章（见第 5 卷“法兰克福关于波兰问题的辩论”和本卷“波兹南”等文）中描绘的德国诸邦对东欧实行抢劫掠夺政策的情景相矛盾的。恩格斯关于奥地利帝国境内的各斯拉夫民族的历史前途的观点，是和他关于小民族在历史过程中的作用的观点分不开的。恩格斯认为，以后历史发展进程的基本趋向是集中，这种发展进程会使这些弱小民族丧失自己的独立性，被大的、具有更强的生命力的民族所并吞。恩格斯列举了苏格兰的盖尔人，法国的布列塔尼人，以及西班牙的巴斯克人作为例子。对于美国侵占墨西哥的部分领土，恩格斯也是从这个观点来评价的。但是恩格斯在估计弱小民族的命运时，并没有考虑到资本主义除了集中的趋向外，还有另外一种趋向——弱小民族争取独立的斗争，它们建立自己国家的要求。恩格斯关于某些斯拉夫民族的历史作用的错误观点，也是因为马克思主义关于民族问题的研究在 1848—1849 年间还处于开始阶段，弱小民族的民族运动的经验还比较少。同时还应当指出恩格斯文章中关于这些斯拉夫民族的命运的一些保留意见。——《第六卷说明》

恩格斯的错误论点。恩格斯没有考虑弱小民族争取独立的斗争。按：恩格斯此论点的实质是：一、没有生命力就要淘汰，弱肉强食。二、征服其他民族就有进步作用，传播文明文化。——《列宁全集》二二卷与此不同。

第 5 页

国王有权向国民议会挑战，国民议会也有权向国王挑战。谁的力量大，谁的权利就大。力量要受到斗争的考验。斗争要受到胜利的考验。两种势力只有用胜利才能证明自己的权利，失败只能说明自己没有权利。——《柏林的危机》

人民力量。一切阶级斗争如此。人民斗争的胜利说明人民力量。统治阶级从舞台上消灭说明斗争考验了统治阶级的虚弱。什么是客观事实，这就是最大的客观事实。

第71页

据说，帝国内阁在其起诉书中把“新莱茵报”称为一切“坏报刊”中最坏的报纸。我们则认为帝国政权是一切滑稽可笑的政权中最滑稽可笑的政权。——《对“新莱茵报”提出的三个诉讼案》

“好”“坏”各有自己不同的标准。据此，马克思太“坏”了。

第128页

王权为了资产阶级而牺牲贵族，资产阶级为了王权而牺牲人民。在这种情况下，君主制将变成资产阶级的君主制，而资产阶级将变成君主制的资产阶级。——《资产阶级和反革命》

极好！维新运动就是如此。

第130页

资产阶级确信：在它同王权进行协商的道路上，在它同屈从自己命运的旧国家成立协定的道路上，显然只有一个障碍，一个唯一的障碍，这就是人民——puer robustus sed malitiosus，就像霍布斯所说的那样。人民和革命！——《资产阶级和反革命》

劳动人民与资产阶级的关系！精辟议论！

第183页

北美共和国只有一个由选举产生的任期四年的总统，诚然，这个总统为国家所做的事要比一打国王和君主加在一起所做的事还多，但是他每年只能得到三万七千塔勒（折合普鲁士货币）的微薄薪俸。在这区区三万七千塔勒中，反映出了基督教德意志人“天佑吾王，天佑容克”的心情的全部哀伤。根本没有侍从和宫廷珠宝商，根本没有人像在沙洛顿堡大街上那样为宫廷贵妇用清水泼道，根本没有用公民的钱兴办的猎场等等。噢，这多么可怕！但最可怕的是这些北美人，这些上帝的弃儿，看来甚至还没有意识到这是可怕的，这是野蛮的。——《合众国的预算和基督教德意志的预算》

华盛顿以后的某美国总统以俭朴著称，独自骑一匹马去就总统职。后来美国资产阶级一切都更腐化了，连骗人的外貌也丢掉了。

第 197 页

在奥地利各个大小民族中，只有三个民族是进步的代表者，它们积极地影响历史，并且现在还保持着生命力，这就是德国人、波兰人、马扎尔人。因此，他们现在是革命的。

其他一切大小民族，在最近的将来都要在世界革命的风暴中灭亡。因此，它们现在是反革命的。——《匈牙利的斗争》

注意！据此，有生命力的、将灭亡的，成革命与反动的标志！

第 202 页

这些民族已经衰弱到这种程度，以致像保加利亚人这样一个在中世纪时最强悍的民族，现在在土耳其却只以温和敦厚和心地善良著称，并以被称为 dobre chrisztian〔善良的基督徒〕为荣！在包括捷克人和塞尔维亚人在内的这些民族中间，能够找到一个民族具有为人民所保持的、并被认为超乎琐碎的地方纠纷之上的民族历史传统吗？——《匈牙利的斗争》

据此，保加利亚、捷克等民族的活动都是反动的！

第 202 页

在欧洲，任何一个国家都能在某个角落找到一个或几个残存的民族，即被那个后来成了历史发展的代表者的民族所排挤和征服了的以前的居民的残余。这些按黑格尔的说法是被历史进程无情地蹂躏了的民族的残余，这些残存的民族，每次都成为反革命的狂热的代表者，并且以后还会是这样，直到它们被完全消灭或者完全丧失其民族特性为止；其实它们的存在本身就已经是对伟大历史革命的抗议。——《匈牙利的斗争》

此论点值得注意，中国历史上有类似情形？

第 204 页

在奥地利（波兰和意大利除外），德国人和马扎尔人在 1848 年，像近千年来一样，掌握了历史主动权。他们是革命的代表者。

一千年来一直被德国人和马扎尔人牵着走的南方斯拉夫人在 1848 年所以要起来为恢复自己的民族独立而斗争，是为了与此同时把德国和匈牙利的革命镇压下去。他们是反革命的代表者。此外还应该加上两个民族，也是早

已走向衰落和丧失了任何历史活动能力的民族：特兰西瓦尼亚的萨克森人和罗马尼亚人。——《匈牙利的斗争》

据此，现在到处发动进攻的帝国主义民族的活动将要视为革命的！

第 207 页

只要法国无产阶级的起义（路易-拿破仑正在竭尽全力挑起这一起义）一取得胜利，奥地利的德国人和马扎尔人就会获得解放，他们就会向斯拉夫的野蛮人伸报血海深仇。那时爆发的大战将驱散这个斯拉夫的宗得崩德，甚至将从地球上消灭掉这些顽固的小民族的名字。

在即将来临的世界大战中，不仅那些反动阶级和王朝，而且那许多反动民族也要完全从地球上消失。这也将是一种进步。——《匈牙利的斗争》

把话讲到尽头了！整个这篇文章的论点很突出！

第 235 页

由个别的、互相矛盾的“个别等级和阶级的意志”构成，就是说，正好是由那种被“国民报”描写为“全民意志”的直接对立面的意志构成的。——《柏林“国民报”致初选人》

本质：阶级社会里没有“全民”，更没有“全民的意志”。

第 289 页

这里的问题在于两种权力之间的斗争，而两种权力之间的斗争只有力量才能解决——关于这一点，诸位先生，革命报刊和反革命报刊都已经同样地承认了。政府本身的机关报在斗争结束前不久宣布了这一点。“新普鲁士报”——现任内阁的机关报——已颇为明显地承认了这一点。在危机发生前几天，这家报纸大约说过如下的话：现在问题不在于法律，而在于力量；所有的人都将相信，旧的天赋王权还拥有力量。“新普鲁士报”正确地估计了形势。力量反对力量。它们之间的斗争必然由胜利来解决。反革命已获得胜利了，但是目前还只是演完了第一幕。在英国，斗争持续了二十多年。查理一世不止一次地获得胜利，但是，到头来还是上了断头台。诸位先生，谁又能向你们担保：现任内阁以及过去和现在都是现任内阁手中的驯服工具的那些官员，将来不会被本届议院或它的继承者宣判为国事犯呢？——《对民主

主义者莱茵区域委员会的审判》

统治者有时获得胜利，那只是暂时的，只是历史的一幕一场，不是剧终。英、法革命，一切革命都说明此点。三大剥削阶级都从历史上消灭了和正在消失，就是证明。

第 302—303 页

因此，天赋王权，这个旧的封建官僚社会的最高政治表现和最高政治代表，不可能对现代资产阶级社会作出任何真诚的让步。它的保全自身的本能，它所依赖的站在它后面的社会，将经常驱使它收回已经作出的让步，保存自己的封建性质，冒险实行反革命政变。在每一次革命以后，反革命总是王权赖以复辟的生存条件。

另一方面，当现代社会还没有摧毁和消灭旧社会赖以强行保全自己的那种正式的遗留下来的权力以前，当它还没有摧毁和消灭这个社会的国家权力以前，它是不可能高枕无忧的。天赋王权的统治——这也就是过时的社会成分的统治。

这样看来，在这两个社会之间不可能有和平。它们的物质利益和需要使得它们进行你死我活的斗争。一个社会必然获得胜利，而另一个社会必然要遭到失败。这是它们之间唯一可能的和解。因此，在这两个社会的最高政治代表之间——在国王和人民代议机关之间，也不可能有和平。所以，国民议会只得二者择一：或者对旧社会让步，或者作为独立的力量反对国王。——《对民主主义者莱茵区域委员会的审判》

中国的戊戌变法、那拉氏政变、辛亥革命均如此。两个社会之间不可能有和平，两个社会的代表之间也不可能有和平。资产阶级民主革命如此，社会主义革命也是如此。复辟、反复辟斗争的长期性、艰苦性。

第 337 页

1848 年革命强迫欧洲的一切民族表明态度：是拥护这次革命，还是反对这次革命。在一个月内，已经成熟到能够进行革命的一切民族都进行了革命，而没有成熟到能够进行革命的一切民族都联合起来反对革命。在那个时候，应当把东欧民族的混乱状态弄清楚。当时的问题在于：哪个民族将在这里发起革命，哪个民族将发挥最大的革命毅力，从而保证自己的未来。斯拉夫人仍然是那样无声无息，而忠实于自己以前的历史作用的德国人和马扎尔人则领导了运动。于是，斯拉夫人就完全投入了反革命的怀抱。——《民主的泛斯拉夫主义》

按:《列宁全集》二卷上肯定了这些论点。认为【在】完全有理由划分革命、反动两类民族，并且是唯一正确的观点。

第392—393页

由此可见，英国的士兵在法律上绝没有被看成是机械地照命令办事的没有意志的机器。相反地，法律认为他是《free agent》〔“自由行动者”〕，是有自由意志的人，他随时都应当知道自己在做什么，并对自己的一举一动负责。如果被控告的士兵为自己辩护，说他是奉命射击的，他必须“服从命令”，那么他就会受到英国法官严厉的斥责！……因此，只要能够像上面所说的使“我的英勇军队”在法律方面处于跟英国士兵完全相同的地位，那末，无论“新普鲁士报”要军队对国王宣誓、对达赖喇嘛宣誓或是对那个还不知是谁的人宣誓，我们都毫不反对。——《英国士兵的誓言》

马恩著作中多次出现达赖喇嘛。如“吞食达赖喇嘛粪便”(本卷页九四)。“达赖喇嘛”实为愚蠢、落后、迷信、反动的混合代名词。

第472页

只有当其他也是由上帝加冕的君主们表示同意这种行动的时候，上帝才能清洗新皇冠上所沾染的罪恶深重的三月成就的全部污点，使它成为尊贵的东西；只有那时，这位由二百九十名教授和宫廷顾问推选出来的人才会把皇冠拿到手中，并且像某个时候有人在柏林曾经说过的那样说道：“这顶皇冠是上帝赐给我的，谁想染指，谁就罪该万死！”——《皇冠喜剧》

“上帝赐我的皇冠，他人慎勿染指”露骨。又本卷页四二正文指出，这是拿破仑戴上伦巴第铁制王冠时所说的话。

第473页《雇佣劳动与资本》

此著应细读。有些叙述比《资本论》形象简括。

第478—479页

劳动并不向来就是商品。劳动并不向来就是雇佣劳动、即自由劳动。奴隶就不是把他自己的劳动出卖给奴隶主，正如耕牛不是向农民卖工一样。奴隶连同自己的劳动一次而永远地卖给自己的主人了。奴隶是商品，可以从一个所有者手里转到另一个所有者手里。奴隶本身是商品，但劳动却不是他的商品。农奴只出卖自己的一部分劳动。不是他从土地所有者方面领得报酬；相反地，土地所有者从他那里收取贡赋。农奴是土地的附属品，替土地所有者生产果实。相反地，自由工人自己出卖自己，并且是零碎地出卖。他每天把自己生命中的八小时、十小时、十二小时、十五小时拍卖给出钱最多的人，拍卖给原料、劳动工具和生活资料的所有者，即拍卖给资本家。工人既不属于私有者，也不属于土地，但是他每日生命的八小时、十小时、十二小时、十五小时却属于它的购买者。工人只要愿意，就可以离开雇用他的资本家，而资本家也可以随意辞退工人，只要工人使他不能再获得利益或者不能使他获得预期的利益，他就可以辞退。但是，工人是以出卖劳动力为其工资的唯一来源的，如果他不愿饿死，就不能离开整个购买者阶级即资本家阶级。工人不是属于某一个资产者，而是属于整个资产阶级；至于工人给自己寻找一个雇主，即在资产阶级中间寻找一个买主，那是工人自己的事情了。——《雇佣劳动与资本》

同样地，资本家如果不愿让自己被消灭，他就不能够离开整个把劳动力当作商品出卖的阶级，即无产阶级。两者互相尖锐对立，又互相以对方的存在为自己存在的条件。但对整个历史说来，剥削阶级最后总要成为多余的，而劳动者阶级任何时候都是绝对必要的。资产阶级如果去消灭工人阶级，就等于首先要消灭自己。无产阶级消灭资产阶级，却彻底地解放了自己。因此，两个敌对的又互相联系的阶级，只有劳动者阶级是历史的主体，这就一目了然了。

第484页

由此可见，商品价格是由生产费用这样来决定的：某些时期，某种商品的价格超过它的生产费用，另一些时期，该商品的价格却下跌到它的生产费用以下，而抵销以前超过的时期，反之亦然。当然，这不是就个别产业的产品来说的，而只是就整个产业部门来说的。所以，这同样也不是就个别产业家来说的，而只是就整个产业家阶级来说的。

价格由生产费用决定，就等于说价格由生产商品所必需的劳动时间决定，因为构成生产费用的是：（1）原料和劳动工具，即产业产品，它们的生产耗费了一定数量的工作日，因而也就是代表一定数量的劳动时间；（2）直接劳动，它也是以时间计量的。

一般调节商品价格的那些最一般的规律，当然也调节工资，即调节劳动价格。——《雇佣劳动与资本》

阶级分析是抽象的，又是具体的。马克思说，社会科学的研究不能用显微镜，化学反应，只能用抽象的方法。什么是抽象的方法，到处都是这种典型例证。

第490页

这样，资本以雇佣劳动为前提，而雇佣劳动又以资本为前提。两者相互制约；两者相互产生。

一个棉纺织厂的工人是不是只生产棉织品呢？不是，他生产资本。他生产重新供人利用去支配他的劳动并借他的劳动创造新价值的价值。

资本只有同劳动交换，只有引起雇佣劳动的产生，才能增加起来。雇佣劳动只有在它增加资本，使奴役它的那种权力加强时，才能和资本交换。因此，资本的增加就是无产阶级即工人阶级的增加。——《雇佣劳动与资本》

铁律。三大剥削制度的社会都是这样。两个敌对的阶级互相约制，互相产生。每种制度愈发展，生产力愈增加，被剥削阶级愈增加。人民决定历史的铁律。这是具体地就一个方面（还有其他方面，如危机、生产停顿等）说了人民最后战胜统治者，决定社会生产条件这个根本问题。

第498页

所谓生产资本的尽快增加是对雇佣劳动最有利的条件这种论点，实际上不过是说：工人阶级愈迅速地扩大和增加敌对它的力量，即愈迅速地扩大和增加支配它的他人财富，它就能在愈加有利的条件下重新为资产阶级增殖财富、重新为资本加强权力而工作——这样的工作无非是它本身在铸造金锁链，让资产阶级用来牵着它走罢了。——《雇佣劳动与资本》

从阶级关系上讲这是一个方面，从历史发展上讲，还有工人力量增加、

战胜资产阶级的力量增加的又一个方面。

第 504 页

要知道，假若机器消灭了整个雇佣工人阶级，那末资本的最可怕的时刻就会到来，因为资本没有雇佣劳动就不再成为资本了！——《雇佣劳动与资本》

现代资产阶级叫喊，科学的发达将使今后的生产由机器人——电脑所代替，这是最好的揭露、驳斥。

第 629 页

这个政党不仅将分裂成各个组成部分，而且它的极端派很快就会达到这种状况，即它本身将力图摆脱累赘的共和国外表，那时，你们就会看到，只要轻轻地吹一股风就会把它一扫而光，二月又会重新到来，不过将具有更大的威力。——《六月十三日》

按：即失败后造成的结局，为掀起新的人民斗争高潮准备了条件。

《马克思恩格斯全集》第七卷

人民出版社 1972 年版

第 X 页

弗·伊·列宁在谈到马克思和恩格斯断言革命临近的这类错误时，曾经写道："但是，不断提高全世界无产阶级，使它超出渺小的、平庸的、芝麻大的任务的水平的革命思想的巨人所犯的这类错误，比起那些歌唱、哀号、呼吁和赞美关于革命的空虚、革命斗争的徒劳、反革命的'立宪'日子的美妙的官僚自由主义的庸俗智慧要高尚、伟大千倍，在历史上要珍贵、真实千倍。"（《列宁全集》第 4 版第 12 卷第 337—338 页）——《第七卷说明》

对于革命者过高估计了革命形势的错误，应当用革命观点去看待。回答历史是否科学的问题——珍贵千倍，真实千倍！

第 XIII—XIV 页

恩格斯在分析 16 世纪德国的革命事件时，从农民战争的历史和 1848—1849 年德国革命的经验中得出许多重要结论。他指出，德国人民这两次强大运动失败的主要原因在于 16 世纪德国市民阶级和 19 世纪德国资产阶级采取了叛卖立场。正如弗·伊·列宁着重指出的，恩格斯还指出了这些运动的另一个共同的特点："被压迫群众因其小资产阶级生活地位的限制而行动分散，缺乏集中性。"（《列宁全集》1958 年人民出版社版第 25 卷第 191 页）这就是革命阶级在德国人民两次有历史意义的战斗中表现软弱和遭受失败的原因之一。——《第七卷说明》

市民叛卖农民。小资产阶级群众斗争失败的根本原因。由此可见，没有工人领导总不完整?

第 XIV 页

恩格斯所以重视德国非常突出的一段革命斗争，还由于他希望在德国到处精疲力竭和悲观失望的情况下，使人民记取他们追求革命解放的传统。恩格斯在他的著作中巧妙地描绘了16世纪中革命的农民和平民的战斗领袖的雄伟形象，并且指出农民群众中蕴藏着多么强大的革命精力。同时，恩格斯还说明，农民的特点使农民不能独立地把斗争进行到底。——《第七卷说明》

此处与1848年叙述法国农民不同。

第XIV页

“德国农民战争”是对德国整整的一个历史时期进行唯物主义分析的卓越范例，在这种分析中，理论上非常深刻的总结和政治上非常尖锐的结论有机地结合起来了。恩格斯并没有想独立地研究资料（全部事实材料都是从德国历史学家威·戚美尔曼的一部书中引证来的），他在历史著作中第一次揭露了宗教改革和农民战争的社会经济的原因、当时发生的政治和宗教的斗争的阶级本质，而德国资产阶级的唯心主义历史学家却认为这种斗争“不过是激烈的神学上的争论”（见本卷第399页）。——《第七卷说明》

恩格斯此处没有独立研究资料。

第11页

除了很少几章之外，1848—1849年的革命编年史中每一较为重要的篇章，都题名为革命的失败！

但是，在这些失败中陷于灭亡的不是革命。陷于灭亡的乃是革命前的传统的残余，即那些尚未发展到尖锐阶级对立地步的社会关系中的产物；陷于灭亡的是革命党在二月革命以前没有摆脱的一些人物、幻想、概念和方案，这些都不是二月胜利所能使其摆脱的，只有一连串的失败才能使它摆脱。

总之，革命向前进展并为自己开拓道路不是由于它获得了直接的悲喜剧式的胜利，反而是由于它产生了一个团结而坚强的反革命，即产生了一个敌人，而主张变革的党只是在和这个敌人做斗争中才发展成了真正革命的党。——《1848年至1850年的法兰西阶级斗争》

极深刻，极要。一九〇五年起的中国资产阶级就是这样。辛亥革命以后敌人照样存在，它自己不斗争了，就没有前进了。大革命中又斗争，就又前进了。

第 22—23 页

于是，在把金融贵族和一般资产阶级混为一谈的那些无产者的观念里，在根本就否认有阶级存在或至多也只认为阶级不过是君主立宪制产物的那些共和主义笨伯的想象里，在先前被拒于政权之外的那些资产阶级阶层的甜言蜜语里，——资产阶级的统治已随着共和国的成立而被排除了。这时，一切保皇党人都变成了共和党人，巴黎所有百万富翁都变成了工人。与阶级关系这种想象的消灭相适应的辞句，就是 fraternité——普遍的和睦与博爱。这样轻松地抹杀阶级矛盾，这样温柔地调和对立的阶级利益，这样痴心妄想地超越阶级斗争，一句话，博爱——这就是二月革命的真正口号。只是由于纯粹的误会才使社会分裂成了一些阶级，于是 2 月 24 日拉马丁就把临时政府叫作《un gouvernement qui suspende ce malentendu terrible qui existe entre les différentes classes》〔“消除各阶级间所存在的可怕误会的政府”〕。巴黎无产阶级就沉醉在这种厚道的普遍博爱气氛中了。——《1848 年至 1850 年的法兰西阶级斗争》

资产阶级在理论上掩盖阶级矛盾，否认阶级对立、斗争，就是要在实际上麻痹无产阶级，向无产阶级进行斗争——拉马丁的理论。

第 36—37 页

资产阶级逼迫巴黎无产阶级发动了六月起义。单是这一点已注定无产阶级要失败。并不是直接的已被意识到的要求驱使无产阶级去这样企图用武力推翻资产阶级，而且无产阶级也还没有能力解决这个任务。“通报”只得正式向无产阶级声明说，共和国对它的幻想不得不予以尊重的时代已经过去了。唯有它的失败才使它认识了这样一条真理：它要在资产阶级共和国范围内稍许改善一下自己的处境都只是一种空想，这种空想在一开始企图实现的时候就会成为罪行。于是，原先无产阶级想要强迫二月共和国予以满足的那些要求，那些形式上过分而实质上琐碎无聊甚至是资产阶级性的要求，就由一个大胆的革命战斗口号取而代之，这个口号就是：推翻资产阶级！工人阶级专政！

无产阶级既将自己的坟墓变成了资产阶级共和国的摇篮，从而也就迫使资产阶级共和国现了原形：原来它是以巩固资本统治和劳动奴役为其公认的任务的国家。资产阶级的统治制度既已摆脱了一切桎梏，于是它由于眼前经常站立着一个遍体鳞伤而决不调和与不可战胜的敌人，——其所以不可战胜，是因为它的存在就是资产阶级自身生存的条件，——就不免要立刻变成资产阶级的恐怖政治。在无产阶级暂时被挤出舞台而资产阶级专政已被正式承认之后，资产阶级社会内的各个中等阶层，即小资产阶级和农民，就不免要随着他们境况的恶化以及他们与资产阶级对抗的尖锐化而愈益紧密地靠拢无产阶级。正如他们从前曾认为他们的灾难是由于无产阶级的加强一样，现在他们必定要认为他们的灾难是由于无产阶级的失败。——《1848 年至 1850 年的法兰西阶级斗争》

人民群众、无产阶级不可战胜的根本原因。它是资产阶级生存的条件，一切被剥削、被压迫人民的不可战胜，同此道理。

第 72 页

如爱尔维修所说的那样，每一个社会时代都需要有自己的伟大人物，如果没有这样的人物，它就要创造出这样的人物来。——《1848 年至 1850 年的法兰西阶级斗争》

剥削阶级的人物多半是被创造出来的，如孔子等人。无产阶级的伟大人物是历史潮流中斗争出来的。

第 81 页

这个多数派在山岳党的躯干上悬挂的不是什么刀剑，而是一根鞭子。残留下来的山岳党议员，为保全名誉计，本应示威式地卸去代表职任。这样行动就会加速秩序党的解体。秩序党在甚至再没有一种对抗的影子来促使它团结的时候，就必定会分裂成它原来的构成部分了。——《1848 年至 1850 年的法兰西阶级斗争》

一分为二的时机、条件。注意，矛盾有发展过程。

第 88—89 页

波拿巴反对那些联合起来的奥尔良党人和正统主义者的复辟欲而保卫着自己实际政权的法律基础——共和国；秩序党反对波拿巴的复辟欲而保卫着自己共同统治的法律基础——共和国；正统主义者反对奥尔良党人，奥尔良党人反对正统主义者而保卫着 status quo〔现状〕——共和国。秩序党中所有这些集团各自 in petto〔心里〕都有各自的国王，都有各自的复辟王朝，同时又都为反对自己敌方的篡夺欲和谋叛而坚持着资产阶级的共同统治，坚持着它们各自的要求借以互相抵消而又互相保留的统治形式——共和国。——《1848 年至 1850 年的法兰西阶级斗争》

现象与本质：每一派都是共和国的反对者，每一派都必须要保留共和国。极有趣。

第 92 页

在法国，小资产者干着通常是应由工业资产者去干的事情；工人执行着通常应由小资产者去执行的任务；那末工人的任务又由谁去解决呢？没有谁去解决。这任务不是能在法国解决的，它在这里只是被宣布出来而已。无论在什么地方，都是不能在本国范围内解决这个任务的；法国社会内部各阶级间的战争将要变成一个各国间的世界战争。只有当世界战争把无产阶级推到支配世界市场的那个国家的领导地位上，即推到英国的领导地位上的时候，工人任务的解决才能开始。可是，在这里并非终结而只是获得组织上的开端的革命，不会是一个短暂的革命。现在这一代人，是和那些由摩西带领通过沙漠的犹太人相仿佛的。他们不只是要夺取一个新世界，而且要退出舞台，以便让出地盘给那些适于新世界的人们。——《1848 年至 1850 年的法兰西阶级斗争》

无产阶级替别人执行任务，舍其田而耘人之田。极深刻。

第 94—95 页

真正的伟大的拿破仑在圣海伦岛上曾经说过，恢复酒税是使他垮台的最大原因，因为这使法国南部的农民脱离了他。这税在路易十四统治时代就已是民众憎恶的主要对象（见布阿吉尔贝尔和沃邦两人的著作）。第一次革命废除了它，而拿破仑在1808年间又把它在形式上稍加改变后重新采用起来了。——《1848年至1850年的法兰西阶级斗争》

拿破仑自己所说的垮台的主要原因——实质上脱离开了农民！也就是离开了人民的多数。从被人民抛弃这点上说是对的。

第 95 页

人民普遍憎恶酒税，并不是没有原因的：在这项赋税中集合了法国赋税制度的一切可憎之点。它的征收方式是可憎的，分配方法是贵族式的，因为对最普通的酒和对最高贵的酒征税的税率都是一样；从而，随着消费者财富的减低，税额便按几何级数逐步增加；这是倒转的累进税。它是对于伪造和仿造酒品的奖励，因而就使劳动阶级受到经常的毒害。这税使每个人口在 4000 人以上的市镇都在城门口设立税卡，使每个这样的市镇都变成以保护关税抵制法国酒的异邦，这样就减少了酒的消费。大酒商，尤其是那些全靠卖酒为生的所谓小 marchands de vin，即酒店老板，都是酒税的死敌。最后，酒税既使消费额减少，就使产品的销售市场缩小。它既使城市工人无法买酒来喝，就使酿酒农民无法把酒卖出。而法国酿酒人数大约有 1200 万。因此全体人民对于酒税的憎恶就可以理解，尤其是农民对于酒税的狂热仇恨也就可以理解。——《1848 年至 1850 年的法兰西阶级斗争》

人民反对与否的物质条件之一。唯物主义的分析历史、经济因素的例子。

第 98—99 页

现在当共和国在法国农民旧有的重担上添加了新的负担时，农民的情况更是可想而知了。很明显，农民所受的剥削和工业无产阶级所受的剥削，只是在形式上有所不同。剥削者是同一个：资本。单个的资本家通过抵押和高利贷来剥削单个的农民；资本家阶级通过国家赋税来剥削农民阶级。农民的所有权是一种符咒，它至今还使农民遭受资本支配；资本一向就是借口这个所有权来唆使农民反对工业无产阶级。只有资本的倾覆，才能使农民地位提高；只有反资本主义的无产阶级政府，才能终结他们在经济上的贫困和社会上的衰落。立宪共和国是它的剥削者们联合实行的专政；社会民主主义的红色共和国，是它的同盟者的专政。而天平的升降，是看农民投进票箱的选票来决定的。他们自己应该决定自己的命运。——社会主义者在小品文中，在论丛中，在日历中以及在各种各样的小册子中，都曾是这样说的。这些思想已因秩序党的论战文章而使农民更易于了解；秩序党也向农民呼吁，它把社会主义者的思想和意向加以公然无耻的夸大和歪曲，因而恰好打中了农民的心坎，激起了农民渴望尝试禁果的情怀。但是最容易理解的语言是农民阶级自己在行使选举权时所获得的实际经验，是农民阶级在革命的急剧发展进程中接连遭到的失望。革命是历史的火车头。——《1848年至1850年的法兰西阶级斗争》

不同于恩格斯1848年（见全集卷五）一味指责法国农民。指出无产阶级与农民联盟的思想。但认为法国农民可以受资本家唆使反对无产阶级。此点与恩格斯并不矛盾。此处第一次讲这个意思：革命是历史的火车头——失败了，才觉悟了。

第104页

这种乌托邦，这种空论的社会主义，想使全部运动整个都服从于运动中的一个段落，用个别学究的头脑活动来代替全部社会生产，而主要是幻想借一些细小手法和巨大伤感情怀来消除完全必要的阶级革命斗争，其实它只是把现代社会理想化，把这个社会描绘成一幅没有阴暗面的图画，并且力求违抗这个社会的现实去实现自己的理想。所以，当无产阶级把这种社会主义让给小资产阶级，而各种社会主义首领间的斗争又表明每个所谓体系都是特意强调社会变革中一个过渡段落以与其他各个段落相对抗时，无产阶级就愈益团结在革命社会主义周围，团结在被资产阶级叫作布朗基思想的共产主义周围。这种社会主义就是宣布不间断革命，就是实现无产阶级的阶级专政，把这种专政作为必经的过渡阶段，以求达到根本消灭阶级差别，消灭一切产生这些差别的生产关系，消灭一切和这些生产关系相适应的社会关系，改变一切由这些社会关系产生出来的观念。——《1848年至1850年的法兰西阶级斗争》

最初提出无产阶级专政。无产阶级专政的四大任务。无产阶级必须对资产阶级包括意识形态领域实行全面专政？

第110页

1850年3月10日事件带有这样一句题词：

Après moi le déluge〔我去后哪管他洪水泛滥〕。——《1848年至1850年的法兰西阶级斗争》

此语过去译为“朕死之后，洪水其来”。意思完全不同，好像一种预言。

第 130 页

假若事情由小资产阶级来决定的话，那它未必会抛弃处处以法律为依据来进行合法、平和而又软心肠的斗争的这种立场，未必会借助于火枪和石块来代替所谓的精神武器。自 1830 年起德国以及法国、英国的一切政治运动的历史向我们表明，这个阶级在它还没有觉察出任何危险的时候，总是吹牛，爱讲漂亮话，有时甚至在口头上坚持最极端的立场；可是一旦面临小小的危险，它便胆小如鼠、谨小慎微、躲躲闪闪，一旦其他的阶级郑重其事地响应和参加由它所发起的运动，它就显得惊恐万状、顾虑重重、摇摆不定；一旦事情发展到手执武器进行斗争的地步，它为了保存自己的小资产阶级的生存条件，就预备出卖整个运动，最后，由于它的不坚决，一旦反动派取得胜利，它总是特别受欺骗和受凌辱。

但是，在小资产阶级的后面，在在都有其他的阶级来响应由它所发起并为它的利益而服务的运动，它们促使这个运动更加明确、更加坚强有力，而且尽力一有可能就去掌握运动。这些阶级就是无产阶级和相当大的一部分农民，此外，小资产阶级的进步派别也往往暂时依附它们。——《德国维护帝国宪法的运动》

小资产阶级可能发起运动，甚至极端，但不敢坚决斗争。农民、工人促使小资产阶级发起的运动更加明确、强有力，并掌握它。

第 131 页

另一方面，在运动的初期，大资产阶级和中等资产阶级中比较坚定的派别也曾依附过小资产阶级，这正象英国和法国历次小资产阶级运动中发生的情形完全一样。资产阶级从来都不是作为一个整体实行统治的；且不谈至今在自己的手中还保存着一部分政治权力的封建阶级，就是大资产阶级本身在战胜封建主义以后，也立即分裂为执政党和在野党，它们通常一方代表银行，另一方代表工厂主。其次，和执政派别相反，大资产阶级和中等资产阶级的在野的进步派别，却和小资产阶级有着共同的利益，并和它联合起来共同进行斗争。在德国，武装的反革命恢复了差不多是由军队、官僚和封建贵族独霸的统治；那里尽管还存在宪法的形式，但资产阶级只不过是扮演着极其平凡的配角，因此，那里具有更多的理由来实行这种联合。然而，德国的资产阶级比起英法的资产阶级来要怯懦得多，只要有一点点再发生混乱即进行真正决战的可能，它便会张皇失措地退出斗争的舞台。这一次的情形也是这样。——《德国维护帝国宪法的运动》

资产阶级从来都不是作为一个整体实行统治。大资产阶级战胜封建后，也分为执政党、在野党，通常一方代表银行，一方代表工厂主。在德国，真正统治的是军队，官僚、贵族、资产阶级是平凡的配角。中国蒋介石、北洋军阀统治时期是如此。

第 251 页

基佐先生最大的谜——英国革命的保守性的谜（他只能用英国人特有的稳重作风来解释这个谜），应当这样来解释，即资产阶级与大部分大土地所有者之间建立了长期的联盟，而这种联盟使英国革命在本质上有别于用分散土地来消灭大土地所有制的法国革命。这个和资产阶级有联系的大土地所有者阶级（它其实在亨利八世时就已经出现了）与 1789 年的法国封建地主不同，它对于资产阶级的生存条件不但不加反对，反而完全抱容忍的态度。这个阶级的地产事实上不是封建性的财产，而是资产阶级性的财产。这些土地所有者一方面供给工业资产阶级以手工工场所必需的劳动力，另一方面又能使农业的发展与工商业状况相适应。这就使土地所有者和资产阶级有共同利益，这就使土地所有者和资产阶级结成联盟。——《“新莱茵报。政治经济评论”第 2 期上发表的书评》

必须把阶级斗争经济条件作为根本内容。同一事件：（一）唯心主义解释事件的典型。（二）唯物主义解释的范例。哪个科学？——回答科学问题。中国、德国与此不同。一般情况，土地所有者与资产阶级是对立的。

第 264—265 页

最后，再谈一谈有名的德国传教士居茨拉夫从中国回来后宣传的一件值得注意的新奇事情。在这个国家，缓慢地但不断地增加的过剩人口，早已使它的社会条件成为这个民族的大多数人的沉重枷锁。后来英国人来了，用武力达到了五口通商的目的。成千上万的英美船只开到了中国；这个国家很快就为不列颠和美国廉价工业品所充斥。以手工劳动为基础的中国工业经不住机器的竞争。牢固的中华帝国遭受了社会危机。税金不能入库，国家濒于破产，大批居民赤贫如洗，这些居民开始愤懑激怒，进行反抗，殴打和杀死清朝的官吏和和尚。这个国家据说已经接近灭亡，甚至面临暴力革命的威胁，但是，更糟糕的是，在造反的平民当中有人指出了一部分人贫穷和另一部分人富有的现象，要求重新分配财产，过去和现在一直要求完全消灭私有制。当居茨拉夫先生离开20年之后又回到文明人和欧洲人中间来的时候，他听到人们在谈论社会主义，于是问道：这是什么意思？别人向他解释以后，他便惊叫起来：

“这么说来，我岂不到哪儿也躲不开这个害人的学说了吗？这正是中国许多庶民近来所宣传的那一套啊！”

虽然中国的社会主义跟欧洲的社会主义象中国哲学跟黑格尔哲学一样具有共同之点，但是，有一点仍然是令人欣慰的，即世界上最古老最巩固的帝国8年来在英国资产者的大批印花布的影响之下已经处于社会变革的前夕，而这次变革必将给这个国家的文明带来极其重要的结果。如果我们欧洲的反动分子不久的将来会逃奔亚洲，最后到达万里长城，到达最反动最保守的堡垒的大门，那末他们说不定就会看见这样的字样：

RÉPUBLIQUE　CHINOISE

LIBERTÉ，EGALITÉ，FRATERNITÉ

（中华共和国
自由，平等，博爱）

1850年1月31日于伦敦

——《国际述评（一）》

外国传教〖士〗眼中的当时中国社会生活状况。按：这里所指的“学说”，还不是太平天国教义。此文写于1850年1月。“天朝田亩制度”，比这更靠后得多。此事应研究。居茨拉夫，即郭士立。1848—1849年回国，1851年死，有大批著作。鸦片战争时为舟山英行政长官，后长期任香港总督英文秘书，著作中有用中文写的。

第269页

没有这种革命的义愤填膺的感情，无产阶级的解放就没有希望。但是，支持工人的英勇反抗精神是一回事，在公开的争论中对付他们的敌人是另外一回事。在这方面，单凭愤慨，单凭怒气迸发，不管多么正义都毫无用处，这里需要的是论据。毫无疑问，自由贸易派即使在心平气和的充分争论中，即使在自鸣得意的方面，即在政治经济学方面，也会很容易被无产阶级利益的捍卫者驳得体无完肤。——《10 小时工作制问题》

革命理论一要义愤，二要科学。义愤为革命所必须。但在实际斗争中不能光有义愤，而是需要论据，即需要科学。

第 272 页

10 小时工作制法案的通过不是证明工人阶级有力量，而只是证明厂主还没有足够的力量来获得他所想获得的东西。——《10 小时工作制问题》

这个公式在判断斗争双方力量的许多地方适用。统治者全力与人民对抗，并不证明它的力量了不起。相反，是证明人民力量的强大存在。只是还没有集中起来，暂时不足以压倒统治者。

第 284—285 页

既然保护 10 小时工作制法案的主要是反动派，既然 10 小时工作制法案完全是反动阶级通过议会来批准的，那末现在我们就知道，根据法案被通过的方式，它完全是反动的措施。英国整个社会的发展是和工业的发展、工业的进步有关的。一切阻碍这种发展的制度都要限制社会的发展或者采用外在力量来调节社会发展，并控制这种发展，——这些制度都是反动的，无能为力的，并将为这种发展所消灭。轻而易举地就制胜了古老英国的整个宗法社会，制胜了贵族和金融资产阶级的革命力量，当然不会使自己受 10 小时工作制法案的拑制。艾释黎勋爵及其伙伴想通过准确的解释来恢复已失去效力的法案的一切企图，是不会有结果的，或者在最好的情况下只能得到昙花一现的表面的成果。

不过，10 小时工作制法案对工人来说仍然还是必要的，是工人生理上所必需的。没有 10 小时工作制法案，英国整个年轻一代的工人的身体就会垮了。但是，现在工人所要求的 10 小时工作制法案和萨德勒、奥斯特勒和艾释黎所宣传的以及 1847 年反动的同盟所通过的 10 小时工作制法案，两者有很大区别。由于法案不能长久存在，由于法案轻而易举地就被取消（只是一纸法庭判决书就取消了，甚至不需要议会的废除法令），根据过去自己的反革命同盟者后来的一些言论，工人们了解到，和反动派联合是不值得的。他

们了解到，采取某些无足轻重的措施来反对工业资产阶级，对他们是没有什么好处的。——《英国的10小时工作制法案》

注意：不是凡属表面看来是人民斗争取得的东西，都算一、统治的“让步”；二、是进步的。完全不是。统治者企图利用、欺骗人民的东西和人民的要求应从实质上严加区别。

第300—301页

托马斯 · 卡莱尔的功绩在于：当资产阶级的观念、趣味和思想在整个英国正统文学中居于绝对统治地位的时候，他在文学方面反对了资产阶级，而且他的言论有时甚至具有革命性。例如他的法国革命史，他为克伦威尔的辩护，他的论宪章主义的小册子以及他的“过去和现在”都是这样。但是在所有这些著作里，对现代的批判是和颂扬中世纪这种完全违反历史的作法紧密地联系着的，其实这种作法在英国的革命者，如科贝特和一部分宪章主义者中也经常可以看到。过去至少社会发展的某一阶段的兴盛时代使他欢欣鼓舞，现代却使他悲观失望，未来则使他心惊胆怕。在他看来只有集中体现在一人身上，体现在克伦威尔或丹东这样人身上的革命，他才承认，甚至赞扬。这些人就是他的英雄崇拜的对象；他在他的“英雄和英雄崇拜”一书中把英雄崇拜说成是解救绝望的现状的唯一办法，说成是一种新的宗教。——《“新莱茵报。政治经济评论”第4期上发表的书评》

注意：颂扬中世纪，完全违反历史，是反动的观点。据此，卡莱尔不是崇拜现代革命英雄，而是复古主义。

第308页

由于在他看来，一切都取决于一个强有力的政府，所以他对高喊解放的声音深恶痛绝。

“让我们彼此都互不相干吧，除现金交易外，不要任何关系或联系；根据自愿的契约和供求的规律交易，做够一天工，给够一天钱——这被认为是真正解决人与人之间的一切难题和不公平事件的办法。要矫正人与人间的相互关系难道除完全断绝这种关系外，就没有别的办法了？”（第29页）——《“新莱茵报。政治经济评论”第4期上发表的书评》

卡莱尔作为一个历史家，极力宣传这个资产阶级经济学家的口号——马

克思对这个口号有多次批驳。

第 338 页

资产阶级国家不过是资产阶级用来对付它的个别成员和被剥削阶级的相互保险的公司，由于统治被剥削阶级日益困难，这种保险必然会日益昂贵，似乎日益脱离资产阶级社会而趋于独立。名称的改变一点也不会改变这种保险的条件。日拉丹先生曾硬说各个人在与保险公司的关系上似乎具有独立性，可是连他自己也不得不立刻否定这种说法。——《“新莱茵报。政治经济评论”第 4 期上发表的书评》

一、统治阶级的国家职能，包括对付本阶级的个别成员。二、国家机器加强，说明统治的困难。即人民觉悟，反抗加强。

第 342 页

读者在日拉丹的整本书里唯一没有读到的就是工人。资产阶级的社会主义本来就一直把事情描写成这样：似乎社会只是资本家构成的，这种描写是为了以后能够从这一点出发来解决资本和雇佣劳动间的纠纷。——《“新莱茵报。政治经济评论”第 4 期上发表的书评》

封建时代的作者也这样描写封建社会。因此，在他们手里，历史就成了地主阶级的、资产阶级的历史。

第 385 页

德意志民族也有自己的革命传统。在历史上德国也曾出过能和他国最优秀的革命人物媲美的人才。在历史上德意志民族也曾表现过坚韧不拔的精神，如果是在一个中央集权化了的国家，说不定会创造出多么伟大的成果。在历史上德国农民和平民所怀抱的理想和计划，常常使他们的后代为之惊惧。

斗争已经过去两年，目前几乎到处出现消沉状态。在这种情况下，把伟大的农民战争中那些笨拙的，但却顽强而坚韧的形象重行展示于德国人民之前，是很合时宜的。自农民战争以来，300 年过去了，有些事物也已改变，然而农民战争和我们今日的斗争相去并不甚远，要反对的敌人大部分还是相同的。1848 和 1849 年到处叛变的那些阶级和那些阶级中的某些集团，其实早在 1525 年就已经是叛徒了，不过当时是在较低的发展阶段而已。如果农民战争中的粗暴行动在近几年的运动中只是散见于奥顿瓦尔德，黑森林和西里西亚的话，那么这无论如何不能说是现代暴动的优点。——《德国农民战争》

极要！据此：中国形成农民战争的伟大成果的客观条件：即中央集权。因为斗争涉及的地区广，即中央集权所形成的版图广，在这个广大地区里，敌对阶级所处的状况、条件、利害大致相同或相似等等，因此掀起斗争，即形成伟大的局面。中央分权或国家分裂的情况下，则一切和这相反。证诸中国历史，事实也如此。如战国、南北朝、五代十国，没有形成大规模农民战争，而一些伟大的成果正是出现在秦汉隋唐宋元明清这些统一的朝代里（宋统一差些，农民战争局面也差些）。秦末至明末的七次大规模农民战争，构成了中国封建制历史的显著脉络和鲜明特色。它是中国封建历史的主干和脊骨，舍此便无历史。但有一种谬说，以为历史上的各个封建王朝是由农民开辟的，这是荒谬的。这是把农民战争，即农民的阶级斗争推动历史前进，偷换成了农民斗争创造新的封建统治，非推翻封建统治。每次斗争的结果，都使封建统治削弱，生产力有所发展，历史多少有所前进。新的封建王朝的建立，绝对不是农民斗争要求的结果。它不是表现了农民斗争的历史意义，而是表现了在封建生产力、封建经济的条件下，农民战争总要遭受失败的历史必然性。农民的斗争，每次虽然总失败了，但它每次都沉重打击了封建势力，因此它每次都胜利了。农民战争失败了，农民战争万岁。[①]

第 398 页

农民们在这样可怕的压迫之下受着折磨，可是要叫他们起来暴动却不容易。他们散居各地，要取得任何共同协议都困难无比。农民世代相传，习于顺从；在许多地区，已经戒绝使用武器；剥削的重担随主人之不同而或轻或重；所有这些情况，都促使农民默然忍受一切。因此我们在中世纪里找得到很多局部性的农民暴动，但是——至少在德国——在农民战争以前全国性的农民暴动却一次也找不到。面对着农民的是诸侯，贵族和城市的有组织的力量，相倚为盟，严阵以待，此种情况一日不变，农民即无可能独立进行革命。

---

① 在此长注上，又有蓝圆珠笔注“照此谬论，不是人民创造历史，而是农民创造封建王朝”。估计这二次注时隔颇远。

农民只有与其他等级联盟才能有胜利的机会；但是既然所有其他等级一齐剥削农民，农民如何去同他们联合呢？

可见16世纪初叶帝国各种不同的等级——诸侯，贵族，僧侣，城市贵族，市民，平民和农民形成一种极其庞杂的人群，他们的要求极其悬殊而又错综复杂。每一等级都妨碍着另一等级，都不免与所有其他等级处在继续不断的明争暗斗中。整个民族分裂为两大营垒的情形，在法国第一次革命爆发时曾经出现过，在目前最进步的国家中也正以更高的发展阶段的形式出现，但在当时德国的条件下乃完全是不可能的事。——《德国农民战争》

中国长期中央集权，德国与此不同。中国与此不同，许多次农民战争都是全国规模的。中国近代也不是截然分为两大集团。

第403—404页

另一种异教则有完全不同的性质，这种异教乃是农民和平民的要求之直接表现，并且几乎总是和起义结合着的。这种异教虽然也同意市民阶级异教关于僧侣、教皇权力以及恢复原始基督教教会制度的一切要求，但是它却走得更远。它要求在教区成员间恢复原始基督教的平等关系，并且承认此种关系也是市民社会的准则。它从“上帝儿女的平等”推论到市民社会的平等，甚至已经多少推论到财产的平等。它要求农民和贵族平等，平民和城市贵族及特权市民平等，它要求取消徭役，地租，捐税，特权，它要求至少消除那些最不堪忍受的财富差别——这些要求，都是带着或多或少的明确性提出来的，而且是作为原始基督教义的必然结论提出来的。这种农民平民异教，在封建制度全盛时期，例如在阿尔比派中，还不易和市民异教分别开来，但在14和15世纪就发展成一种与市民异教鲜明不同的党派见解了。——《德国农民战争》

有人拿太平天国与德国农民战争相比，就是看见了这类口号。

第405页

早期基督教中锡利亚式的狂想就和这类想法很容易联系起来。但是如果这种超出不仅是超出现在，甚至是超出未来，那末这种超出只能是蛮干的超出，空想的超出，而在第一次实际试用之后就不得不退到当时条件所容许的有限范围以内来。对私有财产的攻击，对财产公有制的要求，都不得不烟消

云散，结果只是成立了一些原始的慈善团体。——《德国农民战争》

农民革命一般都攻击财产私有，要求共有制。

第 423 页

我们现在就来叙述为农民战争作了准备的两大秘密结社：“鞋会”和“穷康拉德”。——《德国农民战争》

中国鸦片战争后，南方有“结草教”“砍柴教”等，与此同出一辙，都是反映了极贫苦的群众的秘密革命活动。

第 469 页

他所能做的事，并不取决于他的意志，而是取决于不同阶级的矛盾尖锐化的程度，取决于历来决定着阶级对立的发展程度的物质生活条件、生产条件和交换条件的发展程度。他所应做的事，他自己的党要求于他的事，又不取决于他，但也不取决于阶级斗争及其条件的发展程度；他为他一向鼓吹的理论和要求束缚住了，这些理论和要求又不是从当时社会各阶级之间的地位得出来的，也不是从当时生产条件和交换条件的或多或少是偶然的水平中得出来的，而是从他对于社会政治运动的总趋势的几分远见中得出来的。于是他就不可免地陷入一种无可救药的进退维谷之境：他所能做的事，是和他一向的整个主张、他的原则、他的党的直接利益不相容的；他所应做的事，则是无法实行的。总而言之，他是被迫而不代表自己的党，自己的阶级，却去代表当时运动使其统治条件已成熟的那一阶级。——《德国农民战争》

人民群众、领袖的作用。历史的进行取决于阶级斗争、斗争形势、生活、生产物质条件。

第 470 页

闵采尔本人似乎已经感觉到他的理论和当前现实之间的巨大鸿沟；他的天才想法在拥护他的群众的单纯的头脑中越遭到歪曲，这个鸿沟就越不能呈现在他的眼前。他以他自己也少有的热忱来组织并扩大运动；他向各方面发出书信，派遣心腹使节。他在书信和宣教中流露出一股革命的狂热，这股狂热与自己早期的写作相较也很令人惊讶。闵采尔所写的革命小册子中青年天真的风趣完全消失了，他早年惯用的思想家的平静练达的笔调也再看不到了。

闵采尔此时已完全成为革命的预言者；他不断煽动群众对统治阶级的仇恨，他激发最狂野的热情，并且只用旧约预言者吐露宗教狂热和民族狂热的那种猛烈的语调来说话了。从闵采尔此时努力以求的作风中就可看出他所要影响的民众究竟是处于什么样的文化水平了。——《德国农民战争》

此段如何与存在决定意识、基础决定上层建筑或上层建筑是基础的反映，这个根本原理相一致，要仔细读。平静、练达——思想家的笔调。革命热情比平静练达重要得多。

第 482 页

从 1525 年的革命中得利的是谁呢？诸侯。从 1848 年的革命中得利的是谁呢？大诸侯，奥地利与普鲁士。站在 1525 年的小诸侯背后的，是用捐税锁链把这些小诸侯束缚起来的小市民，站在 1850 年的大诸侯背后，站在奥地利和普鲁士背后的，是很快就通过国债制服了这些大诸侯的现代大资产阶级。而站在大资产阶级背后的是无产阶级。——《德国农民战争》

辛亥革命最初也是由地方性的团体开始的。打击僧侣、贵族，从诸侯的地位加强，到大诸侯，到普鲁士统一，是各个必要阶段——这就是农民斗争的功绩。

第 483 页

1525 年的革命是一次德国地方事件。当德国人进行农民战争的时候，英国人，法国人，捷克人，匈牙利人都已进行过他们的农民战争了。如果德国已是分崩离析的话，那末欧洲就更加分崩离析。1848 年的革命不是德国地方事件，它是伟大的欧洲事件的一个部分。在 1848 年革命的整个进程中，它的动因并不是局限于一个国家的窄狭范围之内，甚至不是局限于一个大洲的窄狭范围之内。可以说，曾为此次革命舞台的这些国家，对于此次革命的发生，恰恰起作用最少。这些国家或多或少是一些不自觉又无心无意的原料，要在现在全世界都参加的这一次运动的进程中被重新塑造一番。这一次运动在我们的现存社会制度之下看起来当然只能是一种外来的力量，但它结果正是我们自己的运动。因此从 1848 到 1850 年的革命就不能象 1525 年的革命那样结束。——《德国农民战争》

恩格斯此书目的不在讲 1525 年的历史，而在于 1850 年的历史。它不

是要着重分析农民战争推动德国历史前进做了什么，而在揭露当前德国资产阶级的反动。书中强调了农民战争的消极结果，当由于此？

第550—551页

所有国内的起义，除了万第以外，我认为在军事上都是没有任何意义的。除了里昂和土伦起义以外，其余的都仅在6个星期内不费一枪一弹就被扑灭了。——《1852年神圣同盟对法战争的可能性与展望》

这些都是反对革命的暴动，何以叫起义？

第558页

我现在就以拿破仑使之完善的那种现代军事体系来作例子。现代军事体系的两个枢纽是：人员、马匹和大炮这些进攻工具的大量使用和这些进攻工具的运动性。运动性是庞大人数的必然结果。现代的军队不能象七年战争时期的小部队那样几个月内只在约20德里的地区上来回运动。他们不能把一切必要数量的粮食都携带在野战仓库中。他们不得不象成群的蝗虫那样扰害他们所占领的地区，在骑兵所能及的范围内四面八方去征发粮秣，而且当一切都吃尽的时候就转移到别的地方去。仓库贮藏只要能供应意外的需要就够了。这些仓库时常告罄而又重新加以充实，它们必须跟随军队迅速转移，所以只有在极少的情况下才备有充分的存粮以供应军队一个月左右的需要。因此，现代的军事体系不可能在贫困的、半野蛮的和人口很稀少的国家内长期采用。这就是法军在西班牙慢慢崩溃而在俄国迅速崩溃的原因。但是另一方面，西班牙人也因法军的侵略而解体，他们的国家被弄得枯竭不堪。但俄国却不能长期采用它所特有的不灵活的以大兵群作战的军事体系，甚至在波兰也不成。在它本国的领土内，只要没有铁路，这个体系便完全不能应用。如果俄国不得不在第聂伯河或者德维纳河进行防御战，那末这个国家就会土崩瓦解了。——《1852年神圣同盟对法战争的可能性与展望》

社会生产条件、水平决定或限制阶级斗争最高形式——战争的规模。五代十国时战争中“舆尸而前”的例子屡见。那时的战争规模也受此限制。法军在西班牙和俄国失败根本的原因是人民反对，人民战争。按：文化水平如果这么重要，许多问题似乎无法解释。近代资本主义如日美英法士兵，文化水平一般不低，然而他们总是被殖民地半殖民地人民打败。足见不是文化水

平问题。

第 564 页

显而易见，在这样条件之下，战争可能而且应当在一个比拿破仑时代所需要的更短促的时间内结束。由于大量的耗费，是需要这样的，而由于这样庞大的人数所施行的任何一次突击必然将有决定的意义，而是必然要这样作的。——《1852 年神圣同盟对法战争的可能性与展望》

近代的战争——中日战争，日本对美国、德国对欧洲的战争证明并不如此。

《马克思恩格斯全集》第八卷

人民出版社 1972 年版

第 XX 页

马克思无情地揭露普鲁士司法当局的偏颇不公，资产阶级的“公正裁判”的阶级性。作为被告站在资产阶级法庭上的革命无产阶级手无寸铁，因此被告是事先就被定了罪的。——《第八卷说明》

历史学上也是这样。资产阶级的法律学上的“公正裁判”正像它的历史学上的“不偏不倚”“浩然中立”一样，完全是为资产阶级这个阶级的私利服务的。

第 6—7 页

任何一个头脑正常的人都永远不会相信，十一个人（他们大多数都是庸才，既不能为大善也不能作大恶）能在三个月之内毁坏一个有三千六百万人口的民族，除非这三千六百万人辨认方向的能力和这十一个人同样缺乏。问题正在于这三千六百万原先在一定程度上暗中摸索的人怎么突然就能自己决定走什么道路，而后来他们又怎么迷了路而让他们从前的领袖暂时回到了领导地位。

因此，如果我们要向“论坛报”的读者说明 1848 年德国革命所以必然发生以及它所以必然在 1849 年和 1850 年暂时遭到镇压的原因，我们就无需叙述德国发生这些事件的全部历史。将来的事变和后代的评论会判定，在这一大堆杂乱的、看来是偶然的、互不连贯而又矛盾的事实中，哪一部分将构成世界历史的组成部分。解决这一任务的时候尚未到来。——《德国的革命和反革命——一》

从反面突出地提出了人民群众如何在历史上起作用的问题。极要。必须按照这个观点讲历史，讲群众的作用。但很不容易。一要辩证法，二要材料。照此，现在许多事要等“将来”才能判明，这就是写历史的任务。

第 10 页

《德国的革命和反革命——一》

德国小资产阶级的情况：一、小资产阶级为小手工业者，小商人。二、其地位介于大资本家与产业工人之间。三、这个阶级的观点是极端动摇的。——中国小资产阶级由于有帝国主义侵略，其革命性稍多一点，其他均相同。

第 11 页

在资产阶级的各个部分，尤其是其中最进步的部分即大工业家还没有获得政权并按照他们的需要改造国家以前，工人阶级运动本身就永远不会是独立的，永远不会具有纯粹无产阶级的性质。而在这以后，企业主与雇佣工人之间不可避免的冲突就会提到日程上来，要延缓这一冲突再也不可能了；那时，工人阶级再也不会被虚幻的希望和永不兑现的诺言所欺骗了。——《德国的革命和反革命——一》

资产阶级没有获得政权时，工人运动不成其为独立的运动！辛亥革命以前的工人运动如此。

第 12 页

如果说资产阶级的积极运动开始于 1840 年，那末工人阶级的运动则开始于 1844 年西里西亚和波希米亚的工人起义。——《德国的革命和反革命——一》

这里资产阶级与工人阶级的政治运动实际上是同时的，只差四年。上页讲只有资产阶级取得政权以后才有工人的独立运动，何故？关键在于独立。

第 27 页

两个新教派都曾一度得到迅速的发展，前一派发展于旧教国家，后一派发展于新教国家。它们除了起源不同而外，没有别的区别；至于教义，两派在最重要的一点上是完全一致的：都认为一切已确定的教条是没有根据的。这种不确定性便是它们的真正实质。它们自称要建筑一个伟大的神殿，使所有德国人都能在这神殿的屋顶下联合起来；这样它们就用宗教的形式表达了另一种当前最引人注意的政治思想，即统一德国的思想。——《德国的革命

和反革命——三》

建筑一种神殿，统一国家，风马牛不相及，实质上却成了一件事。

第45页

普鲁士的农民，像奥地利的农民一样，曾经利用革命一下子解脱了一切封建枷锁，虽然这里的农民由于封建压迫一般说来不那么坚决，行动比较和缓。可是由于上述种种原因，这里的资产阶级立即转而反对他们最早的、最不可少的同盟者——农民。同资产阶级一样害怕所谓对私有财产的侵犯的民主派，也不再支持农民。这样，在三个月的自由之后，在流血冲突和军事屠杀（尤其是在西里西亚）之后，封建制度便在昨天还在反封建的资产阶级手下恢复了。再没有比这更可耻的事实可以用来谴责他们了。历史上从来没有任何一个党派这样出卖自己最好的同盟者，出卖自己。不管这个资产阶级政党后来遭到怎样的侮辱与惩罚，单单由于它的这一种行为，它也完全是罪有应得的。——《德国的革命和反革命——六》

中国资产阶级民主派在辛亥革命中就是如此。

第122页

在观察世界历史上这些召唤亡灵的行动时，立即就会看出它们中间的显著的差别。卡米尔·德穆兰、丹东、罗伯斯比尔、圣茹斯特、拿破仑这些英雄人物，和旧的法国革命时的党派和人民群众一样，都穿着罗马的服装，讲着罗马的语言来实现当代的任务，即解除桎梏和建立现代资产阶级社会。——《路易·波拿巴的雾月十八日——一》

一、对法国大革命中人物评论，此处对丹东仍是肯定。此人被视为叛徒是〖以〗本世纪才发现的事实为根据的。二、拿破仑与他们并列在一起。

第251页

所以，路易-拿破仑的统治并没有结束阶级之间的战争。他的统治只是使那种有时表明了这个或那个阶级夺取或保住政权的企图的流血冲突暂时停止。这些阶级当中没有一个阶级有足够的力量去发动一次可望取得胜利的新的战斗。阶级之间存在着分裂这件事本身，暂时帮助了拿破仑实现他的计划。——《去年十二月法国无产者相对消极的真正原因——二》

对于说明辛亥革命后袁世凯的统治很适用。

第381页
《英国的选举。——托利党和辉格党》
此篇和下篇，极好地分析了英国当时的政党。研究当时的英国必读。

第384页
现在我们还是不要去管辉格党人的原则吧；我们根据历史事实可以更好地判断他们是些什么样的人，我们要看的是他们的所作所为，而不是他们曾经有过什么样的信仰，以及希望别人怎样来看待他们的作用。——《英国的选举。——托利党和辉格党》
对一切人都应如此看。

第617—618页
首先是把本国居民弄到赤贫的境地，而当从这些一贫如洗的人的身上再也榨不出任何利润的时候，当他们成为妨碍收入增长的一种负担的时候，就把他们赶走，然后来结算自己的纯收入！这就是李嘉图在他的名著“政治经济学原理”中所阐明的学说。李嘉图说，我们假定，一个资本家每年获得2000英镑的利润。对他来说，雇用100个工人还是雇用1000个工人不是一样吗？李嘉图问道：“就一个国家的实际收入来说不也是这样吗？”如果一个国家的实际纯收入——地租和利润——始终维持在原来的水平上，那末不管这些收入是来自1000万居民还是来自1200万居民，归根到底是一样的。西斯蒙第在他的“政治经济学新原理”一书中针对这种说法指出，根据这种观点，即使英国全部人口都消失了，岛上只剩下一个国王（当时统治英国的是国王，而不是女王），只要有一种自动机器能使他获得和今天1200万居民所创造的同样多的纯收入，那末这对英国来说也会是完全一样的了。的确，在这种情况下，“国民财富”（这个词在这里只是一个文法上的概念）是一点也不会减少的。——《强迫移民。——科苏特和马志尼。——流亡者问题》

李嘉图学说批判——统治者如此看待人民群众。页619不同意西斯蒙第的意见。

第 618—619 页

在古代国家，在希腊和罗马，采取周期性地建立殖民地形式的强迫移民是社会制度的一个固定的环节。这两个国家的整个制度都是建立在人口的一定限度上的，超过这个限度，古代文明就有毁灭的危险。为什么会这样呢？因为这些国家完全不知道在物质生产方面运用科学。为了保存自己的文明，它们就只能有为数不多的公民，否则，它们就得遭受那种把自由民变为奴隶的沉重体力劳动的折磨。由于生产力不够发展，公民权要由一种不可违反的一定的数量对比关系来决定。那时，唯一的出路就是强迫移民。

也就是这种过剩人口对生产力的压力，迫使野蛮人从亚洲高原侵入古代世界各国。在这里，仍旧是同一个原因在起作用，虽然它的表现形式不同。——《强迫移民。——科苏特和马志尼。——流亡者问题》

极要。统治、剥削阶级存在，是生产力不发达的结果。移民对公民权作了极好的说明。反之，历史上消灭统治阶级，必须以生产发达到资本主义高度为前提。

第 620 页

“经济学家”清楚地知道，工人是不可能自己出钱移居海外的，而工业资产阶级又不会在这方面帮助他们。这会造成什么结果呢？农业人口这种现代社会中最稳定最保守的因素正在消失，同时工业无产阶级，正是由于现代生产方式的发展而在聚集着巨大生产力的大城市集中起来，而这些巨大的生产力的创造史到现在为止总是劳动者的殉难史。谁能阻挡他们再前进一步去支配这些到现在还支配着他们的力量呢？有什么力量能抗拒他们呢？没有这种力量！到那时，乞灵于“所有权”是没有用的。资产阶级经济学家们自己也承认，目前生产方式中的变化摧毁了过时的社会制度及其占有方式。这些变化剥夺了苏格兰的氏族的成员，爱尔兰的短工和佃农，英格兰的自耕农、手工织工、无数的手工业者以及整代整代的工厂童工和女工；总有一天他们也将剥夺地主和棉纺大王。——《强迫移民。——科苏特和马志尼。——流亡者问题》

就像没有任何力量能抗拒地球围绕太阳转一样，没有任何力量能抗拒工人阶级推翻私有制，因为这个力量是内在的，即来自社会生产力的发展。生产力的发展，就像它已经推翻了奴隶主阶级、地主阶级一样，也将最后推翻资产阶级。

《马克思恩格斯全集》第九卷

人民出版社 1972 年版

第 XII—XIII 页

特别重要的是马克思关于罢工的意义的结论，他认为罢工是激发劳动者的斗志，团结他们向剥削者作斗争的要素。这些思想是马克思主义奠基人早在“英国工人阶级状况”、“哲学的贫困”和“共产党宣言”等著作中就已经提出的关于工人联盟是无产阶级的阶级斗争的学校这一原理的直接发展。马克思认为，罢工的主要意义在于罢工对工人所起的精神上和政治上的影响，罢工能培养工人的无产阶级团结精神，促使他们团结起来，组织起来。“如果现代工业不是在周期性循环中经过停滞、繁荣、狂热发展、危机和极度低落这些彼此交替、各有相当时期的阶段，如果工资不是因这些阶段彼此交替而有高有低，如果厂主和工人之间不是进行着经常的、与工资和利润的这些波动密切联系着的战争，那末，大不列颠和全欧洲的工人阶级就会成为精神萎靡、智力落后、内心空虚、任人宰割的群众，这样的群众是不可能用自己的力量取得解放的，正如古希腊罗马的奴隶不能用自己的力量取得解放一样。”（见本卷第 191 页）——《第九卷说明》

人民斗争的意义。人民斗争需要有反面势力、条件、环境的作用。

第 XVIII 页

在这方面，马克思表述了一个深刻的思想：资本主义的剥削、掠夺的本质在殖民地表现得最为露骨。“当我们把自己的目光从资产阶级文明的故乡转向殖民地的时候，资产阶级文明的极端伪善和它的野蛮本性就赤裸裸地呈现在我们面前，因为它在故乡还装出一副很有体面的样子，而一到殖民地它就丝毫不加掩饰了。”（见本卷第 251 页）——《第九卷说明》

资产阶级在殖民地的不加掩饰的面目。

第 37—38 页

当然，不能指望帕麦斯顿、阿伯丁、克拉伦登和大陆上形形色色的外交大臣们有能力做出任何这样的行动。他们即使想一下这件事也不能不发抖。但是，每一个人，只要注意研究历史，学会正确对待人类命运中永不停息的变革，知道在人类的命运中除了不固定本身之外没有任何固定的东西，除了变化本身之外没有任何不变化的东西；只要注意观察历史的不可阻挡的进程，看到历史的车轮是怎样无情地驰过了一个个帝国的废墟、常常毫不惋惜地毁灭整整一代人；总之，每一个人，只要不是闭眼不看任何煽惑的宣言和谋叛的告示都不能像平凡而明显的历史事实那样起着革命作用，就是说，只要了解和重视我们时代的异常革命的性质，——在这个时代里，蒸汽和风力、电力和印刷机、大炮和金矿的联合作用在一年当中引起的变化和革命要多过以往整整一个世纪，——每一个这样的人，都不会仅仅由于这个问题的正当解决会引起欧洲战争而害怕提出这个历史性的问题。

不，按老办法办事的外交界和各国政府永远也解决不了这个难题。土耳其问题，正如其他重大问题一样，要由欧洲革命来解决。把这一个乍看起来好像是不太相干的问题也归在这个伟大运动的合理范围以内决不是过于自信。从 1789 年起，革命的边界就一直在向远处扩展。它的边界已经达到了华沙、德布勒森、布加勒斯特；下一次革命的前哨应当是彼得堡和君士坦丁堡。俄国反革命的庞然大物应当在这两个最薄弱之点受到打击。——《欧洲土耳其前途如何？》

极要。一分为二——这个历史前进规律最扼要、精辟的叙述。历史除了不固定，没有任何固定的东西。除了变化本身，没有任何不变化的东西。这个变化、不固定、永不停息的变革的形式，就是一分为二。我们时代的异常革命的性质。生产力与阶级斗争“联合”起作用。蒸汽、电力、金矿——生产力。印刷机、大炮——阶级斗争。

第 80—81 页

当路易十四在柯尔培尔帮助之下亲自颁布对手工工场主有利的法律的时候，他只是准备了 1789 年的革命，而回答他的“l’état，c’estmoi”〔“朕即国家”〕这句名言的，是西哀士的话“le tiers état esttout”〔“第三等级就是一切”〕。——《君士坦丁堡的乱子。——德国的招魂术。——预算》

历史不以人们意志为转移。两个阶级，后者代替前者。

第 109 页

有一个爱好虚构的思辨体系，但思想极其深刻的研究人类发展基本原则的学者一向认为，自然界的基本奥秘之一，就是他所说的对立统一〔contact of extremes〕规律。在他看来，“两极相逢”这个习俗用语是伟大而不可移易的适用于生活一切方面的真理，是哲学家不能漠视的定理，就像天文学家不能漠视刻卜勒的定律或牛顿的伟大发现一样。

“对立统一”是否就是这样一个万应的原则，这一点可以从中国革命对文明世界很可能发生的影响中得到明显的例证。欧洲各国人民下一次的起义，他们下一阶段争取共和自由和争取比较廉洁的政体的斗争，在更大的程度上恐怕要取决于天朝帝国（欧洲的直接的对立面）目前所发生的事件，而不是取决于现时的其他任何政治原因，甚至不是取决于俄国的威胁及其后果——可能发生的全欧洲的战争。这种说法看起来非常奇怪和荒诞，然而，这绝不是怪论，凡是仔细考察了当前情况的人，都会相信这一点。——《中国革命和欧洲革命》

极要。对立统一，两极相逢。黑格尔发现的伟大奥秘。文明的欧洲，一极；落后的中国，一极。欧洲革命，一极；天朝帝国，一极。

第 111 页

中国在 1840 年战争失败后被迫付给英国的赔款，大量的非生产性的鸦片消费，鸦片贸易所引起的金银外流，外国竞争对本国生产的破坏，国家行政机关的腐化，这一切就造成了两个后果：旧税捐更重更难负担，此外又加上了新税捐。——《中国革命和欧洲革命》

马克思此处讲鸦片战争为一八四〇年。毛主席著作也是一样。

第 144 页

我不同意那些相信印度斯坦有过黄金时代的人的意见，也不必为了证实自己的看法而搬出库利汗统治时期，像查理·伍德爵士所做的那样。但是大家可以拿奥朗则布时期做例子；或者拿莫卧儿出现在北方而葡萄牙人出现在南方的时期做例子；或者拿穆斯林入侵和南印度七国争雄的时期做例子；或者，如果大家愿意追溯到更远的古代去，那就可以拿婆罗门自己的神话纪年看一看，它把印度灾难的开端推到了甚至比基督教的世界创始时期更远的时候。

但是，不列颠人给印度斯坦带来的灾难，与印度斯坦过去的一切灾难比较起来，毫无疑问在本质上属于另一种，在程度上不知要深重多少倍。我在这里所指的还不是不列颠东印度公司在亚洲式的专制基础上建立起来的欧洲式的专制，这两种专制结合起来要比萨尔赛达庙里的狰狞的神像更为可怕。——《不列颠在印度的统治》

剥削、压迫阶级消灭以前，都不可能有黄金时代。一切国家均同。

第 145 页

内战、外侮、政变、被征服、闹饥荒——所有这一切接连不断的灾难，不管它们对印度斯坦的影响显得多么复杂、猛烈和带有毁灭性，只不过触动它的表面，而英国则破坏了印度社会的整个结构，而且至今还没有任何重新改建印度社会的意思。印度失掉了他的旧世界而没有获得一个新世界，这就使它的居民现在所遭受的灾难具有了一种特殊的悲惨的色彩，并且使不列颠统治下的印度斯坦同自己的全部古代传统，同自己的全部历史，断绝了联系。

在亚洲，从很古的时候起一般说来只有三个政府部门：财政部门，或对内进行掠夺的部门；军事部门，或对外进行掠夺的部门；最后是公共工程部门。气候和土地条件，特别是从撒哈拉经过阿拉伯、波斯、印度和鞑靼区直至最高的亚洲高原的一片广大的沙漠地带，使利用渠道和水利工程的人工灌溉设施成了东方农业的基础。——《不列颠在印度的统治》

英国对中国也是这样。马克思这里明明是讲的印度以西地区。有些人硬要用到中国。

第 154 页

我们的贵族和金融寡头没有什么雄心和力量来对人民运动进行任何严重的抵抗。统治集团只是各种蜕化党派的乱七八糟的混合物，它们匆匆集结在一起，就像需要拯救一只漏了水的航船时集结在抽水机旁争吵不休的船员一样。他们完全是没有力量的，即使他们能从底舱中向民主海洋里泼出几滴水

来，但丝毫也不能平息汹涌奔腾的浪潮。——《英国的繁荣。——罢工。——土耳其问题。——印度》

人民群众——统治者对其无能为力的描写。

第 171 页

到 1838—1849 年时期，在同锡克教徒的战争和同阿富汗人的战争中，英国用武力并吞了旁遮普和信德，这样，从人种边界、政治边界和军事边界上看，就在东印度大陆全境最终建立了不列颠的统治。占有了旁遮普和信德，就可以击退来自中亚细亚的任何侵犯，对抗正向波斯边境扩张的俄国了。在这 10 年之中，英属印度共并吞了拥有 8572630 人口的 167000 平方哩的领土。至于印度内部，那末所有的土邦现在都已被英属领地所包围，都通过这种或那种形式隶属于不列颠的宗主权，除了古扎拉特和信德以外，都同沿海地区割断了。至于印度的对外关系，从此以后已根本谈不到了。所以，只是从 1849 年起，才开始出现一个统一的庞大的英印帝国。

由此可见，不列颠政府用公司的名义进行战争有两百年之久，直到最后才达到印度的天然边界。现在我们就懂得了，为什么在这整个时期内英国的所有党派对这件事抱着默然纵容的态度，其中还有一些人决心要在统一的英属印度帝国 arrondissement〔边界完整〕大功告成之后用假仁假义地号叫和平的喊声盖过所有的人。——《东印度公司，它的历史与结果》

人民的力量。大国的顽强生命力。英国对印度的统治——暂时的统治。它只有在印度反动阶级叛卖下才能实现的。人民必将起来掌握自己的命运。

第 175 页

但是，英国工业愈是依靠印度市场，英国厂主们就愈是感到在他们摧残了印度本国的工业之后必须在印度造成新的生产力。一味向某个国家倾销自己的工业品，而不让它也能够销售某些产品，那是不行的。——《东印度公司，它的历史与结果》

因此鸦片就成了印度向中国行销的这种产品。

第 191 页

如果现代工业不是在周期性循环中经过停滞、繁荣、狂热发展、危机和极度低落这些彼此交替、各有相当时期的阶段，如果工资不是因这些阶段彼此交替而有高有低，如果厂主和工人之间不是进行着经常的、与工资和利润的这些波动密切联系着的战争，那末，大不列颠和全欧洲的工人阶级就会成为精神萎靡、智力落后、内心空虚、任人宰割的群众，这样的群众是不可能用自己的力量取得解放的，正如古希腊罗马的奴隶不能用自己的力量取得解放一样。我们不应该忘记，农奴的罢工和联合曾是中世纪市镇的来源，而中世纪的市镇又是现在当权的资产阶级的摇篮。——《俄国对土耳其的政策。——英国的工人运动》

伟大斗争的重要意义。人民要斗争。古罗马奴隶不能自己解放的原因。人民群众的伟大力量是在于进行革命斗争。不斗争，虽有人口多数、智慧等等，力量等于零。此意即共产党的哲学是斗争的哲学。

第202页

从亚里士多德的时候起，世界上就充满了大量有些是出色的，有些是胡说八道的学术著作，一齐来研究这个题目：谁应当被赋予政府的权力？但是，在历史上破天荒第一次有一个统治民族（它统治着另一个拥有15600万人口和1368113平方英里的民族）的贤明立法者的议会，在它的庄严和公开的会议上想来解决这样一个不平常的问题：在这些贤明的立法者中间是谁执掌管理15000万人口的异民族的实际权力？在不列颠的贤人议会中，并没有出现能解决这一难题的奥狄浦斯。所有的辩论都是围绕着这个问题进行的，但是，进行了表决之后，关于印度的管理问题仍然是一笔胡涂账。——《土耳其战争问题。——“纽约论坛报”在下院。——印度的管理》

各阶级对此答案截然相反。对什么是历史、历史学，其情形也正相同。

第204页

据说在印度一般人有这样的看法：派不了用场的人最好是让他当法官，用这种办法把他打发走。——《土耳其战争问题。——“纽约论坛报”在下院。——印度的管理》

统治阶级的“法”如何，由此可想而知。

第226页

现在撇开这些理由不谈，让我来谈谈托马斯·曼罗和埃耳芬斯顿勋爵，这两个人有一副至少是不平凡的头脑，并且满心同情印度人民。他们认为，没有当地的贵族阶级，任何一个社会阶级都将没有充分的生命力，消灭这个贵族阶级并不会抬高全体人民，相反地，只会压低全体人民。如果注意到在英国人直接统治的地区本地人一向不许担任任何要职（军事的和民政的）这一情况，那末他们的话可以被认为是正确的。凡是人们依靠自己的努力不可能成为大人物的地方，就应当有一类依靠出身而成为大人物的人，以便使被征服的人民保持哪怕是一点点的伟大。但是这种不让本地人在英国地区担任要职的做法，只有由于在所谓独立地区保存了世袭王公才有可能。于是这两种恩典中的一种不得不给了印度军队，这支军队的军事实力是英国在印度的整个统治的支柱。我认为，我们可以相信坎伯尔先生说的话：印度的本地贵族最没有能力担任要职，为了满足新的需要，必须造成新的阶级，“由于下层阶级具有机灵和易于接受知识的特点，这在印度比在任何其他国家更容易做到”。——《俄土纠纷。——东印度问题》

资产阶级对人民力量的荒谬观点。

第226页

当地的王公由于他们的王朝人丁衰微，几乎已经退出了舞台。——《俄土纠纷。——东印度问题》

上卷有讲希腊贵族衰落处，与此同看。

第227页

英国的高利贷者和英国的贵族对于剥夺王权这一套艺术是很内行的，他们在国内使王朝变成立宪制下的废物，在外国则使王朝变成一套空洞的礼仪。现在，激进派看到这种情景正在大为不平哩！——《俄土纠纷。——东印度问题》

外国侵略者要用这类败类来镇压人民。

第244页

无论是在孟加拉的柴明达尔制度下，或者是在马德拉斯和孟买的莱特瓦尔制度下，占印度居民十二分之十一的莱特农民都遭到了可怕的赤贫化。如果说他们事实上还没有下降到爱尔兰的贫佃农〔cottiers〕那样低的水平，那应该归功于印度的气候，因为南方国家的居民比北方国家居民的需要少些，而空想多些。——《战争问题。——议会动态。——印度》

南方与北方国家居民的需要不同。气候的影响。需要多，空想多！

第 246—247 页

英国在印度的统治是怎样建立起来的呢？大莫卧儿的无限权力被他的总督们打倒，总督们的权力被马拉提人打倒，马拉提人的权力被阿富汗人打倒；而在大家这样混战的时候，不列颠人闯了进来，把所有的人都征服了。既然在一个国家里，不仅存在着穆斯林和印度教徒的对立，而且存在着部落与部落、种姓与种姓的对立；既然一个社会完全建立在它的所有成员普遍的互相排斥和与生俱来的互相隔离所造成的均势上面，——这样的一个国家，这样的一个社会，难道不是注定要做侵略者的战利品吗？即使我们对印度斯坦过去的历史一点都不知道，难道这样的一个巨大的不容争辩的事实，即英国甚至现在仍然用印度出钱豢养的印度人军队来奴役印度这个事实，还不够说明问题吗？所以，印度本来就逃不掉被征服的命运，而且它的全部历史，如果要算做它的历史的话，就是一次又一次被征服的历史。印度社会根本没有历史，至少是没有为人所知的历史。我们通常所说的它的历史，不过是一个接着一个的征服者的历史，这些征服者就在这个一无抵抗、二无变化的社会的消极基础上建立了他们的帝国。因此，问题并不在于英国是否有权利来征服印度，而在于印度被不列颠人征服是否要比被土耳其人、波斯人或俄国人征服好些。

英国在印度要完成双重的使命：一个是破坏性的使命，即消灭旧的亚洲式的社会；另一个是建设性的使命，即在亚洲为西方式的社会奠定物质基础。

相继征服过印度的阿拉伯人、土耳其人、鞑靼人和莫卧儿人，不久就被当地居民同化了。野蛮的征服者总是被那些他们所征服的民族的较高文明所征服，这是一条永恒的历史规律。——《不列颠在印度统治的未来结果》

按：此文通篇充满辩证法。开头一段的含义应深入体会。印度没有历史，印度是一次又一次被征服的历史。印度逃不掉被征服的命运。问题不在

英人是否有权征服，而在这种征服是否〖比〗别人好些。野蛮征服者的永恒规律。

第250页

英国资产阶级看来将被迫在印度实行的一切，既不会给人民群众带来自由，也不会根本改善他们的社会状况，因为这两者都不仅仅决定于生产力的发展，而且还决定于生产力是否归人民所有。但是，为这两个任务创造物质前提则是英国资产阶级一定要做的事情。难道资产阶级做过更多的事情吗?难道它不使个人和整个民族遭受流血与污秽、穷困与屈辱就达到过什么进步吗?

在大不列颠本国现在的统治阶级还没有被工业无产阶级推翻以前，或者在印度人自己还没有强大到能够完全摆脱英国的枷锁以前，印度人民是不会收到不列颠资产阶级在他们中间播下的新的社会因素所结的果实的。但是，无论如何我们都可以满怀信心地期待，在多少是遥远的未来，这个巨大而诱人的国家将复兴起来。——《不列颠在印度统治的未来结果》

极要。问题的性质不是由生产力决定的，是由生产力归谁所有决定的。要有进步，先要遭受穷困屈辱。人民的力量——印度人民也不例外。

第252页

历史中的资产阶级时期负有为新世界创造物质基础的使命：一方面要造成以全人类互相依赖为基础的世界交往，以及进行这种交往的工具，另方面要发展人的生产力，把物质生产变成在科学的帮助下对自然力的统治。资产阶级的工业和商业正为新世界创造这些物质条件，正像地质变革为地球创造了表层一样。只有在伟大的社会革命支配了资产阶级时代的成果，支配了世界市场和现代生产力，并且使这一切都服从于最先进的民族的共同监督的时候，人类的进步才会不再像可怕的异教神像那样，只有用人头做酒杯才能喝下甜美的酒浆。——《不列颠在印度统治的未来结果》

人民，前途。由谁以及如何实现？由无产阶级的革命来实现。

第280页

马尔萨斯神甫曾否认人口外流会发生这种影响，并且以为自己已通过精细的核算证明了：即使动用世界上所有的船只运送外流的居民，也丝毫不能影响人口的极度增长。如果我们回想一下马尔萨斯，那末现代政治经济学的全部秘密就暴露在我们面前了。这个秘密不过就在于把一个特定的历史时代独有的、适应当时物质生产水平的暂时的社会关系，变为永恒的、普遍的、不可动摇的规律，经济学家们称之为自然规律。社会关系的根本改造取决于物质生产过程中的革命和进化，而这种改造却被经济学家们认为是纯粹的空想。他们的眼光超不出当前时代的经济界限，因而不懂得这些界限本身具有局限性，它们是历史发展造成的，同样它们必然要在历史发展的进程中消失。——《战争问题。——英国的人口和商业报告书。——议会动态》

历史规律，马尔萨斯反动观点的极其重要的分析。

第 420 页

土耳其政府在 1828—1829 年的战争中打了败仗，因而在它的臣民的心目中失去了威信。于是，正像东方的各个帝国中通常在最高权力削弱时发生的情况那样，帕沙们就成功地造起反来。——《帕麦斯顿勋爵。——第四篇》

人民斗争的条件：最高权力削弱，人们起来造反。

《马克思恩格斯全集》第十卷

人民出版社 1972 年版

第 XXIII 页

在所有阐述西班牙革命史的文章中，马克思首先注重的是人民群众的作用，认为无论是专制独裁政体、“神圣的宗教裁判所”，或者是拿破仑的军队，都不能摧折人民群众的革命毅力。尽管西班牙国家乍一看来多么死气沉沉，在它统治下的西班牙人民的活力还沉睡未醒，拿破仑第一原认为西班牙是一具没有生命的死尸，“但是他发现，如果说西班牙国家死亡了，那末西班牙社会却充满生气，它的每一部分都洋溢着反抗力量，这使他非常不快地大吃一惊”。（见本卷第 463 页）

马克思很高地估计了在西班牙展开的反抗法国干涉者的斗争，同时辩证地揭露了这个斗争的矛盾特点：人民的目的是为争取自身的解放而斗争，西班牙反动统治集团的意图则是恢复专制制度和维护自己的特权。马克思指出，这是当时所有反抗拿破仑侵犯、争取独立的战争在某种程度上所固有的现象。因此马克思提出了一个重要的思想：必须把民族解放斗争同深刻的内部社会改革和政治改革结合起来。——《第十卷说明》

明末农民战争与明政权对清战争是如此。对这方面的问题值得作一专门论述。因为一切对外斗争中多少都有此问题。

第 XXIV 页

如果说在欧洲的一些大国中，君主专制在当时“是作为文明中心、社会统一的基础出现的”（见本卷第 462 页），那末在西班牙，由于许多历史原因，君主专制不仅不能起集中统一的作用，而且还直接阻碍历史的发展。——《第十卷说明》

时间不同，君主专制的作用不同。此处与上卷《德国农民战争》对看。那上面是讲集中国家的重要意义。

第 8 页

但是不要忘记，在欧洲还有一个第六强国，它在一定的时刻将宣布它对全部五个所谓“大”强国的统治并使它们个个战栗。这个强国就是革命。——《欧洲战争》

革命——第六强国。不同时代有这个、那个强国，人民则是永久的最强国。对人民斗争的热情赞扬。

第 123—124 页

俄国很可能指望把中国的西藏和鞑靼皇帝作为同盟者，如果鞑靼皇帝被赶到满洲并且放弃中国本土的王位的话。你们都知道，汉族起义者开始了反对佛教的现代十字军征讨，烧毁佛教的寺庙，杀死和尚。但是鞑靼人信奉佛教，而承认中国主权的西藏是大喇嘛的所在地，被信仰佛教的人看做是圣地。因此，如果天王能够把满清王朝赶出中国，以后他将不得不同鞑靼人的佛教政权进行宗教战争。——《法国和英国的军事计划。——西班牙。——中国》

这里说的宗教战争是指对佛教的战争。这是并不真正了解太平天国，因为只能从传教士得到些消息。

第 134 页

大不列颠的千百万工人第一个奠定了新社会的真实基础——把自然界的破坏力变成了人类的生产力的现代工业。英国工人阶级以不懈的毅力、流血流汗、绞尽脑汁，为使劳动变成高尚的事业并把劳动生产率提高到能造成产品普遍丰富的水平创造了物质前提。

英国工人阶级既然创造了现代工业的无穷无尽的生产力，也就实现了解放劳动的第一个条件。现在它应当实现解放劳动的第二个条件。它应当把这些生产财富的力量从垄断组织的无耻的枷锁下解放出来，使它们受生产者的集体监督，这些生产者直到今天还在听任自己劳动的产品本身转过来反对自己，变成压迫他们自己的工具。

工人阶级征服了自然，而现在它应当去征服人了。工人阶级有足够的力量来胜利地完成这个事业，但是需要把所有这些力量组织起来，在全国范围内把工人阶级组织起来——我认为这就是摆在工人议会面前的伟大而光荣的目标。

如果工人议会仍然忠于使它产生的那个思想，未来的历史学家将这样来写：1854 年英国有两个议会——伦敦议会和曼彻斯特议会，即富人的议会和穷人的议会，——但是真正的人只出席了工人的议会而没有出席老板们的议会。——《给工人议会的信》

此文内容极深刻，好好学。人民创造历史。最重要：人民、工人解放的两个条件。第一个条件——征服自然。第二个条件——征服人，即剥削阶级。必须实现第二个条件，才能进行社会主义。历史前进方向问题。讲第二个条件，就是讲革命，否则成了“和平长入”和阶级斗争熄灭论。

第 401 页

一切革命都有一个显著的特点，这就是：正当人民似乎临近一个伟大的开端、一个新时代展现在他们面前的时候，他们却让自己沉湎于过去的幻想，自动地把自己好容易才争得的权力、一切影响让给过去时代人民运动的真正的或者冒牌的代表。历史上有这样一些人，人民惯于在社会危机时刻把他们背在自己的背上，而以后就很难摆脱掉他们，就像航海家辛伯达很难摆脱掉用两腿夹着他的脖子的凶恶的老头子一样。——《埃斯帕特罗》

评价人物的榜样。此处的“过去时代”是对“新时代”说的，所以是落后的。

第 467 页

因此，从西班牙独立战争一开始，上层贵族和旧官员就失去了对资产阶级和人民的任何影响，因为从斗争一开始，他们就背弃了资产阶级和人民。一方面是 Affrancesados（亲法派），另一方面是民族。在伐利亚多利德、卡塔黑纳、格拉纳达、哈安、桑卢卡尔、拉卡罗利纳、罗德里哥城、加迪斯和瓦伦西亚的最著名的旧官员（总督、将军和其他被认为是法国代理人和民族运动的障碍的著名人物）都成为激愤的人民的牺牲品了。各地原来的政权都被改换了。在 1808 年 3 月 19 日起义几个月以前，马德里就发生过骚动，要把 EI Chorizero（香肠贩子——戈多伊的绰号）和他的可恨的走狗赶下台。这个目的现在在全国规模内达到了，这样，国内革命就按照人民群众所希望的那样并在与反对外国侵略的斗争没有任何联系的情况下完成了。看起来，整个运动与其说是拥护革命的，不如说是反对革命的。这个运动是民族运动，因为它宣布西班牙脱离法国而独立；同时这个运动又是王朝的，因为它拥护“受爱戴的”斐迪南七世而反对约瑟夫 · 波拿巴；这个运动是反动的，因为它拥护旧的制度、习惯和法律而反对拿破仑的合理的革新；这个运动是迷信的和充满宗教狂的，因为它拥护“圣教”而反对所谓法国无神论，或者说，反对取消罗马教会的特权。被自己的法国教友的命运吓坏了的僧侣，为了自保便激起人民的这种情绪。——《革命的西班牙——二》

一方面是亲法派，一方面是民族。拥护明政权的反清斗争正是这样——是民族运动，因为它是反满的，是王朝的，因为它拥护明政权。不过清政府最初不如波拿巴合理革新——并不是凡是民族运动都有进步意义！

第 472—473 页

各省洪达分掌政权使西班牙没有被拿破仑侵犯的第一个浪潮淹没，其所以如此，不仅因为这使国家的抵抗能力加强了好几倍，而且因为这使侵略者不知道应当打击的方向；实际上，法国人在发现到处都是西班牙人的反抗中心的时候，已经完全摸不着头脑了。在拜兰投降和约瑟夫从马德里撤退以后不久，各地就开始感到必须建立一个中央政府。在取得初步胜利以后，各省洪达之间的争执达到了异常剧烈的程度，例如，卡斯坦尼约斯将军费了很大的力气才阻止了塞维尔向格拉纳达进军。结果法国军队取得了恢复元气和占据坚固阵地的机会，尽管当时法国军队除去贝西埃尔元帅的那个军以外都溃退到了埃布罗河一线，只要奋力追击，可以很容易地击溃它，至少是把它赶出国境。但是，全国对洪达之间的猜忌的抗议以及对指挥官的 laissez faire〔漫不经心、玩忽职责〕的抗议，主要是由梅尔兰将军对比尔巴鄂的起义的残酷镇压引起的。迫切需要使军事行动配合一致；相信拿破仑马上会率领从尼门河、奥得河和波罗的海沿岸募集的常胜军卷土重来；需要有一个中央政权来同大不列颠和其他国家订立同盟条约以及维持同西班牙的美洲属地的联系并从那里征收赋税；在布尔果斯有一个法国中央政权，以及必须以自己的圣坛来对抗外国的圣坛，——就是这些原因迫使塞维尔洪达勉勉强强地放弃了自己的不肯定的、实际上是虚有其名的最高权力，并建议各省洪达各选两名代表，由代表们的会议组成中央洪达，同时各省洪达应保持对有关地区的内部管辖权，“但是以必须服从中央政府为条件”。——《革命的西班牙——

三》

拿破仑碰上人民战争，倒楣就开始了。阶级对阶级、国对国，都需要有此“圣坛”。理论，“圣坛”的重要内容。社会科学的每一种，都服务、服从某个“圣坛”。人民要用自己的“圣坛”对抗剥削者的“圣坛”。讲清人民在历史上的地位，就是这个“圣坛”的内容之一。

第671页

革命的市民们既然这样脱离了基本的人民群众，所以在反对大贵族、农村宗教势力、僧侣和代表所有这些社会腐朽分子的国王的斗争中，便不得不依靠军队和他们的领导人。单是军队在革命阵营中这样篡夺来的地位本身，加上这个军队脱离群众，就已经把他们变成一种对利用他们的人有危险而对他们所应打击的敌人无害的工具。最后，上层资产阶级，即所谓的温和派，不久便对革命冷淡了，后来也就背叛了革命，他们幻想可以经由法国的干涉而取得政权，从而不费什么努力坐享新社会的成果，不让平民染指。——《“革命的西班牙”一组论文中未发表过的片断》

对辛亥革命时的资产阶级适用。

《马克思恩格斯全集》第十一卷

人民出版社 1972 年版

第 106—107 页

当英国人从海外请来一位荷兰人做国王的时候，随同新的王朝的建立，开始了新的纪元——土地贵族和金融贵族相结合的纪元。从那时到现在，一直保持着血统特权和金钱特权之间的立宪均势。例如根据血统特权，军队中一部分的职务是按家族关系的原则、通过徇私和宠爱来分配的，但是金钱原则也占有一定的位置，因为一切军官官衔都是用硬币买卖的。据统计，目前在军队中供职的军官用于购买自己军衔的资本已达 600 万英镑。为了不失去自己在供职期间所获得的权利，以及为了不致被任何年轻的富人排挤出去，不太富裕的军官只好去借债，为升官奔波，这样一来，他们就成了受抵押奴役的债务人了。

在教会中也像在军队中一样，除了家族关系的原则以外，现金原则也仍然盛行一时。教会的一部分职务落到年幼的贵族子弟手中，另一部分职务则落到花钱较多的人的手里。因为英国人民的“灵魂”属于国教会，对英国人民的“灵魂”的交易，也和贩卖弗吉尼亚黑人的生意一样经常化了。——《帕麦斯顿和英国的寡头政治》

金钱特权、血统特权——阶级。军衔买卖、灵魂买卖——统治阶级的手段。意识形态工作，属灵魂买卖。

第 455 页

殖民地的改革、国民教育方面的草案、“臣民的自由”、出版和公开集会的自由、战争热情和对和平的渴望——这一切对于约翰·罗素勋爵来说都不过是骗人的幌子。他整个人就是骗人的幌子，他的全部生活就是一派谎言，他的全部活动都是为了达到肮脏的目的，为了侵吞公共财富和篡夺仅仅是表面上的权力而使用的一连串卑劣的阴谋诡计。圣经上有一句格言：人是不可能使自己的身长增加一英寸的。要证明这句话，除罗素外，很难找到更好的例子了。他的出生和亲朋关系以及时势给他造成的机缘使他爬上了高峰，可是他始终是一个在金字塔顶上跳舞的矮子，一个侏儒。像他那样名位显赫的渺小人物，历史上恐怕是独一无二的。——《约翰·罗素勋爵——六》

对一切反动统治者都适用。他们很渺小，不过是站在金字塔顶上。失掉高处，他们就完了。反动统治者的个人作用问题。

《马克思恩格斯全集》第十二卷

第 XXI 页

马克思和恩格斯对印度人民的解放斗争寄予深切的同情，他们相信，只要所有一切能够与殖民主义者作斗争的印度各阶层人民，特别是印度南部和中部的各阶层人民行动起来，起义是能取得胜利的。但是，由于一系列历史原因，如印度的封建割据、印度居民的民族复杂性、印度人民在宗教上和种姓上的隔离以及绝大部分领导起义的地方封建主的背叛，并没有出现这种共同行动。——《第十二卷说明》

封建势力参加并不改变人民起义的性质，封建主的背叛正说明了这种性质。一切反侵略反压迫的人民斗争都照此观点论述。

第 XXII 页

马克思在评价印度起义的历史意义时指出，虽然起义并没有使印度的殖民体制发生重大的变化，但是它显示了印度人民对殖民奴役制度的仇恨和为争取自己的解放而进行坚决斗争的能力。起义迫使英国殖民主义者略微改变了殖民统治的形式和方法，例如，完全撤销东印度公司，因为它的政策在印度引起了普遍的愤怒。——《第十二卷说明》

印度起义的历史意义。一、撤销东印度公司是当时看出来的。二、更重要的是为后来印度人民反抗斗争开辟了道路。

第 4 页

在我们这个时代，每一种事物好像都包含有自己的反面。我们看到，机器具有减少人类劳动和使劳动更有成效的神奇力量，然而却引起了饥饿和过度的疲劳。新发现的财富的源泉，由于某种奇怪的、不可思议的魔力而变成贫困的根源。技术的胜利，似乎是以道德的败坏为代价换来的。随着人类愈益控制自然，个人却似乎愈益成为别人的奴隶或自身的卑劣行为的奴隶。甚至科学的纯洁光辉仿佛也只能在愚昧无知的黑暗背景上闪耀。我们的一切发现和进步，似乎结果是使物质力量具有理智生命，而人的生命则化为愚钝的物质力量。现代工业、科学与现代贫困、衰颓之间的这种对抗，我们时代的生产力与社会关系之间的这种对抗，是显而易见的、不可避免的和无庸争辩的事实。有些党派可能为此痛哭流涕；另一些党派可能为了要摆脱现代冲突而希望抛开现代技术；还有一些党派可能以为工业上如此巨大的进步要以政治上同样巨大的倒退来补充。可是我们不会认错那个经常在这一切矛盾中出现的狡猾的精灵。我们知道，要使社会的新生力量很好地发挥作用，就只能由新生的人来掌握它们，而这些新生的人就是工人。工人也同机器本身一样，是现代的产物。在那些使资产阶级、贵族和可怜的倒退预言家惊慌失措的现象当中，我们认出了我们的好朋友、好人儿罗宾，这个会迅速刨土的老田鼠、光荣的工兵——革命。——《在"人民报"创刊纪念会上的演说》

历史前进方向。资本主义制度的重重矛盾。唯一解决办法、必然的前途：无产阶级革命，社会主义、共产主义。

第 6 页

《上院和约克公爵的纪念像》

要了解反动统治阶级的肮脏恶浊，乌烟瘴气，需读此文。

《马克思恩格斯全集》第十三卷
人民出版社 1972 年版

第 X 页

马克思把商品看作资产阶级社会的经济细胞，其中包含着资本主义一切矛盾的萌芽。

马克思以前的经济学家就已经指出，商品具有使用价值和交换价值这二重性。马克思在其对商品的分析中最先确定，使用价值和交换价值是一个矛盾的统一体，它反映着商品生产者的私人劳动和社会劳动之间实际存在着的矛盾。——《第十三卷说明》

商品的使用价值和交换价值的矛盾，反映了资本主义社会不可克服的根本矛盾。按："生产的私人劳动和社会劳动"是否就是所谓"劳动社会化，占有私人化"，两者有何不同？

第 8 页

为了解决使我苦恼的疑问，我写的第一部著作是对黑格尔法哲学的批判性的分析，这部著作的导言曾发表在 1844 年巴黎出版的"德法年鉴"上。我的研究得出这样一个结果：法的关系正像国家的形式一样，既不能从它们本身来理解，也不能从所谓人类精神的一般发展来理解，相反，它们根源于物质的生活关系，这种物质的生活关系的总和，黑格尔按照十八世纪的英国人和法国人的先例，称之为"市民社会"，而对市民社会的解剖应该到政治经济学中去寻求。——《政治经济学批判。——序言》

按：此处"市民社会"，实即指社会经济基础。

第 45 页

第一次有意识地、明白而浅显地把交换价值归结于劳动时间的分析，我们是在新世界的一个人那里发现的，在新世界，资产阶级生产关系同它的承担者一起输入进来，并且在这块由于土质肥沃而补救了历史传统贫乏的土地上迅速生长起来。这个人就是本杰明·富兰克林，他在1719年所写而在1721年付印的一本青年时代的著作中，表述了现代政治经济学的基本规律。他说必须撇开贵金属而寻找另一种价值尺度。这种尺度就是劳动。——《政治经济学批判。——第一章　商品》

个人的才能创造受社会生产、社会条件的制约的又一典型事例。与《资本论》上讲的亚里士多德事例相同。

第533页

政治经济学从商品开始，即从产品由个别人或原始公社相互交换的时刻开始。进入交换的产品是商品。但是它成为商品，只是因为在这个物中、在这个产品中结合着两个人或两个公社之间的关系，即生产者和消费者之间的关系，在这里，两者已经不再结合在同一个人身上了。在这里我们立即得到一个贯穿着整个经济学并在资产阶级经济学家头脑中引起过可怕混乱的特殊事实的例子，这个事实就是：经济学所研究的不是物，而是人和人之间的关系，归根到底是阶级和阶级之间的关系；可是这些关系总是同物结合着，并且作为物出现；诚然，这个或那个经济学家在个别场合也曾觉察到这种联系，而马克思第一次揭示出它对于整个经济学的意义，从而使最难的问题变得如此简单明了，甚至资产阶级经济学家现在也能理解了。——《政治经济学批判——二》

好，注意！经济学所研究的不是物，而是人和人之间的关系，即阶级关系。

《马克思恩格斯全集》第十五卷

人民出版社 1972 年版

第 545 页

在桌子开始跳舞以前不久，在中国，在这块活的化石上，就开始闹革命了。这种现象本身并不是什么特殊的东西，因为在东方各国，我们经常看到社会基础不动而夺取到政治上层建筑的人物和种族不断更迭的情形。中国是被异族王朝统治着。既然已过了三百年，为什么不来一个运动推翻这个王朝呢？运动一开始就带着宗教色彩，但这是一切东方运动的共同特征。运动发生的直接原因显然是：欧洲人的干涉，鸦片战争，鸦片战争所引起的现存政权的震动，白银的外流，外货输入所引起的经济平衡的破坏，等等。看起来很奇怪的是，鸦片没有起催眠作用，反而起了惊醒作用。实际上，在这次中国革命中奇异的只是它的体现者。除了改朝换代以外，他们没有给自己提出任何任务。他们没有任何口号。他们给予民众的惊惶比给予老统治者们的惊惶还要厉害。他们的全部使命，好像仅仅是用丑恶万状的破坏来与停滞腐朽对立，这种破坏没有一点建设工作的苗头。——《中国记事》

这个评论与事实不符。

第 586—587 页

要想从林肯的所作所为中找出美学上的不雅、逻辑上的缺陷、形式上的滑稽和政治上的矛盾，像英国的那些奴隶制度的品得——“泰晤士报”、“星期六评论”tutti quanti〔之流〕所做的那样，是再容易不过了。尽管如此，在美国历史和人类历史上，林肯必将与华盛顿齐名！在今天，当大西洋这一边所发生的一切无足轻重的事情都故意带上了不起的神气的时候，那在新大陆上以如此平凡的形式所进行的一切重大事件，难道没有任何意义吗？

林肯不是人民革命的产儿。是那种没有意识到本身应当解决何等伟大任务的普选制的寻常把戏把他——一个从石匠上升到伊利诺斯州参议员的平民，一个缺乏智慧的光辉、缺乏特殊的性格力量、地位并不十分重要的人，一个善良的常人——送上最高位置的。新大陆还从来没有取得过比这一次更大的胜利，这证明，由于新大陆的政治和社会组织，善良的常人也能担负旧大陆需要英雄豪杰才能担负的任务！——《北美事件》

统治阶级、人物的作用问题。人民斗争的彻底性问题。所谓“新大陆的政治和社会组织”，它的内容是资产阶级处在与旧势力进行斗争之中。

《马克思恩格斯全集》第十六卷
人民出版社 1972 年版

第 13—14 页

工人阶级的解放既然要求工人们兄弟般的合作，那末当存在着那种为追求罪恶目的而利用民族偏见并在掠夺战争中洒流人民鲜血和浪费人民财富的对外政策时，他们又怎么能完成这个伟大任务呢？使西欧避免了为在大西洋彼岸永久保持和推广奴隶制进行可耻的十字军征讨冒险的，并不是统治阶级的智慧，而是英国工人阶级对于他们那种罪恶的疯狂行为所进行的英勇反抗。——《国际工人协会成立宣言》

与波兰起义相同的又一历史事件。又，一八五六年印度起义。一、波兰起义。二、英国反对参加美国内战。三、印度人民起义。

第 32—33 页

关于他的一般观点，我是用以下的话概述我的判断的：

“每一种经济关系都有其好的一面和坏的一面；只有在这一点上蒲鲁东先生没有背叛自己。他认为，好的方面由经济学家来揭示，坏的方面由社会主义者来揭发。他从经济学家那里借用了永恒经济关系的必然性这一看法；从社会主义者那里借用了使他们在贫困中只看到贫困的那种错觉（而不是在贫困中看到将会推翻旧社会的革命的、破坏的一面）。他对两者都表示赞成，企图拿科学权威当靠山。而科学在他的观念里已成为某种微不足道的科学公式了；他无休止地追逐公式。正因为如此，蒲鲁东先生自以为他既批判了政治经济学，也批判了共产主义；其实他远在这两者之下。说他在经济学家之下，因为他作为一个哲学家，自以为有了神秘的公式就用不着深入纯经济的细节；说他在社会主义者之下，因为他既缺乏勇气，也没有远见，不能超出（哪怕是思辨地也好）资产者的眼界……

他希望充当科学泰斗，凌驾于资产者和无产者之上，结果只是一个小资

产者，经常在资本和劳动、政治经济学和共产主义之间摇来摆去。”——《论蒲鲁东》

伪科学：离开无产阶级立场，想站在资产阶级和无产阶级的“上面”超出二者之外，必然是伪科学。站在双方的“上面”或“中间”，一切伪科学的特征。反对以“科学”自夸。修正主义历史学的特点之一。要以革命自夸。

第 74 页

为了充分开展自己的政治活动，工人阶级需要比目前四分五裂的德国的各邦更加广阔得多的舞台。国家的分裂状态将是无产阶级运动的障碍，它在无产阶级心目中永远不会获得存在的权利，并且永远不会是无产阶级认真考虑的对象。德国无产阶级不想理睬帝国宪法、普鲁士领导地位、三位一体和诸如此类的东西，除非是为了把这一切永远清除掉；普鲁士邦需要多少兵士才能勉强维持其大国地位，这个问题在德国无产阶级看来是无关紧要的。军事负担是否由于改组而加重一些，这对于工人阶级作为一个阶级来说，是没有重大意义的。可是，普遍义务兵役制实行得是否彻底，对工人阶级便不是无关紧要了。学会掌握武器的工人愈多愈好。普遍义务兵役制是对普选权的一个必要的和自然的补充；它使选民有可能用手中的武器来实现自己反对发动政变的任何企图的决定。——《普鲁士军事问题和德国工人政党——三》

国家分裂是无产阶级运动的障碍。对农民革命也如此。照此分析中国历史。

第 134 页

“商品的价格是由工资决定的”这一教条，如果用它的最抽象的说法来表示，就是说“价值是由价值决定的”，而这种同义反复只是表明我们实际上对价值一窍不通。如果接受这个前提，那末所有关于政治经济学一般规律的推论都变成了空洞的呓语。所以，李嘉图的伟大功绩，就在于他在 1817 年出版的自己那部“政治经济学原理”中，把那种认为“价格由工资来决定”的流行已久的陈旧不堪的虚伪学说完全粉碎了。亚当·斯密和他的那些法国老前辈在自己著作中真正科学的部分驳斥过这种虚伪学说，但是他们在自己著作中比较肤浅和庸俗的章节里，却又把这种虚伪学说再现了出来。——

《工资、价格和利润》

资产阶级的一切理论，即使最进步的也是极不彻底的。注意，此点似系单指亚当 · 斯密，李嘉图并无此表现。

第 150 页

另一方面，再以农奴为例。可以说，农奴在整个东欧直到昨天还存在着。农奴在自己的或分给他使用的田地上为自己劳动 3 天，其余 3 天则在自己主人的领地上从事强迫的无报酬的劳动。所以，这里劳动中的有偿部分和无偿部分在时间上和空间上都是显然分开了的，于是我们的自由主义者就义愤填膺地认为强迫人白干活的思想是荒谬的。

其实，一个人无论是一周中在他自己的田地上为自己劳动 3 天，再在自己主人领地上无报酬地劳动 3 天，或是一天里在工厂或作坊中替自己劳动 6 小时，再为他的雇主劳动 6 小时，结果都一样，不过在后一场合，劳动的有偿部分和无偿部分是不可分割地混在一起了，整个交易的实质都因有合同存在和周末支领工资而完全被掩饰了。这种无报酬的劳动在一种场合似乎是自愿的，而在另一种场合则似乎是强迫的。全部区别就在于此。——《工资、价格和利润》

精深。无偿劳动的三种形式，三个历史时代。全部私有制历史的斗争的实质。阶级斗争的核心。

第 159 页

在反雅各宾战争时期，——这一战争实际上是不列颠贵族反对不列颠劳动群众的战争，——资本常常庆祝自己的胜利，并把工作日从 10 小时延长到 12 小时，14 小时，18 小时。——《工资、价格和利润》

国外阶级斗争转化为国内阶级斗争。依例类推。

第 166 页

至于谈到限制工作日，无论在英国或其他各国，这种限制从来都是依靠立法上的干涉，而这种干涉如果没有工人方面的经常压力，是永远也不会出现的。无论如何，工作日的限制决不可能通过工人和资本家之间的私人协商来达到。这种采取普遍政治行动的必要性本身就证明了，资本在其纯粹经济

的行动上是比较强有力的一方。——《工资、价格和利润》

资产阶级政权与资本家的关系，恩格斯说“社会职能”或即指此。类推。

第 181—182 页

就是这个俄国政府，却很快对波兰大肆攻击起来，它借口信教自由，说什么因为波兰压迫正教徒；借口要维护民族原则，因为东部地区的居民是小俄罗斯人，需要把他们合并到大俄罗斯里去；并且借口革命权利，武装农奴去反对他们的主人。俄国是完全不择手段的。人们在谈到阶级对阶级的战争时，总是把它看做一种非常革命的东西；但是，俄国大约还在一百年以前就在波兰开始了这样的战争，而这是阶级战争的绝妙样品，当时，俄国的士兵和小俄罗斯的农奴一起前进，焚烧波兰贵族的城堡，但只是为了给俄国的吞并作准备；一旦吞并实现，还是那些俄国士兵就又把农奴拖回他们主人的枷锁之下。——《工人阶级同波兰有什么关系？——三》

三个借口。俄国的毒辣。波兰人民的革命战争，俄国统治者的阴谋，是两件事。

第 266—267 页

因此，他是把他所攫取的无偿劳动拿来和商人共分。社会上一切不劳动的分子，都是依靠这种无偿劳动维持生活的。资本家阶级负担的国税和地方税，土地所有者的地租等等，都是由无偿劳动支付的。全部现存的社会制度，都是建立在这种无偿劳动之上的。

另一方面，如果认为无偿劳动只有在现在这种关系下，即在生产一方面由资本家一方面由雇佣工人进行的情形之下，才能产生出来，那是荒谬的。正相反，在一切时代，被压迫阶级都必须提供无偿劳动。有一个很长的时期，奴隶制度是劳动组织的支配形态，奴隶被迫做的劳动，比以生活资料的形式所还给他们的劳动，要多得多。在农奴制度下，直到农民徭役劳动废除为止，情形也是这样。不过，在这里，农民为维持自身生活而工作的时间和为地主工作的剩余劳动之间的区别是极清楚的，因为后者和前者是分开的。现在，形态已经变化了，不过本质依然是一样的。只要“社会上一部分人垄断了生产资料，劳动者，不管是自由的还是不自由的，总要在他维持本身生活所必要的劳动时间以外，再加一部分劳动时间，来为生产资料的所有者生产生活资料”（马克思“资本论”第1卷第202页〔第265—266页〕）。——《卡 · 马克思“资本论”第一卷书评——为“民主周报”作》

此处与无偿劳动的三种历史形态联系起来读。见本卷页一四九——一五〇。

第270页

但是资本不仅再生产它本身而已；它会不断地增加和增殖起来，因此，它对于无产的工人阶级的权力，也跟着增大起来。而且，像它会以不断扩大的规模再生产它自身一样，现代资本主义生产方式，也以不断增加的规模，以不断增加的人数再生产无产的工人阶级。“资本的积累以扩大的规模再生产资本关系，那就是在一端再生产出更多的资本家或更大的资本家，在另一端再生产出更多的雇佣工人……所以，资本的积累就是无产阶级的增加。”（“资本论”第1卷第600页〔第771页〕）——《卡 · 马克思“资本论”第一卷书评——为“民主周报”作》

因此是没有什么力量可以抗拒他们的。此段译文应查对全集卷二三，页六七四。又《资本论》卷一，页七七一。

第405—406页

最后，我希望，我这部著作对于清除那种流行的——特别是现今在德国流行的——关于所谓凯撒主义的书生用语，将会有所帮助。在作这种肤浅的历史对比时，人们忘记了最主要的一点，即在古代的罗马，阶级斗争只是在享有特权的少数人内部进行，只是在自由富人与自由穷人之间进行，而从事生产的广大民众，即奴隶，则不过为这些斗士充当消极的舞台台柱。人们忘记了西斯蒙第所说的一句中肯的评语：罗马的无产阶级依靠社会过活，现代社会则依靠无产阶级过活。由于古代阶级斗争同现代阶级斗争在物质经济条件方面有这样的根本区别，在由这种斗争所产生的政治人物之间，也就不能比坎特伯雷大主教与祭司长撒母耳之间有更多的共同点了。——《“路易 · 波拿巴的雾月十八日”第二版序言》

列宁很重视后面这句话的意义。见《列宁全集》卷二三，页一〇四。按：罗马无产阶级，即“普罗列塔利亚”，不事生产，靠乞讨游浪为生的人群。

第 483 页

如果说工人阶级，即构成各个民族的大多数、创造各个民族的一切财富、甚至篡夺者的政权也总是力图用它的名义来掩饰自己的统治的阶级，也在进行阴谋活动的话，那末它的阴谋活动也是在公开进行，有如太阳之冲破黑暗，——它充分意识到：除了它以外不可能存在任何合法的政权。——《关于对法国各支部的成员的迫害国际工人协会总委员会声明》

人民的历史作用。特要。甚至路易十六、蒋介石都要自称是代表人民的。

第 549 页

和英国相比，爱尔兰总的来说更适宜于畜牧业；不过要把英国和法国相比，那英国也同样更适宜于畜牧业。但是，难道因此就可以说全英国都应该变成牧场，就可以说，为了要腾出地方来饲养牲畜以便日后把牲畜运到法国去换取丝织品和酒类，英国的所有农业人口，除了少数牧民以外，都得迁到工业城市或美国去？——《爱尔兰史——自然条件》

一、地理、气候对历史有影响（见页五三〇）。二、地理影响不能成为阶级压迫的理由。因此也不是历史发展的决定因素。

第 650 页

遗嘱权，或者是按遗嘱继承，起源于罗马，而且是罗马的特征。罗马的家长对于他的家庭经济范围内的一切享有绝对的权力。不能把罗马的家长同现代的家长相比。罗马家庭的家庭经济包括奴隶和被保护人在内，家长必须公开保护和维护这些人的大小事务和利益。有过这样一种迷信：家长死了，他的灵魂还留在家里，像家神一样进行监督，使一切安排得当，如果事情办错了，他就要折磨活人。在罗马历史的早期，对这种家神要供奉牺牲，为了纪念他和安抚他的灵魂，甚至还要排设血祭。逐渐地形成了一种风俗：通过遗嘱继承人与死者的灵魂商议。这就是罗马人关于灵魂不死的观念。——《卡·马克思关于继承权的发言记录》

观念的物质基础。每一个观念都可以找到这种基础。

《马克思恩格斯全集》第十七卷

人民出版社 1972 年版

第 107 页

但是 1870 年的法军已不是 1859 年的法军了。盗用公款、营私舞弊和普遍的假公济私——形成第二帝国制度的主要基础的这一切也已侵蚀了军队。既然欧斯曼及其党羽从大规模的巴黎投机事业中获得了数百万暴利，既然整个公共工程部门、政府签订的每个合同以及政府中的每个职位都被公然无耻地当作搜刮民财的手段，那末作为路易-拿破仑一切方面的依仗的并且由那些同更幸运的寄食朝廷的文官一样贪财的人们指挥的这支军队，又怎能独善其身呢？既然人们知道，政府收了代役金而通常并不用去雇佣代役兵（这当然是部队中每个军官都知道的），既然陆军部为了筹集资金秘密供皇帝挥霍而开始用其他办法盗窃军用物资；既然军队中的要职因此必然被那些参与这个密谋，因而不论怎样胡作非为和玩忽职守也不致被撤换的人窃踞，那末，道德败坏的现象也就在部队的军官中间蔓延开来。我们不想肯定说，侵吞公款在他们中间已是普遍现象，但是藐视上级、玩忽职守和纪律松弛却是不可避免的后果。如果上级有威望的话，军官们难道还敢常常乘坐马车行军吗？整个制度都已腐朽透了；笼罩着第二帝国的贪污腐败的空气最后也侵袭到这个帝国的主要支柱——军队中来了。而在经受考验的时刻里，这支军队除了光荣的传统和兵士的天赋的勇敢就没有什么可以用来抵抗敌人，但是仅仅靠这一点是不足以保持欧洲第一流军队的地位的。——《军队的盛衰》

法军失败的阶级、社会制度的原因。清政府在对外战争中失败也正是如此。

《马克思恩格斯全集》第十八卷
人民出版社 1972 年版

第 68—69 页

在西班牙各支部第二次代表大会召开之际，国际工人协会总委员会委托我向你们转致它的祝贺。的确，你们可以庆贺自己在这样短的期间内所取得的成就。西班牙国际的成立还不到三年，如今它的支部和联合会已遍布全国；它在所有的城市都有自己的组织，目前它正向乡村深入。由于你们的活动，以及你们国家的互相更替的政府的荒谬而又愚蠢的迫害，你们才能够取得这些巨大的成就，并使国际在西班牙成为一种实际的力量。但是，也不应当忘记，这些成就之所以可能取得，只是因为我们协会具有一种特殊的组织结构，这种结构给予每个全国性的或地方性的联合会以充分的行动自由，而对于协会的各个中央机关则只是在必要的范围内才给与全权，以便使这些机关能够顺利地为纲领的统一性和共同利益而斗争，并且使协会不致变成资产阶级或警察的阴谋诡计的玩物。——《致在萨拉哥沙举行的西班牙全国代表大会的代表公民们》

人民的力量。辩证法。统治者愈迫害，人民愈反抗，力量愈增长。

第 69 页

可能，你们还会遭到不少迫害。那时就请你们记住，有其他一些国家（如法国、德国、奥地利、匈牙利），在那里国际会员正遭受政府方面的更为残酷的迫害，但他们终究没有屈服；因为他们和你们一样地知道，对于我们协会说来，迫害是一种最好的宣传手段，而且世界上没有任何力量强大到足以根除现代无产阶级的不断高涨的革命运动。要消灭国际，就必须消灭自然产生国际的基础，即现代社会本身。——《致在萨拉哥沙举行的西班牙全国代表大会的代表公民们》

要消灭人民的抵抗斗争，首先必须消灭产生这种人民斗争、人民力量的

社会本身。这也就是消灭统治阶级自己。反之，统治阶级、奴隶主、封建主、资产阶级在历史有的已经被消灭了，有的正在被消灭，而奴隶们则永远存在着——谁是历史的创造者，谁是历史的主人，这还不清楚吗？

第 107 页

1871 年 8 月 30 日第十二支部发表了一篇由书记威 · 威斯特署名的宣言。这篇宣言说：

“国际的最终目的很简单：通过夺取政权解放男女工人。这首先包括：男女的政治平等和社会自由。政治平等就是人人亲自参与一切人都必须遵守的法律的拟订、通过和实行。社会自由就是充分保障每个人在一切纯属个人性质的问题上，例如宗教信仰、男女关系、服装式样等等，不受任何无理的干涉。其次，它还包括建立一个全世界的总政府。不言而喻，这个纲领也要求消灭一切语言差别。”——《国际在美国》

资产阶级的政治理论。资产阶级一切口号都可以接过去。唯有对阶级、阶级斗争讳莫如深。典型。宗教信仰、男女关系、服装式样、世界政府等，应有尽有。唯独没有阶级。一切语言差别都要消灭，而阶级不能消灭。百万富翁因此何妨赞同社会主义。

第 179—180 页

如果让那些君王处在这种没有军队、没有警察、没有官吏的情况下，如果他们仅仅把自己的权力建立在道义影响和道义威信上，那他们就只是革命道路上的微小的障碍了。——《关于海牙代表大会》

反动的国家机器是革命的主要障碍。

第 180 页

巴黎公社之所以失败，就是因为在一切主要中心，如柏林、马德里以及其他地方，没有同时爆发同巴黎无产阶级斗争的高水平相适应的伟大的革命运动。——《关于海牙代表大会》

巴黎公社失败是由于它孤立，没有其他地区的响应。

第244页

在这篇哀歌中蒲鲁东主义露出了它的全部反动面貌。要创立现代革命阶级即无产阶级，就绝对必须割断把先前的工人束缚在土地上的脐带。除了织布机以外还有自己的小屋子、小菜园和小块土地的手工织工，虽然贫困已极并且遭受种种政治压迫，但仍然是一个无声无息、安于现状、“充满虔诚和尊敬心情的”人，他在富人、神甫、官吏面前脱帽致敬，彻头彻尾地渗透了奴隶精神。正是现代大工业把先前被束缚在土地上的工人变成了一个完全没有财产、摆脱一切历来的枷锁而被置于法外的无产者，——正是在这个经济革命造成的条件下才可能推翻剥削劳动阶级的最后一种形式，即资本主义生产形式。可是现在来了这位痛哭流涕的蒲鲁东主义者，他哀叹工人被逐出自己的家园是一个大退步，殊不知这正是工人获得精神解放的最首要的条件。——《论住宅问题。——第一篇》

一、要工人安于小屋、小块土地等是反动的。二、经济革命、资本主义的必要性。三、历史辩证法：倒退了，同时更大地前进了。

第246页

正是由于这种工业革命，人的劳动生产力才达到了这样高的水平，以致在人类历史上破天荒第一次创造了这样的可能性：在所有的人实行合理分工的条件下，不仅进行大规模生产以充分满足全体社会成员丰裕的消费和造成充实的储备，而且使每个人都有充分的闲暇时间从历史上遗留下来的文化——科学、艺术、交际方式等等——中间承受一切真正有价值的东西；并且不仅是承受，而且还要把这一切从统治阶级的独占品变成全社会的共同财富和促使它进一步发展。关键就在这里。人的劳动生产力一发展到这样高的水平，统治阶级存在的任何借口便归于消灭。为阶级差别辩护的最后理由总是说：一定要有一个阶级无须每日疲于谋生，使它能为社会从事脑力劳动。这种一向都找到过不少历史理由的废话，已经被近百年来的工业革命一下子永远根除了。统治阶级的存在，日益成为阻碍工业生产力发展的愈来愈大的障碍，同时也成为阻碍科学和艺术发展，特别是阻碍文明交际方式发展的愈来愈大的障碍。从来也没有比我们现代的资产者更不学无术的人了。——《论住宅问题。——第一篇》

历史必然走向科学共产主义。阶级差别借口的消灭。统治阶级的多余性。

第 261—262 页

我之所以选出这本书来说明资产阶级对住宅问题的处理方法，只是因为它企图尽量包罗关于这个问题的一切资产阶级文献。我们这位作者当“资料”用的这些文献真是太好了！从英国议会报告书，即真正主要的资料中，只提到了最旧的三篇；整本书都证明作者连其中一篇都从来没有看见过；可是他却援引了一系列庸俗资产阶级的、善意市侩的、虚伪慈善家的著述：杜克佩西奥、罗伯茨、霍耳、胡贝尔的著作，英国社会科学（倒不如说社会胡说）大会的报告，普鲁士保护劳动阶级福利协会的会刊，奥地利关于巴黎世界博览会的公报，波拿巴当局关于同一博览会的公报，“伦敦新闻画报”，“海陆漫游”，最后是一位“公认的权威”，一个具有“敏锐切实的头脑”和“令人悦服的口才”的人物，——就是……尤利乌斯·孚赫！在这个资料单中缺少的只是“凉亭”、“喧声”和射手库奇克了。——《论住宅问题。——第二篇》

资产阶级的一切社会科学都是社会胡说，然而是持之有故的胡说。

第 262—263 页

于是，扎克斯先生所发现的新科学即“社会经济学”的任务就在于：找出一些手段和方法，以便在以占有一切原料、生产工具和生活资料的资本家同除了自己劳动力以外就一无所有的无产的雇佣工人的对立为基础的社会制度内部，在这个社会制度范围内，使一切雇佣工人都能变成资本家而又不失其为雇佣工人。扎克斯先生以为他这样就把问题解决了。也许他会殷勤地给我们指出，怎样能把法国军队中所有从拿破仑第一时代起就各自在自己行囊里带着元帅杖的全体士兵都变成元帅，而又不失其为普通士兵吧。或者给我们指出怎样使德意志帝国的 4000 万臣民都变成德国皇帝吧！

资产阶级社会主义的实质正是在于既希望保全现代社会一切祸害的基础，同时又希望消除这些祸害。正如“共产主义宣言”中所说，资产阶级社会主义者想要“消除社会的弊病，以便保障资产阶级社会的生存”，他们愿意要“资产阶级，但是不要无产阶级”。——《论住宅问题。——第二篇》

阶级的必要性、多余性。反过来也是一样。原意只要无产阶级，不要资产阶级，也是空想。推翻了资本主义的社会主义劳动者，已经不是资本主义下的无产阶级了。一切旧的、有“良心”的社会历史学说的实质。

第 290—291 页

这样一个非资产阶级分子日益资产阶级化的国家应该解决“社会问题”，或者即令只解决一个住宅问题吗？恰恰相反。在一切经济问题上，普鲁士国家愈来愈受资产阶级的影响了。如果说 1866 年以来经济方面的立法对资产阶级的利益的适应没有超过它实际表现出来的程度，那末这是谁的过错呢？主要是资产阶级自身的过错：第一，因为它过于胆怯，不能坚决地坚持自己的要求；第二，因为它对于任何可以同时把新武器授予威胁着它的无产阶级的让步都加以抵抗。如果说国家政权，即俾斯麦，企图组织一个自己御用的无产阶级，借以钳制资产阶级的政治活动，那末这岂不就是一种必要的人所共知的波拿巴主义手段吗？这个手段对于工人没有任何义务，只是对他们说一些善意的空话，顶多也只是像路易·波拿巴那样给予建筑公司一些最小限度的国家帮助罢了。——《论住宅问题。——第二篇》

德国掌握政权的特殊等级日益变成资本家。国家的阶级性。人所共知的波拿巴主义——组织自己御用的无产阶级，来钳制资产阶级。俾斯麦仿效。

第 305 页

我们描述经济关系，描述这些关系如何存在和如何发展，并且严格地从经济学上来证明这些关系的发展同时就是社会革命各种因素的发展：一方面是被本身的生活条件必然引向社会革命的那个阶级即无产阶级的发展，另一方面是生产力的发展，生产力一发展到超出资本主义社会范围时就必然要把它爆破，同时这些生产力又提供了为了社会进步本身而一举永远消灭阶级差别的可能性。相反，蒲鲁东则要求现代社会不是依照本身经济发展的规律，而是依照公平的规定（“法权观念”不是他的而是米尔柏格的东西）来改造自己。我们加以证明的东西，蒲鲁东及其追随者米尔柏格却在说教和哀诉。——《论住宅问题。——第三篇》

历史必然进入共产主义三条：一、生产引起的无产阶级的发展。二、生产力引起的革命必然爆发。三、生产力为消灭阶级提供了可能。

第 309 页

在社会发展某个很早的阶段，产生了这样的一种需要：把每天重复着的生产、分配和交换产品的行为用一个共同规则概括起来，设法使个人服从生产和交换的一般条件。这个规则首先表现为习惯，后来便成了法律。随着法律的产生，就必然产生出以维护法律为职责的机关——公共权力，即国家。在社会进一步发展的进程中，法律便发展成或多或少广泛的立法。这种立法愈复杂，它的表现方式也就愈益不同于社会日常经济生活条件所借以表现的方式。立法就显得好像是一个独立的因素，这个因素并不是从经济关系中，而是从自己的内在基础中，例如从“意志概念”中，获得存在的理由和继续发展的根据。人们往往忘记他们的法权起源于他们的经济生活条件，正如他们忘记了他们自己起源于动物界一样。随着立法发展为复杂和广泛的整体，出现了新的社会分工的必要性：一个职业法学者阶层形成起来了，同时也就产生了法学。——《论住宅问题。——第三篇》

法学的本质的、历史的系统说明。法学的经典依据。只要经济制度是不平等的，法也一定就是不平等的。反过来，法的不平等，也就在于经济生活中的不平等。孟德斯鸠即认为法的基础是人的理性，也就是“意志概念”。

第 327 页

但是，世界上有一种为黑格尔所发现并被他称为“历史的讽刺”的东西。这种历史的讽刺捉弄了许多比俾斯麦还大的人物；普鲁士国家同俾斯麦一起都受到了它的摆布。从普鲁士政策的渴望已久的目的接二连三地得到实现的时候起，普鲁士国家的基础就开始动摇了。旧普鲁士所依靠的实质上是容克地主阶级，军官和官僚主要也是从这个阶级的队伍中得到补充的。容克地主阶级现在只有在东部的六个省内仍然处于全盛时代，在容克地主的地产大部分受到限制的情况下，它为了自己的生存，需要若干封建特权；没有这些特权，大多数容克地主很快就会降到一般地主的水平。只要同容克地主相对立的还只是西部的两个省，它就不会感到有任何危险的威胁。但是，1866 年的兼并已经极大地加强了国家中的资产阶级和农民的因素。——《普鲁士“危机”》

德国资产阶级——历史的恶作剧、历史的讽刺，此处意思即事物走向反面。

第 329—330 页

这个例子清楚地说明了普鲁士资产阶级的立场。俾斯麦使普鲁士所处的那种历史地位，以及最近二十年来工业的进步，迫使俾斯麦去做一些普鲁士资产阶级在1848—1850年由于胆怯而没有敢做的那些事情，普鲁士资产阶级则把这看做是它自己的功劳。它甚至没有胆量去迫使自己的俾斯麦简单地用公开的资产阶级方式来实行这些小小的改革，而不要经过警察国家的歪曲。它为俾斯麦现在被迫阉割它自己在1846年提出的那些要求而欢呼；不过应当看到，这仅仅是一些经济方面的要求，即使有一千个俾斯麦想阻止这些要求的实现，也是不可能的。关于政治方面的要求、关于把政权转交给资产阶级的问题，如果说现在还在谈论它的话，那也仅仅是为了面子而已。普鲁士资产阶级不想要政权；就像远在伏尔泰时期的官方俄国一样，尚未成熟就已腐朽了的普鲁士资产阶级，还没当政就已经堕落到法国资产阶级经过80年斗争和长期统治之后所达到的那种退化的地步。Panem et circenses！——面包和娱乐！——堕落的罗马平民曾向自己的皇帝这样要求；panem et circenses！——投机利润和穷奢极侈！——普鲁士资产阶级而不是普鲁士人民则向自己的皇帝这样要求。罗马的平民同他们的皇帝一起被日耳曼的野蛮人消灭了；而在普鲁士资产者的背后德国工人正在巍然奋起。——《普鲁士"危机"》

一千个俾斯麦也不能阻止德国实行资本主义改革。资产阶级的前进和退化，历史辩证法。和封建阶级前后时间极短促。证明历史发展越到近代，越快速。历史的重要现象之一，这是和生产本身相联系的。愈古代，生产力愈低，历史前进愈缓慢。

第344页

为什么反权威主义者不只是限于高喊反对政治权威，反对国家呢？所有的社会主义者都认为，政治国家以及政治权威将由于未来的社会革命而消失，这就是说，社会职能将失去其政治性质，而变为维护社会利益的简单的管理职能。但是，反权威主义者却要求在那些产生权威的政治国家的社会关系废除以前，一举把权威的政治国家废除。他们要求把废除权威作为社会革命的第一个行动。这些先生见过革命没有？革命无疑是天下最权威的东西。革命就是一部分人用枪杆、刺刀、大炮，即用非常权威的手段强迫另一部分人接受自己的意志。获得胜利的政党如果不愿意失去自己努力争得的成果，就必须凭借它的武器对反动派造成的恐惧，来维持自己的统治。要是巴黎公社不依靠对付资产阶级的武装人民这个权威，它能支持一天以上吗？反过来说，难道我们没有理由责备公社把这个权威用得太少了吗？——《论权威》

社会生活要求联合，即要求组织起来。如此，必须有权威。革命是最有权威的东西，革命就是用最有权威的手段，强迫别人接受自己的意志，保卫政权。

第 369 页

国际工人协会的目的是要把全世界无产阶级的分散的力量团结在一起，从而成为使工人们联合起来的共同利益的生动的体现者，因此，它必然要对形形色色的社会主义者敞开门户。国际的创建者和新旧大陆各个工人组织的代表，在历次国际代表大会上批准了协会的共同章程，他们没有注意到，国际纲领的广泛本身有可能让游民钻进来，并且在它内部建立不是要竭力反对资产阶级和各国现存政府，而是要竭力反对国际本身的秘密组织。社会主义民主同盟就是这样的组织。——《社会主义民主同盟和国际工人协会》

第一国际的重要历史文献。巴枯宁、无政府主义，由这个文件作了最详尽、系统的揭露和总结。

第 556 页

必须给毛奇以应有的评价：在他同贝奈德克和路易-拿破仑那类愚蠢的敌人打交道以前，他一直都竭力完全正直地进行战争。他准确地、一丝不苟地、认真地恪守了拿破仑第一所采用的战略原则。任何一个敌人都不能责备他曾经利用突然袭击、伏击或者其他任何庸俗的军事计谋。因此，过去可以怀疑毛奇是否真的是一位天才。自从毛奇被迫同势均力敌的对手——帝国国会的天才们进行斗争以后，这个怀疑便消失了。在对待他们的关系上，他证实了，如果需要，他也能够比他的对手更机智。再也不必怀疑了：毛奇是一位天才！——《帝国军事法》

对毛奇的评价，前半段表面似乎称赞，后段讽刺。前后两段都是贬词。对统治阶级最天才的人物，也只应如此。

第 564—565 页

在未来的历史学家看来，在 1869 年至 1874 年德国的历史上施皮歇恩、马尔斯-拉-土尔和色当等地会战中的炮火声以及与此有关的一切，比起德国无产阶级那种质朴、平稳但不断向前的发展，其意义将小得多。早在1870年德国工人就经受住了一个严重的考验，即波拿巴的战争挑衅及其自然的结果——德国普遍的民族热情。德国社会主义的工人一刻也没有被人引入迷途。他们没有被卷入民族沙文主义的狂澜。当举国若狂地沉醉于胜利时，他们保持了冷静，要求“同法兰西共和国缔结公正的和约并且不要任何割地”，就连戒严状态也不能迫使他们沉默。不论是对战争光荣的迷恋，不论是关于“德意志帝国伟大”的废话，在他们中间都得不到响应；他们唯一的目标仍旧是整个欧洲无产阶级的解放。我们有充分的理由可以说，到现在为止还没有一个国家的工人如此辉煌地经受住了这样艰巨的考验。——《“德国农民战争”一八七〇年版序言的补充》

人民的力量。无产阶级平稳的发展，而经济生活中的改变，阶级力量的增强，比起某些大战来，意义作用更加重大。注意！下文讲无产阶级在政治斗争中受到考验，进行斗争，不是单指“经济生活”。

第565—566页

德国工人同欧洲其他各国工人比较起来，有两大优越之处。第一，他们属于欧洲最有理论修养的民族，他们保持了德国那些所谓“有教养的人”几乎完全丧失了的理论感。如果不是先有德国哲学，特别是黑格尔哲学，那末德国科学社会主义，即过去从来没有过的唯一的科学社会主义，就决不可能创立。如果工人没有理论感，那末这个科学社会主义就决不可能像现在这样深入他们的血肉。……第二个优越之处，就是德国人参加工人运动，差不多比各国人都迟。德国的理论上的社会主义永远不会忘记，它是依靠圣西门、傅立叶和欧文这三位思想家而确立起来的。——《“德国农民战争”一八七〇年版序言的补充》

理论的重要。没有理论，反动理论对工人运动、革命的损害。革命实践的重要。英、法、西的实例。

第588—589页

朋友彼得按哲学观点来说是一个折衷主义者，他力图从各种千差万别的体系和理论中选择最好的东西：把一切都试一试，把最好的留下来！他知道，一切东西都有好的一面和坏的一面，好的一面应当吸收，而坏的一面则应抛弃。但是由于每件事物，每个人，每种理论都有这种好的一面和坏的一面，因此从这种意义上说，每件事物，每个人，每种理论差不多既是好的，又是坏的，就像任何别的东西一样，因而从这个观点看来，为肯定或否定这一事物或那一事物而发急是愚蠢的。从这个观点看来，革命者和社会主义者之间的一切斗争和一切争论，都应当看做是极其荒谬的行为，只能使他们的敌人称快。——《流亡者文献。——三》

折中主义典型——“公正”“公平”的另一种形式。反对折中主义。折中主义必然政治上“调和”矛盾，用“团结”帮助革命敌人。

第 590—591 页

但是朋友彼得坚持认为，私事和私信一样，是神圣的，不应在政治争论中加以公开。如果这样无条件地运用这条规则，那就只得一概禁止编写历史。路易十五与杜芭丽或彭帕杜尔的关系是私事，但是抛开这些私事全部法国革命前的历史就不可理解。或者，我们就近看看当代的情况吧：如果某个贞洁的伊萨伯拉嫁给了一个人，据深知他的一些人（例如，陪审官岛尔利希）作证说，这个人不喜欢女人，因此一味眷恋于男性；如果她，受到冷淡后，就乱找男人，——所有这一切完全是私事。但是，如果上面提到的贞洁的伊萨伯拉是西班牙女王，而陪伴着她的青年人当中有一个年轻的军官，名叫塞拉诺；如果这个塞拉诺由于两人单独在一起时立下的功劳而被提升为元帅和内阁首相，后来被其他宠臣所排挤和贬黜，然后又依靠其他遭际相同的伙伴的帮助把自己的不忠实的女友从国内撵出去，最后，在经过种种惊险之后，自己成了西班牙的独裁者，成了一位俾斯麦竭力为之效劳，以便使之获得各大国承认的大人物，——在这种情况下伊萨伯拉和塞拉诺的私人历史就成了西班牙历史上的一章，如果有谁想写现代西班牙的历史，而又有意地不向自己的读者提这段情节，他就是伪造历史。同盟是一个匪帮，其中除了受骗者外，还有大量骗子、冒险家、欺诈者、警探、投机钻营分子和懦夫，当描述这个匪帮的历史的时候，是否应当伪造这个历史，把这班先生们的种种下流勾当当做“私事”有意地加以隐瞒呢？朋友彼得可以随便吓成什么样子，但是他可以相信，我们还远没有全盘端出这些“私事”。材料正越积越多。——《流亡者文献。——三》

伊萨伯拉、塞拉诺见注页八七七、九〇一。此处用虚拟笔法讲的历史真实。此段强调说明个人的作用在于他所处的社会地位。历史不能与重要当权人物的私生活分割，因为它是起作用的。私事看发生的人物，在阶级斗争中的地位而定。拒绝讲重要私事，等于伪造历史！因为重要人物的所谓“私事”，正是阶级斗争、阶级现象的一个方面，一个内容。讲清这方面的实质，也就是讲阶级斗争。目的在于讲阶级斗争，而不是庸俗追求“秘史”“隐事”之类。区别仅在于此。

第610—611页

只有在社会生产力发展到一定阶段，发展到甚至对我们现代条件来说也是很高的阶段，才有可能把生产提高到这样的水平，以致使得阶级差别的消除成为真正的进步，使得这种消除持久巩固，并且不致在社会的生产方式中引起停滞或甚至衰落。但是生产力只有在资产阶级手中才达到了这样的发展水平。可见，就是从这一方面说来，资产阶级正如无产阶级本身一样，也是社会主义革命的一个必要的先决条件。因此，谁竟然肯定说在一个虽然没有无产阶级然而也没有资产阶级的国家里更容易进行这种革命，他就只不过是证明，他需要再学一学社会主义初步知识。

总之，俄国工人——而这些工人，用特卡乔夫先生自己的话说，乃是“农夫，因此也就不是无产者，而是私有者”——做到这点是较为容易的，因为他们所要与之进行斗争的，不是资本的权力，而“只是政治权力”，即俄罗斯国家。而这个国家“只有从远处看才像是一种力量……它在人民的经济生活里没有任何根基，它自身并不体现任何阶层的利益……在你们那里国家完全不是虚幻的力量，它的双脚都站在资本上面；它本身体现着〈！〉一定的经济利益……我们这里的情况在这方面恰好相反；我国社会形态本身的存在有赖于国家的存在，这个国家可以说是悬在空中的，它和现存的社会制度毫不相干，它的根基是在过去，而不是在现在”。——《流亡者文献。——五　论俄国的社会问题》

只有在生产力达到资本主义高度，消灭阶级差别才是真正的进步——也才有实际可能。否则不能消灭阶级差别，只是一种反动空想，不是进步。历史主体问题——回答人民创造历史为什么受剥削压迫，还要进行解放斗争。从发展生产力这方面来讲，资产阶级和无产阶级一样，是社会主义革命的必

要条件——必要性（先有必要性，然后有多余性）。《哥达纲领批判》中的条件问题，也是这个意思。国家不代表阶级的“左”的反动的典型的胡说。

第 621 页

其实情况完全不是这样。俄国人民，这些“本能的革命者”，固然曾经举行过无数次零星的农民起义去反对贵族和反对个别官吏，但是，除掉冒名沙皇的人充任人民首领并要夺回王位的场合以外，从来没有反对过沙皇。叶卡特林娜二世时代最后一次大规模农民起义之所以可能，只是因为叶梅连 · 普加乔夫冒充是她的丈夫彼得三世，说什么他未被妻子杀害，而只是被废黜和关进牢狱，但是他逃出来了。相反，沙皇被农民看成人间的上帝：Bog vysok，Car daljok，即上帝高，沙皇远——这就是他们绝望中的叹声。至于农民大众——特别是从购买徭役以来——所处的地位，日益迫使他们去同政府和沙皇作斗争，这是确实无疑的事实；而关于“本能的革命者”的童话，让特卡乔夫先生去说给别人听吧。——《流亡者文献。——五　论俄国的社会问题》

此段如何理解？注意：从一个侧面说明个人的活动是由他所处的社会地位发生作用的问题。普加乔夫的办法，在中国和其他国家的历史屡见不鲜。不过多半冒充儿子（如西汉末王郎等）或后代，很少冒充丈夫的。足见名号在当时的重要。

第 647—648 页

关于第一点。西班牙、法国、英国在十五世纪末都已结合为形成了的民族国家。这种统一对于十五世纪说来具有世界历史意义。（西班牙——卡塔卢尼亚族和加斯梯里亚族的统一，葡萄牙——伊比利安的荷兰——由于航海业的发达为自己争得了独立生存的权利，法国——由于王室的王朝权力，逐渐把民族纳入自己的轨道。英国由于蔷薇战争消灭了上层贵族而统一起来了；英国之所以能实现统一，只是因为它被迫放弃了像德国人远征罗马那种对法国的唐 · 吉诃德式的侵略计划，这些计划会使它一蹶不振，就像远征罗马使德国一蹶不振一样。）德国内部虽然缺乏经济联系，但本来还是会实现而且甚至还可能更早实现（例如，在奥托王朝时期）中央集权的，其所以没有能实现，是因为：第一，罗马皇帝的称号和由此而来的称霸世界的野心使得民族国家不可能组成并且使得力量在历次侵略意大利的征战中消耗尽了（其后果在奥地利一直到1866年仍然在起作用！），——况且德国的利益总是被出卖而遭到破坏；第二，皇帝要由选举决定，这就绝对不容许一个王朝的权力成为民族的体现，相反地只要各诸侯开始感到某皇室的权力变得过分强大，就经常引起——尤其是在有决定意义的十五世纪——王朝的更替。——在法国和西班牙也存在过经济上的分散状态，但被用暴力克服了。——《关于德国的札记》

英国放弃征服法国的计划，自己加强了。德国坚持远征罗马的计划，使自己一蹶不振。对外征服带来的后果。德国历史的特点。辩证法：王朝更替两种相反的原因：权力太强大，遭到反抗而更替；衰弱了被推翻。革命的外部特点因时因地不同。德国市民革命表现为宗教改革。

第649页

结果是cuius regio，eius religio〔谁的领土就信仰谁的宗教〕和德国实际上的分裂，主要是分裂为信仰新教的北部和形形色色的信仰都有、但主要信仰天主教的西南部以及纯粹信仰天主教的东南部。——《关于德国的札记》

谁的领土就信仰谁的宗教。历史本质问题。可见问题在于领土，即在于阶级、政权的实力统治。一切宗教信仰，都受这个统治决定，服从于它的统治者的利益。

第652页

普鲁士和奥地利现在突然一致起来了。瓦尔米。线式战术由于大量使用炮兵而破产。弗略留斯和热马普。奥地利的警戒线战术的破产？莱茵河左岸的占领。农民和爱好自由的城市的狂喜；即使是某些敲诈勒索事件和拿破仑的血税也都不能打消这种狂喜。——亚眠和约和帝国代表团。主要结果：德意志帝国的取消；莱茵同盟。拿破仑扫除了许多德意志小邦，但这一清扫，可惜还远远不够。他对于诸侯们总是扮演革命的角色，而且如果小邦诸侯不是向他极尽卑躬屈膝之能事，他还会走得更远。1806年。——拿破仑的错误在于，他没有彻底消灭普鲁士。大陆封锁时期德国的经济状况。——这个最屈辱的仰仗外人鼻息的时期，正好是文学和哲学的光辉灿烂的发展时期，是以贝多芬为代表的音乐的繁荣昌盛的时期。——《关于德国的札记》

辩证法。某些流行的逻辑：把文学、哲学等发展总归结为经济繁荣，历史稳定等等。据此所述，那是毫无根据的。

《马克思恩格斯全集》第十九卷
人民出版社 1972 年版

第 17 页

首先要满足政府方面以及依附于它的各个方面的要求，因为政府是维持社会秩序的社会机关；其次要满足各种私有财产方面的要求，因为各种私有财产是社会的基础，如此等等。你们看，这些空洞的辞句是随便怎么摆弄都可以的。

“随着劳动的社会性的发展，以及由此而来的劳动之成为财富和文化的源泉，劳动者方面的贫穷和愚昧、非劳动者方面的财富和文化也发展起来。”

这是到现时为止的全部历史的规律。因此，不应当泛泛地谈论“劳动”和“社会”，而应当在这里清楚地证明，在现今的资本主义社会中最终创造了物质的和其他的条件，使工人能够并且不得不铲除这个社会祸害。——《哥达纲领批判》

全文必须仔细读，必须随时注意！特要！！！这说明以往的历史是劳动人民创造的，但它的规律却使劳动者贫穷日甚，剥削者日富。以前的历史水平没有条件铲除这个祸害，只有到了资本主义以后才可能了。因之人民创造历史到了资本主义才更清楚。

第 22—23 页

但是这些弊病，在共产主义社会第一阶段，在它经过长久的阵痛刚刚从资本主义社会里产生出来的形态中，是不可避免的。权利永远不能超出社会的经济结构以及由经济结构所制约的社会的文化发展。

在共产主义社会高级阶段上，在迫使人们奴隶般地服从分工的情形已经消失，从而脑力劳动和体力劳动的对立也随之消失之后；在劳动已经不仅仅是谋生的手段，而且本身成了生活的第一需要之后……——《哥达纲领批判》

此处没有讲城乡、工农差别，只讲体力、脑力，足见其他两□可减少。

第 24 页

在这里，资产阶级作为大工业的体现者，对那些力求保持过时的生产方式所创造的一切社会阵地的封建主和中层等级说来，是被当做革命阶级看待的。所以他们并不是同资产阶级一起只组成反动的一帮。

另一方面，无产阶级对资产阶级说来是革命的，因为它本身是在大工业基地上成长起来的，它力求使生产摆脱资产阶级企图永远保存的资本主义性质。但是，“宣言”又补充说：“中间等级……是革命的，那是鉴于他们行将转入无产阶级的队伍。”——《哥达纲领批判》

据此，对《宣言》的一段要准确理解。资产阶级作为大工业的体现者，是革命的。

第 34 页

“信仰自由”！如果现在，在进行“文化斗争”的时候，要想提醒自由主义者记住他们的旧口号，那末只有采用下面这样的形式才能做到这一点：每一个人都应当有可能实现自己的宗教需要，就像实现自己的肉体需要一样，不受警察干涉。但是工人党本来应当乘此机会说出自己的看法：资产阶级的“信仰自由”不过是容忍各种各样的宗教信仰自由而已，而工人党却力求把信仰从宗教的妖术中解放出来。但是他们不愿越过“资产阶级的”水平。——《哥达纲领批判》

认识的阶级性。资产阶级“信仰自由”的实质。中国元代早实行了。无产阶级要从宗教妖术中解放出来。

第 116 页

马克思除了研究政治经济学和法国大革命史而外，还总是腾出时间利用适当机会抨击普鲁士政府；普鲁士政府对他进行了报复，1845 年春天，它指使基佐内阁下令把马克思驱逐出法国。——《卡尔 · 马克思》

马克思曾专门研究历史，特别是研究法国史、法国大革命史。当然还有印度史等。

第121页

第一点就是他在整个世界史观上实现了变革。以前所有对于历史的见解，都以下述观念为基础：一切历史变动的最终原因，应当到人们变动着的思想中去寻求，并且在一切历史变动中，最重要的、决定全部历史的是政治变动。可是，人的思想究竟从哪里来的，政治变动的动因又是什么——关于这一点，没有人发问过。……而马克思则证明，过去的全部历史是阶级斗争的历史，在全部纷繁和复杂的政治斗争中，问题的中心始终是社会阶级的社会和政治的统治，即旧的阶级要保持统治，新兴的阶级要争得统治。——《卡尔·马克思》

经典作家对马克思主义历史观最完整的叙述之一。据此重写全部历史。

第125页

现代科学社会主义就是建立在这两个重要根据之上的。在“资本论”第二卷中，这两个发现以及在对资本主义社会制度研究方面的其他同样重要的科学发现，将得到进一步的发挥，从而在第一卷还没有涉及到的政治经济学的那些方面，也会受到根本变革。——《卡尔·马克思》

现代社会科学建立的两个重要根据——历史唯物主义、阶级斗争论为其中之一。

第131页

在“资本论”里的好几个地方，我都提到古代罗马平民所遭到的命运。这些人本来都是自己耕种自己小块土地的自由农民。在罗马历史发展的过程中，他们被剥夺了。使他们同他们的生产资料和生活资料分离的运动，不仅蕴含着大地产形成的过程，而且还蕴含着大货币资本形成的过程。于是，有那么一天就一方面出现了除自己的劳动力外一切都被剥夺的自由人，另一方面为了利用这种劳动，又出现了占有所创造出的全部财富的人。结果怎样呢?罗马的无产者并没有变成雇佣工人，却成为无所事事的游民，他们比过去美国南部各州的“poor whites”〔“白种贫民”〕更受人轻视，和他们同时发展起来的生产方式不是资本主义的，而是奴隶占有制的。因此，极为相似的事情，但在不同的历史环境中出现就引起了完全不同的结果。如果把这些发展过程中的每一个都分别加以研究，然后再把它们加以比较，我们就会很容易地找到理解这种现象的钥匙；但是，使用一般历史哲学理论这一把万能钥匙，那是永远达不到这种目的的，这种历史哲学理论的最大长处就在于它是超历史的。——《给“祖国纪事”杂志编辑部的信》

例子很重要。核心在“极为相似的事情，在不同的历史条件下引起完全不同的结果”。如何理解这些话？要研究。后面末尾是反面意思。问题在于不同的历史环境，不可简单照搬，但并未因此否定共同性，“铁面无情的规律”。

第 150 页

得到外省大城市工人支持的巴黎工人，自大革命以来就一直是国家中的一种力量。几乎九十年来，他们都是进步的战斗大军。在法国历史上的每一次大危机中，他们都走上街头，用一切可以武装的东西把自己武装起来，筑起街垒，投入战斗。他们的胜利或失败决定了法国以后多年的命运。——《一八七七年的欧洲工人——四》

虽然工人阶级屡遭失败，法国一个反动王朝终究这样消灭了。

第 151—152 页

可见，这个民族的工人阶级将近一百年来，不仅在本国历史上的每次危机中，起了决定性的作用，而同时还一直是欧洲革命的先锋，这样的工人阶级是不能过那种比较闭关自守的生活，而大陆上其他国家的工人目前实际上还是在这种生活范围内活动。像法国工人阶级这样的工人阶级，是同它过去的历史有联系的，而且是由这种过去的历史所决定的。它的历史，同它得到公认的决定性战斗力量一样，是同国家总的政治发展分不开的。因此，不考察法国整个的政治，我们便无法评述法国工人阶级的活动。

不论法国工人阶级进行它本身的斗争也罢，进行自由派的、激进派的或共和派的资产阶级的斗争也罢，——在它每遭受一次失败以后，随之而来的总是沉重的政治上的反动，既猖狂而又长久。譬如，在 1848 年 6 月和 1851 年 12 月的失败以后，接着就是波拿巴帝国的 18 年统治，在此期间，出版受到限制，集会和结社的权利被剥夺，工人阶级从而失去了互相联系和组织起来的一切手段。必然的结果是：当 1870 年 9 月革命到来的时候，除了推举那些在帝国时期曾是议会中的正式反对派的资产阶级激进主义者以外，工人推举不出任何别的人来，而这些人当然把工人和国家出卖了。在公社被镇压之后，许多年内完全丧失了战斗能力的工人阶级所直接关心的，仅仅是使这种长期的反动统治不再出现，而同时也就不必再去进行下面这种斗争：不是为了争取本身的直接解放，而仅仅是为了争取那种使工人阶级有可能去准备进行彻底解放斗争的制度。目前法国有四大政治党派：三个保皇派——正统派、奥尔良派和波拿巴派，各有一个王位僭望者，——和一个共和派。不管这三个人当中哪一个登上王位，他无论如何也只能得到人民中间区区少数的支持，因而就只能依靠武力了……——《一八七七年的欧洲工人——四》

工人阶级的战斗对法国、欧洲的意义。即令如此，革命并非绝灭，而是更加前进。这就说明人民力量。法国近代史。法国在不到九十年的时间里，从资产阶级大革命进到无产阶级的巴黎公社，在这个短时间里推翻了路易十六、拿破仑以下的五个王朝。历史进展是多么迅速。这是只有到资本主义以后才可能的。俄国从一八六一年废除农奴制到十月革命，中国从鸦片战争到中华人民共和国成立均如此。反之，欧洲、东方的奴隶、封建社会则长达几千年。

第 154 页

可见，不管目前法国的共和政府怎样被人瞧不起，然而，共和国的最终建立毕竟使法国工人有了一个基础，可以组织起来，成为一个独立的政党，并且在将来不是为他人的利益而是为它本身的利益进行战斗。在这种基础上，他们还可以同以前敌视他们的农民群众联合起来，从而使将来的胜利由以前那种巴黎对法国的暂时胜利，变为巴黎和外省大城市的工人所领导的法国一切被压迫阶级的最后胜利。——《一八七七年的欧洲工人——四》

法国工人争取到了共和国的胜利。共和国对工人阶级、历史前进的意义。

第 156 页

因此，当改革使得大多数地主比以前更加负债累累的时候，农民也被弄到既不能死又不能活的地步。欧洲自由派的报刊所极力赞扬和歌颂的伟大解放法令，只不过是为将来的革命打下坚固的基础，使这个革命成为绝对不可避免罢了。——《一八七七年的欧洲工人——五》

统治阶级企图以此来避免革命，事情相反，它使革命成为绝对不可避免。

第 169 页

由此可见，国际并没有过时，而只是从诞生的初期转入了更高的时期，在这一时期，它的初步希望已经部分地实现了。在可以写出国际历史的最后一章以前，国际一定还会在它向前发展的过程中经历许多变化。——《乔治 · 豪威耳先生的国际工人协会史》

对一切人民斗争的每个段落都必须这样看。

第 207—208 页

真正的理性和正义至今还没有统治世界，这只是因为它们没有被人们正确地认识。所缺少的只是个别的天才人物，现在这种人物已经出现而且已经认识了真理；至于天才人物是在现在出现，真理正是在现在被认识到，这并不是历史发展的进程所必然产生的、不可避免的事情，而只是一种侥幸的偶然现象。这种天才人物在五百年前也同样可能诞生，这样他就能使人类免去五百年的迷误、斗争和痛苦。

我们已经看到为革命作了准备的十八世纪的法国哲学家们如何求助于理性，把理性当作一切现存事物的唯一的裁判者。他们要求建立理性的国家、理性的社会，要求无情地铲除一切和永恒理性相矛盾的东西。……卢梭的社会契约在恐怖时代获得了实现，对自己的政治能力丧失了信心的资产阶级为了摆脱这种恐怖，起初求助于腐败的督政府，最后则托庇于拿破仑的专制统治。——《社会主义从空想到科学的发展——一》

马克思的科学共产主义就和这根本不同。一、十八世纪的思想。二、卢梭理想的实现。三、拿破仑的社会基础。

第 209—210 页

但是，在这个时候，资本主义生产方式以及资产阶级和无产阶级间的对立还很不发展。在英国刚刚产生的大工业，在法国还完全没有。但是，一方面，只有大工业才能发展那些使生产方式的变革和生产方式的资本主义性质的消灭成为绝对必要的冲突——不仅是大工业所产生的各个阶级之间的冲突，而且是它所产生的生产力和交换形式本身之间的冲突；另一方面，大工业又正是通过这些巨大的生产力来发展解决这些冲突所必需的手段。因此，如果说，在1800年左右，新的社会制度所产生的冲突还只是开始形成，那末，解决这些冲突的手段就更是这样了。虽然巴黎的无财产的群众在恐怖时期曾有一瞬间夺得了统治权，从而能够引导资产阶级革命（甚至是反对资产阶级的）达到胜利，但是他们只是以此证明了他们的统治在当时的条件下是不可能持久的。在当时才刚刚作为新阶级的胚胎从这些无财产的群众中分离出来的无产阶级，还完全无力采取独立的政治行动……——《社会主义从空想到科学的发展——》

人民群众问题。深刻回答了：人民是历史的主人，为什么要受统治者压迫？人民的斗争为什么遭受失败，在历史上最后消灭统治阶级、剥削者的根本条件。人民群众不是任意创造历史的，而是在每一个特定条件下。只有人民才是历史的创造者。

第213页

文明是在一个“恶性循环”中运动，是在它不断地重新制造出来而又无法克服的矛盾中运动，因此，它所达到的结果总是和它希望达到或者佯言希望达到的相反。所以，譬如说，

“在文明阶段，贫困是由富裕本身所产生的”。

我们看到，傅立叶是和他的同时代人黑格尔一样巧妙地掌握了辩证法的。他反对关于人类无限完善化的能力的空谈，而同样辩证地断言，每个历史阶段都有它的上升时期，但是也有它的下降时期，而且他还把这个看法运用于整个人类的未来。正如康德在自然科学中提出了地球将来要归于灭亡的思想一样，傅立叶在历史研究中提出了人类将来要归于灭亡的思想。——《社会主义从空想到科学的发展——》

傅立叶把历史分为四个发展阶段。奴隶创造历史，又被历史压迫。也是这样。辩证的历史观，或历史的辩证法——用此观点回答人民被压迫的问题。按照辩证法：地球即使毁了，它会重新形成，因为宇宙是无始无终的。人类也应当如此，而且更高级。

第 214 页

当革命的风暴横扫整个法国的时候，英国正在进行一场比较平静的但是威力并不因此减弱的变革。蒸汽和新的工具机把工场手工业变成了现代的大工业，从而把资产阶级社会的整个基础革命化了。工场手工业时代的迟缓的发展进程转变成了生产中的真正的狂飙时期。——《社会主义从空想到科学的发展——一》

生产力发展变革和阶级斗争变革具有同样的威力。

第 215—216 页

但是欧文并不对这一切感到满足。他给他的工人创造的生活条件，在他看来还远不是合乎人的尊严的，他说，"这些人都是我的奴隶"；他给他们安排的比较良好的环境，还远不足以使人的性格和智慧得到全面的合理的发展，更不用说自由发挥其才能了。

"可是，这 2500 人中从事劳动的那一部分人给社会生产的实际财富，仅仅半世纪前还需要 60 万人才能生产出来。我问自己：这 2500 人所消费的财富和以前 60 万人所应当消费的财富之间的差额到哪里去了呢？"

答案是明白的。这个差额是落到企业所有者的手里去了，他们除了领取 5% 的股息以外，还得到 30 万英镑（600 万马克）以上的利润。新拉纳克尚且如此，英国其他一切工厂就更不用说了。……

因此，果实也应当属于劳动阶级。在欧文看来，以前仅仅使少数人发财而使群众受奴役的新的强大的生产力，提供了改造社会的基础，它只应当作为大家的共同财产来为大家的共同福利服务。——《社会主义从空想到科学的发展——一》

人民创造历史的根本内容的一个方面。非常明确。欧文天才地回答了这个问题。历史人物、事件都是建筑这个基础上的。

第 217—218 页

空想主义者的见解曾经长期地支配着 19 世纪的社会主义观点，而且现在还部分地支配着这种观点。法国和英国的一切社会主义者不久前都还信奉这种见解，包括魏特林在内的先前的德国共产主义也是这样。对所有这些人来说，社会主义是绝对真理、理性和正义的表现，只要把它发现出来，它就能用自己的力量征服世界；因为绝对真理是不依赖于时间、空间和人类的历史发展的，所以，它在什么时候和什么地方被发现，那纯粹是偶然的事情。同时，绝对真理、理性和正义在每个学派的创始人那里又是各不相同的；而因为在每个学派的创始人那里，绝对真理、理性和正义的独特形式又是由他的主观理解、生活条件、知识水平和思维发展程度所决定的，所以，解决各种绝对真理的这种冲突的办法就只能是它们互相磨损。——《社会主义从空想到科学的发展——一》

历史前进方向问题。一切空想社会的共同之点，就是它充分揭露了私有制、阶级社会的黑暗。相信共产主义是绝对真理。它解决了共产主义历史前途的道德性问题。但是只限于此。马克思第一次解决了历史规律的问题。这就使历史建立在科学的基础上了。道德性、规律性两者必须统一。

第 226—227 页

因此，社会主义现在已经不再被看作某个天才头脑的偶然发现，而被看作两个历史地产生的阶级无产阶级和资产阶级间斗争的必然产物。它的任务不再是想出一个尽可能完善的社会制度，而是研究必然产生这两个阶级及其相互斗争的那种历史的经济的过程；并在由此造成的经济状况中找出解决冲突的手段。可是以往的社会主义同这种唯物主义的观点是不相容的，正如法国唯物主义的自然观同辩证法和现代自然科学不相容一样。……

这两个伟大的发现——唯物主义历史观和通过剩余价值揭破资本主义生产的秘密，都应当归功于马克思。由于这些发现，社会主义已经变成了科学，现在的问题首先是对这门科学的一切细节和联系作进一步的探讨。——《社会主义从空想到科学的发展——二》

社会主义从空想到科学是由马克思的两大发现完成的，这就是唯物主义历史观和剩余价值学说。不要这两大学说，社会主义仍只能是空想。本卷《卡尔·马克思》一文，称这是建立科学共产主义的两个重要根据。

第 241 页

社会力量完全像自然力一样，在我们还没有认识和考虑到它们的时候，起着盲目的、强制的和破坏的作用。但是，一旦我们认识了它们，理解了它们的活动、方向和影响，那末，要使它们愈来愈服从我们的意志并利用它们来达到我们的目的，这就完全取决于我们了。这一点特别适用于今天的强大的生产力。只要我们固执地拒绝理解这种生产力的本性和性质——而资本主义生产方式及其辩护士正是抗拒这种理解的，——它就总是像上面所详细叙述的那样起违反我们、反对我们的作用，把我们置于它的统治之下。但是它的本性一旦被理解，它就会在联合起来的生产者手中从魔鬼似的统治者变成顺从的奴仆。这里的区别正像暴风雨时雷鸣闪电中的电的破坏力同电报机和弧光灯的被驯服的电之间的区别一样，正像火灾同为人服务的火之间的区别一样。——《社会主义从空想到科学的发展——三》

辩证法叙述。历史前进方向、历史本质——把反对我们的东西变为替我们服务的东西。先是奴隶们生产的东西变为反对自己的东西，然后又把反对自己的东西，变成为自己服务的东西。先是正面——然后是反面——最后又是正面。这个变化的过程，这［既］是阶级斗争消灭私有制的过程，又是人民群众创造历史的过程。剥削者一瞬间就消失了。

第 243—244 页

自从资本主义生产方式在历史上出现以来，由社会占有全部生产资料，常常作为未来的理想隐隐约约地浮现在个别人物和整个整个派别的脑海中。但是，这种占有只有在实现它的实际条件已经具备的时候才能成为可能，才能成为历史的必然性。正如其他一切社会进步一样，这种占有之所以能够实现，并不是由于人们认识到阶级的存在同平等、正义等等相矛盾，也不是仅仅由于人们希望废除阶级，而是由于具备了一定的新的经济条件。社会分裂为剥削阶级和被剥削阶级、统治阶级和被压迫阶级，是以前生产不大发展的必然结果。当社会总劳动所提供的产品除了满足社会全体成员最起码的生活需要以外只有少量剩余，因而劳动还占去社会大多数成员的全部或几乎全部时间的时候，这个社会就必然划分为阶级。……

但是，即使阶级的划分根据上面所说具有某种历史的理由，那也只是对一定的时期、一定的社会条件才是这样。这种划分是以生产的不足为基础的，它将被现代生产力的充分发展所消灭。的确，社会阶级的消灭是以这样一个历史发展阶段为前提，在这个阶段上，不仅某个特定的统治阶级而且任何统治阶级的存在，从而阶级差别本身的存在，都将成为时代的错误，成为过时的现象。所以，阶级的消灭是以生产的高度发展阶段为前提，在这个阶段上，某一特殊的社会阶级对生产资料和产品的占有，从而对政治统治、教育垄断和精神领导的占有，不仅成为多余的，而且成为经济、政治和精神发展的障碍。这个阶段现在已经达到了。资产阶级的政治和精神的破产甚至对他们自己也未必是一种秘密了，而他们的经济破产则有规律地每十年重复一次。——《社会主义从空想到科学的发展——三》

一切实现的东西都有其存在的客观条件。私有制、剥削阶级的产生，也必须由生产、消灭。阶级差别的存在尽管具有某种历史的理由，但只能暂时存在，成为时代的错误，即历史错误。历史的前途——共产主义的客观必然性。

第 245 页

一旦社会占有了生产资料，商品生产就将被消除，而产品对生产者的统治也将随之消除。社会生产内部的无政府状态将为有计划的自觉的组织所代替。生存斗争停止了。于是，人才在一定意义上最终地脱离了动物界，从动物的生存条件进入真正人的生存条件。人们周围的、至今统治着人们的生活条件，现在受人们的支配和控制，人们第一次成为自然界的自觉的和真正的主人，因为他们已经成为自己的社会结合的主人了。人们自己的社会行动的规律，这些直到现在都如同异己的、统治着人们的自然规律一样而与人们相对立的规律，那时就将被人们熟练地运用起来，因而将服从他们的统治。人们自己的社会结合一直是作为自然界和历史强加于他们的东西而同他们相对立的，现在则变成他们自己的自由行动了。一直统治着历史的客观的异己的力量，现在处于人们自己的控制之下了。只是从这时起，人们才完全自觉地自己创造自己的历史；只是从这时起，由人们使之起作用的社会原因才在主要的方面和日益增长的程度上达到他们所预期的结果。这是人类从必然王国进入自由王国的飞跃。——《社会主义从空想到科学的发展——三》

历史主体问题的结论。人们自己行动的规律如自然规律一样，与人们相对立。人最后脱离动物界的条件。

第 247 页

完成这一解放世界的事业，是现代无产阶级的历史使命。考察这一事业的历史条件以及这一事业的性质本身，从而使负有使命完成这一事业的今天受压迫的阶级认识到自己行动的条件和性质，这就是无产阶级运动的理论表现即科学社会主义的任务。——《社会主义从空想到科学的发展——三》

科学社会主义理论的任务。哲学、经济、历史学的理论任务。

第 273 页

是做一天公平的工作，得一天公平的工资吗？可是什么是一天公平的工资和一天公平的工作呢？它们是怎样由现代社会生存和发展的规律决定的呢？要回答这个问题，我们不应当应用道德学或法学，也不应当诉诸任何人道、正义甚至慈悲之类的温情。在道德上是公平的甚至在法律上是公平的，而从社会上来看很可能是很不公平的。社会的公平或不公平，只能用一种科学来断定，那就是研究生产和交换的物质事实的科学——政治经济学。——《做一天公平的工作，得一天公平的工资》

公正、公平、中立一类。历史观点公平与否，要从阶级观点、立场分析。

第 284 页

任何甜言蜜语都遮不住一个丑恶的事实，即当前的社会基本上分为两大对抗的阶级，一方面是拥有雇佣劳动所需要的一切资料的资本家，另一方面是除了自己的劳动力以外一无所有的工人。后一个阶级的劳动产品必须在两个阶级中间分配，而为了这种分配经常进行斗争。每个阶级都想尽量多分到一些。在这个斗争中，最奇怪的是，工人阶级尽管只是争取得到自己产品的一部分，却经常被指责为简直是在掠夺资本家！

但是，两大社会阶级之间的斗争，必然会成为政治斗争。中等阶级即资本家阶级同土地贵族之间的长期斗争就是这样，工人阶级同上述这些资本家之间的斗争也是这样。在阶级反对阶级的任何斗争中，斗争的直接目的是政治权力；统治阶级保卫自己的最高政治权力，也就是说保卫它在立法机关中的可靠的多数；被统治阶级首先争取一部分政治权力、然后争取全部政治权力，以便能按照他们自己的利益和需要去改变现行法律。所以，大不列颠工人阶级多年来激烈地甚至采用暴力为了会给它这种政治权力的人民宪章而斗争。它失败了，但是斗争给胜利了的资产阶级留下很深刻的印象，所以从那时起，它就甘愿以不断向工人让步为代价来换取比较长期的休战。——《工

联》

阶级斗争的物质有关系的扼要说明。工人阶级劳动的产品要在对抗着的两个阶级——资本家、工人中分配。前者为利润，后者为工资。一切阶级对立，都是为此而经常进行斗争。剥削阶级之间，为争夺这一分配而进行斗争。阶级斗争的直接目的都是为了政权。其物质目的，就是分配劳动生产者创造的产品。资产阶级“让步”——力所不及。

第326页

“共产党宣言”的任务，是宣告现代资产阶级所有制必然灭亡。但是在俄国，我们看见，除了迅速盛行起来的资本主义狂热和刚开始发展的资产阶级土地所有制外，大半土地仍归农民公社占有。那末试问：俄国公社，这一固然已经大遭破坏的原始土地公共占有制形式，是能够直接过渡到高级的共产主义的公共占有制形式呢？或者相反，它还必须先经历西方的历史发展所经历的那个瓦解过程呢？

对于这个问题，目前唯一可能的答复是：假如俄国革命将成为西方无产阶级革命的信号而双方互相补充的话，那末现今的俄国土地公社所有制便能成为共产主义发展的起点。——《“共产党宣言”俄文第二版序言》

前面给查苏理奇的信论述过这个问题。要把两者联系起来谈。

第332页

政府的物质支柱是军队，它很像后来的德国雇佣兵，而不像古罗马的农民军队；政府的精神支柱是这样一种普遍信念：现状是摆脱不了的；建立在军事统治上的帝政（不是指这个或那个皇帝）是无法改变的必然性。至于这种信念究竟基于哪些纯粹的物质事实，这里就不加以分析了。

同普遍的无权地位和对改善现状的可能表示绝望的情况相适应的，是普遍的意志消沉和精神颓废。剩下的少数具有贵族气派和贵族思想的古罗马人，不是被消灭，便是死亡了。他们当中最后的一个人是塔西佗。其余的人巴不得能够完全避开社会生活；他们沉溺于聚财和斗富、诽谤和倾轧之中。没有财产的自由人，在罗马由国家供养，在各行省则境况困苦。他们必须劳动，而且还要对付奴隶劳动的竞争。不过这些人只住在城市。除他们以外，在各行省还有农民，自由的土地占有者（有些地方他们也许还同公社所有制有联系），或者如在高卢则是大地主的债务奴仆。这一阶级最少被社会变革所触及。它反对宗教变革的时间也最久。最后是奴隶，他们没有权利，没有自由，而斯巴达克的失败，也证明他们不可能解放自己，可是其中大部分原是自由人或自由人的后裔。所以在他们中间，大部分人当然对自己的生活状况怀有强烈的（虽然表面上并不显露的）怨恨。——《布鲁诺 · 鲍威尔和早期基督教》

罗马皇帝建立独裁统治，塔西佗的两个支柱。自由人与奴隶不同。前面马克思讲过，罗马必须限制自由人的人数。自由人多了，就给生产带来压力。罗马就灭亡。

第 334 页

但是，在各阶级中必然有一些人，他们既然对物质上的解放感到绝望，就去追寻精神上的解放来代替，就去追寻思想上的安慰，以摆脱完全的绝望处境。这样的安慰，既不是斯多葛学派，也不是伊壁鸠鲁学派所能提供的，因为第一，这是哲学，而哲学是不以普通人的思想为对象的；第二，这两个学派的门徒的生活方式，把他们的学说弄得声名狼籍。安慰不是要代替那失去了的哲学，而是要代替那失去了的宗教，它必须以宗教形式出现，正如当时甚至直到十七世纪能够获得群众的所有事物一样。

几乎用不着说明，在追求这种思想上的安慰，设法从外在世界遁入内在世界的人中，大多数必然是奴隶。

正是在这经济、政治、智力和道德的总解体时期，出现了基督教。它和以前的一切宗教发生了尖锐的矛盾。

在以前的一切宗教中，仪式是一件主要的事情。只有参加祭祀和巡礼，在东方还须遵守十分烦琐的饮食和洁净方面的清规，才能证明自己的教籍。罗马和希腊在这方面是放任的，在东方则盛行着一套宗教戒律，这在不小程度上促使它终于崩溃。属于两种不同宗教的人（埃及人、波斯人、犹太人、迦勒底人）不能共同饮食，不能共同进行日常活动，几乎不能交谈。由于人与人之间的这种隔绝状态，古代东方大部分衰落了。基督教没有造成隔绝的仪式，甚至没有古代世界的祭祀和巡礼。它这样否定一切民族宗教及其共有仪式，毫无差别地对待一切民族，它本身就成了第一个可行的世界宗教。——《布鲁诺 · 鲍威尔和早期基督教》

以上基督教产生的社会条件、阶级斗争情况。基督教本身能够存在的条件，与其宗教仪式不同。易于流行。佛教对立的两派也不能同领一河水，矛盾尖锐。

第335—336页

结果是：在荒漠中，成千上万的预言家和宣教者那时创立了无数宗教上的新东西，但只有基督教的创始人获得了成功。不仅在巴勒斯坦，而且在整个东方，麇集着这样一些宗教创始人，他们之间进行着一种可说是达尔文式的思想上的生存竞争。主要由于上述因素，基督教取得了胜利。而基督教怎样在教派的相互斗争中，在同多神教世界的斗争中，通过自然淘汰逐渐形成为世界宗教，这已由最初三世纪的教会史详细作了说明。——《布鲁诺·鲍威尔和早期基督教》

教义适合于时代，适合于群众。佛教的产生实际也如此。教派斗争保其存在。

第374—375页

正像达尔文发现有机界的发展规律一样，马克思发现了人类历史的发展规律，即历来为繁茂芜杂的意识形态所掩盖着的一个简单事实：人们首先必须吃、喝、住、穿，然后才能从事政治、科学、艺术、宗教等等；所以，直接的物质的生活资料的生产，因而一个民族或一个时代的一定的经济发展阶段，便构成为基础，人们的国家制度、法的观点、艺术以至宗教观念，就是从这个基础上发展起来的，因而，也必须由这个基础来解释，而不是像过去那样做得相反。

不仅如此。马克思还发现了现代资本主义生产方式和它所产生的资产阶级社会的特殊的运动规律。由于剩余价值的发现，这里就豁然开朗了，而先前无论资产阶级经济学家或者社会主义批评家所做的一切研究都只是在黑暗中摸索。

一生中能有这样两个发现，该是很够了。甚至只要能作出一个这样的发现，也已经是幸福的了。但是马克思在他所研究的每一个领域（甚至在数学领域）都有独到的发现，这样的领域是很多的，而且其中任何一个领域他都不是肤浅地研究的。

这位科学巨匠就是这样。但是这在他身上远不是主要的。在马克思看来，科学是一种在历史上起推动作用的、革命的力量。任何一门理论科学中的每一个新发现，即使它的实际应用甚至还无法预见，都使马克思感到衷心喜悦，但是当有了立即会对工业、对一般历史发展产生革命影响的发现的时候，他的喜悦就完全不同了。例如，他曾经密切地注意电学方面各种发现的发展情况，不久以前，他还注意了马赛尔・德普勒的发现。——《卡尔・马克思的葬仪》

《卡尔・马克思》一文讲过同样的意思。恩格斯在其他许多处都是强调马克思对历史规律、剩余价值两大发现。讲历史，必须讲明此点。马克思对科学发现的喜悦，马克思主义自然科学的发现。

第 392 页

从自己方面来说，奥雷耳・德・帕拉丹于 11 月 2 日把自己的军团集结在维埃尔宗，打算开往博让西，在那里横渡卢瓦尔河，插入占据夏托登的普鲁士人（第二十二师）和驻在奥尔良的巴伐利亚人的中间。……甘必大天真地以为，用火车运送 4 万人的军团可以像运送普通旅客一样迅速。于是他命令将军：不得步行，而用火车把他的军团从维埃尔宗调往图尔，再从图尔调往博让西。将军提出异议，甘必大则坚持己见。结果，卢瓦尔军团不是走了两天，也不是走了 45 公里，而是沿着铁路旅行了 180 公里，费了五天时间，并且不能避开敌人的侦察。该军团一直到 7 日才在博让西重新集结，准备行动。但是已经失去了三天宝贵的时间，敌人已经对这次调动有了戒备。——《对一页“公社史”的意思》

历史辩证法、偶然性——指挥错误。从国内国际情况讲，德法相敌。从主观能力讲，以俾斯麦对波拿巴、毛奇对甘必大。德国肯定占着优势，法国占着劣势。偶然性正表现了必然性。

第 396 页

在“劳动”（第 9 页，第 2 节）这一节中，瓦格纳先生没有把各种劳动的具体性质和这一切具体劳动所共有的劳动力的消耗区别开来（第 9、10 页）。——《评阿・瓦格纳的“政治经济学教科书”》

一种，生产剩余价值的劳动；一种，任何活动中的体力消耗。资产阶级

辩护士就是把这二者混而为一，其目的就是把他们也列为“生产工作者”，有理由获取报酬。

第401页

什么叫“对工人的剥取”，剥取他的皮，等等，无法理解。但是在我的论述中，“资本家的利润”事实上不是“仅仅对工人的剥取或‘掠夺’”。相反地，我把资本家看成资本主义生产的必要的职能执行者，并且非常详细地指出，他不仅“剥取”或“掠夺”，而且迫使进行剩余价值的生产，也就是说帮助创造属于剥取的东西；其次，我详细地指出，甚至在只是等价物交换的商品交换情况下，资本家只要付给工人以劳动力的实际价值，就完全有权利，也就是符合于这种生产方式的权利，获得剩余价值。但是所有这一切并不使“资本家的利润”成为价值的“构成”因素，而只是表明，在那个不是由资本家的劳动“构成的”价值中，包含他“有权”可以占有的部分，就是说并不侵犯符合于商品交换的权利。——《评阿·瓦格纳的“政治经济学教科书”》

资本家是资本主义生产职能必要的执行者——即必要性。资本家“有权”获得剩余价值。

第431页

如果俄国资本主义制度的崇拜者要否认这种进化的理论上的可能性，那我要问他们：俄国为了采用机器、轮船、铁路等等，难道一定要像西方那样，先经过一段很长的机器生产发展的孕育期吗？同时也请他们给我说明：他们怎么能够把西方需要几个世纪的发展才建立起来的一整套交换机构（银行、信用公司等等）一下子就在自己这里建立起来呢？——《给维·伊·查苏利奇的复信草稿——初稿》

意思是俄国可以不经过资本主义？

第436页

俄国的“农业公社”有一个特征，这个特征是它的软弱性的根源，而且对它的各方面都不利。这就是它的孤立性，公社与公社之间的生活缺乏联系，而保持这种与世隔绝的小天地，并不到处都是这种类型的公社的内在特征，但是，有这一特征的地方，它就把比较集权的专制制度矗立在公社的上面。俄罗斯北部各公国的联合证明，这种进化在最初显然是由于领土辽阔而形成的，在相当大的程度上又由于蒙古人入侵以来俄国遭到的政治命运而加强了。——《给维 · 伊 · 查苏利奇的复信草稿——初稿》

与前面重复。历史辩证法：（倒退同时又是进步。蒙古入侵加强俄国的联合）。按：括弧内的理解可能不对？或者与此相反。又说“联合”“进化”，又说“缺点”，意思不清。不知翻译是否准确。

第 443 页

总之，西方对农民的剥夺，使“劳动者私有的、分散的所有制变为”资本家私有的、集中的所有制。但这究竟仍然是一种私有制形式代替另一种私有制形式。俄国则相反，它是资本主义所有制代替共产主义所有制的问题。——《给维 · 伊 · 查苏利奇的复信草稿——二稿》

据此，俄国农村公社被认为是公有制共产主义。

第 446 页

威胁着俄国公社生命的不是历史的必然性，不是理论，而是国家的压迫，以及渗入公社内部的、也是由国家靠牺牲农民培养起来的资本家的剥削。——《给维 · 伊 · 查苏利奇的复信草稿——二稿》

综此信一、二稿所论，五种生产方式中，奴隶、封建、资本主义都可以跳跃。极要。

第 451 页

现在，我们暂且不谈俄国公社所遭遇的灾难，只来考察一下它的可能的发展。它的情况非常特殊，在历史上没有先例。在整个欧洲，只有它是一个巨大的帝国内农村生活中占统治地位的组织形式。土地公有制赋予它以集体占有的自然基础，而它的历史环境（资本主义生产和它同时存在）又给予它以实现大规模组织起来的合作劳动的现成物质条件。因此，它可以不通过资本主义制度的卡夫丁峡谷，而吸取资本主义制度所取得的一切肯定成果。它可以借使用机器而逐步以联合耕种代替小地块耕种，而俄国土地的天然地势又非常适合于使用机器。如果它在现在的形式下事先被引导到正常状态，那它就能直接变成现代社会所趋向的那种经济体系的出发点，不必自杀就能获得新的生命。——《给维·伊·查苏利奇的复信草稿——三稿》

此处明确可以不通过资本主义。资本主义是先自杀而后获得新生命。整个私有制也应当如此看。

第502页

这时，主要谋反人阿尔米纽斯和塞吉美尔却经常在瓦鲁斯左右，并且常常跟他同桌吃饭。根据狄奥的说法，瓦鲁斯当时已经受到警告，可是他的信任是没有止境的。最后，到了秋季，当起义的准备业已全部完成而瓦鲁斯和他的主力部队已被引诱到凯鲁斯奇人的地方直到威悉河畔的时候，一个在比较远的地方爆发的假装的暴动，发出了行动的信号。当瓦鲁斯得到这个消息并且发出进军命令时，凯鲁斯奇人的另一个首领，大概和阿尔米纽斯家族有世仇的塞格斯特向他提出了警告。瓦鲁斯还不肯相信他。于是，塞格斯特又向瓦鲁斯建议，把他本人和阿尔米纽斯及其他凯鲁斯奇人的首领都禁闭起来，然后再出发，说事情的结局会证明谁是正确的。但是，甚至当瓦鲁斯出发以后，谋叛者以集合同盟军然后同他会师为借口而留在后方的时候，瓦鲁斯的信任仍然没有动摇。——《论日耳曼人的古代历史》

历史辩证法：偶然性。德国史：罗马统帅瓦鲁斯的糊涂、阿尔米纽斯得以起义。同时，此役又正反映了历史的必然性：罗马共和国已经衰老了，被压迫者必然觉醒。

《马克思恩格斯全集》第二十一卷

人民出版社 1972 年版

第 3 页

“宣言”中始终贯彻的基本思想，即：每一历史时代的经济生产以及必然由此产生的社会结构，是该时代政治的和智慧的历史的基础；因此（从原始土地公有制解体以来）全部历史都是阶级斗争的历史，即社会发展各个阶段上被剥削阶级和剥削阶级之间、被统治阶级和统治阶级之间斗争的历史；而这个斗争现在已经达到这样一个阶段，即被剥削被压迫的阶级（无产阶级），如果不同时使整个社会永远摆脱剥削、压迫和阶级斗争，就不再能使自己从剥削它压迫它的那个阶级（资产阶级）下解放出来，——这个基本思想完全是属于马克思一个人的。——《“共产党宣言”1883 年德文版序言》

一、经济条件决定社会结构。二、经济条件是该时代政治思想基础。三、全部历史是阶级斗争史（被剥削和剥削阶级之间、被统治和统治阶级之间）。

第 11 页

基督教同任何大的革命运动一样，是群众创造的。它是在新宗派、新宗教、新先知数以百计地出现的时代，以一种我们完全不知道的方式在巴勒斯坦产生的。基督教事实上是自发地形成的，是这些宗派中最发达的宗派相互影响而产生的中间物……——《启示录》

真正的英雄是群众——基督教的产生也如此。基督教最初是一个革命运动——它必然是一个群众运动。

第 13 页

这就是在新约中最古老的、其可靠性是无可怀疑的唯一的一篇中所描绘的公元 68 年时基督教的样子。这一篇的作者是谁，我们不知道。他自称为约翰。他甚至并没有冒充他是“使徒”约翰，虽然“新耶路撒冷”的根基上有“羔羊十二使徒的名字”（第 21 章第 14 节）。因而，在他写这一篇的时候，他们显然已经死去了。至于他是犹太人，这可以从他的希腊文中借用了大量希伯来语一点上看出来，文字语法错乱，即使和新约其他各书相较也截然不同。所谓约翰福音、约翰书信和本篇，至少属于三个不同的作者，这从它们的文字可以得到清楚的证明，如果它们所阐述的全然互异的教义还不能证明的话。——《启示录》

据此，《辞源》的解释，把《启示录》作者说为十二圣徒之一，不对。

第 15 页

“你所看见的兽，先前有，如今没有……那七头就是女人所坐的七座山。又是七位王。五位已经倾倒了，一位还在，一位还没有来到。他来的时候，他必须暂时存留。那先前有、如今没有的兽，就是第八位，并出自那七位之中……你所看见的那女人，就是管辖地上众王的大城。”——《启示录》

中国民间的《烧饼歌》《推背图》之类。

第 34 页

弓箭对于蒙昧时代，正如铁剑对于野蛮时代和火器对于文明时代一样，乃是决定性的武器。——《家庭、私有制和国家的起源》

这些武器依顺序出现，目前又同时存在。

第 43 页

近年来，否认人类性生活的这个初期阶段，已成时髦了。人们想使人类免去这一“耻辱”。在这里，人们不仅以缺乏任何直接的证据为口实，而且还特别引用其他动物界的例子；从其他动物界里，勒土尔诺（“婚姻和家庭之进化”1888 年版）搜集了许多事实，表明完全杂乱的性关系在这里也是较低级发展阶段上的东西。但是，我从这一切事实中只能得出这样一个结论，即它们对于人类及其原始生活条件绝对证明不了任何东西。脊椎动物长期的成对同居，用生理的原因足以说明：例如，在鸟类方面，是由于雌鸟在孵卵期间需要扶助；但是鸟类方面的牢固的一夫一妻制的例子，对于人类丝毫不能有所证明，因为人类并非起源于鸟类。如果严格的一夫一妻制是各种美德的最高峰，那末优胜的棕叶就应当属于绦虫了，因为绦虫在其 50—200 个关节或体节的每一节中都有完备的雌雄性器官，终生都在每个体节中自行交合。如果我们只限于谈哺乳动物，那末我们在这里就可以找出性生活的一切形式——杂交、类似群婚的形式、多妻制、个体婚制；所缺乏的只是多夫制，只有人类才能达到这一点。——《家庭、私有制和国家的起源》

“优胜的棕叶”指竞争获胜者所得的一种奖品——即应当把奖状发给绦虫。自然现象不能简单搬运到社会历史，不能把自然科学和社会科学庸俗类比。《辞源》：分为“无数节片”，非 50—200 关节。

第 74 页

在荷马的史诗中，被俘虏的年轻妇女都成了胜利者的肉欲的牺牲品；军事首领们按照他们的军阶依次选择其中的最美丽者；大家也知道全部“伊利亚特”都是以阿基里斯和亚加米农二人争夺这样一个女奴隶的纠纷为中心的。——《家庭、私有制和国家的起源》

特要。荷马（注意本卷页一二一、一二二，马克思讲荷马诗中讲的还不是阶级社会，只是萌芽）一切历史的、文学的、政法的古典作品无不同此内容。《春秋》、《史记》、塔西佗、《圣经》、梭伦、荷马、莎士比亚、巴尔扎克……《荷马史诗》的英雄故事，显然是以阶级对立、压迫为前提的。

第 77 页

根据我们对古代最文明、最发达的民族所能做的考察，一夫一妻制的起源就是如此。它决不是个人性爱的结果，它同个人性爱绝对没有任何共同之处，因为婚姻和以前一样仍然是权衡利害的婚姻。一夫一妻制是不以自然条件为基础，而以经济条件为基础，即以私有制对原始的自然长成的公有制的胜利为基础的第一个家庭形式。……在雅典，法律不仅规定必须结婚，而且规定丈夫必须履行一定的最低限度的所谓夫妇义务。——《家庭、私有制和国家的起源》

私有制社会历史不是以所谓“人性”为基础，就像婚姻不是以自然个人性爱为基础一样。

第 78 页

可见，个体婚制在历史上决不是作为男女之间的和好而出现的，更不是作为这种和好的最高形式而出现的。恰好相反。它是作为女性被男性所奴役，作为整个史前时代所未有的两性冲突的宣告而出现的。在马克思和我于1846年合写的一个旧的、未发表的手稿中，我发现了如下一句话："最初的分工是男女之间为了生育子女而发生的分工。"现在我可以补充几句：在历史上出现的最初的阶级对立，是同个体婚制下的夫妻间的对抗的发展同时发生的，而最初的阶级压迫是同男性对女性的奴役同时发生的。个体婚制是一个伟大的历史的进步，但同时它同奴隶制和私有财富一起，却开辟了一个一直继续到今天的时代，在这个时代中，任何进步同时也是相对的退步，一些人的幸福和发展是通过另一些人的痛苦和受压抑而实现的。个体婚制是文明社会的细胞形态，根据这种形态，我们可以研究文明社会内部充分发展着的对立和矛盾的本来性质。——《家庭、私有制和国家的起源》

细读。奴隶制等最初不是作为倒退、不合理而出现的。恰恰相反……奴隶制、封建制、资本主义的产生，都应当如此看。原始社会进到奴隶制……资本主义必须一分为二，是进步，又是退步。如果只有一面，就没有了阶级斗争。至要。历史主体问题，回答问题时注意。

第79页

由此可见，群婚制传给文明时代的遗产是两重的，正如文明时代所产生的一切都是两重的、口不应心的、分裂为二的、自相矛盾的一样：一方面是一夫一妻制，另方面则是杂婚制以及它的最极端的形式——卖淫。杂婚制和任何其他社会制度一样，也是一种社会制度；它使旧时的性的自由继续存在，以利于男子。在实际上不仅被容忍而且特别为统治阶级所乐于实行的杂婚制，在口头上是受到非难的。但是实际上，这种非难决不是针对着参与此事的男子，而只是针对着妇女：她们被排除出去，被排斥在外，以便用这种方法再一次宣布男子对妇女的绝对统治乃是社会的根本法则。——《家庭、私有制和国家的起源》

以下辩证法，细读。一切历史的进步均如此。阶级社会的一切措施，表面公正，其实针对被压迫的一方。口不应心，自相矛盾——历史全部都是如此。

第 79—80 页

但是，在一夫一妻制内部第二种矛盾也因此而发展起来了。同靠杂婚制取乐的丈夫并存的还有一个被遗弃的妻子。正如吃了半个苹果以后就再不能有一个整苹果一样，没有矛盾的另一面，就不可能有矛盾的这一面。尽管如此，男子的想法似乎仍然不是这样，直到他们的妻子教训了他们，使他们更明白为止。随着个体婚制，出现了两种经常性的、以前所不知道的特有的社会人物：妻子的经常的情人和戴绿帽子的丈夫。男子获得了对妇女的胜利，但是桂冠是由失败者宽宏大量地给胜利者加上的。……他不知道怎样做家中的主人，正如他不知道怎样做国家的主人一样，所以，他的妻子有充分权利夺取不配由他掌握的权柄。但是他却自以为，他比他的同样不幸的、比他本人更常遇到恶劣得多的境遇的法国同志要优越得多。——《家庭、私有制和国家的起源》

仔细读，用。否定历史上的某一面，就没有矛盾，没有历史。阶级社会的历史，就是敌对阶级间这种既不能解决又不能克服的对立矛盾的运动过程。

第 97 页

现在让我们再回过来谈摩尔根吧，我们已经把他丢开很远了。对于在文明时期发展起来的社会制度进行历史的考察，是超出了他的著作的范围的。所以，他只是非常简单地论述了一下一夫一妻制在这一时期的命运。他也认为一夫一妻制家庭的进一步发展是一种进步，是一种向两性权利完全平等的接近，而这一目标他并不认为已经达到了。——《家庭、私有制和国家的起源》

总起来看：阶级社会里，婚姻、两性间的对抗，包含着阶级的内容，阶级的对抗。但阶级间的矛盾、对抗与婚姻、两性的对抗有根本的不同。一、阶级对立不存在人体的、自然的因素。二、阶级对抗以一方——人民战胜另一方面——统治者告终。三、阶级只是历史上一定时期，即私有制时代的现象。婚姻、两性关系和这几点截然相反。要注意两者相同的地方，区别其根本不同的地方。

第113页

这种自然发生的共同体的权力一定要被打破，而且也确实被打破了。不过它是被那种在我们看来简直是一种堕落，一种离开古代氏族社会的纯朴道德高峰的堕落的势力所打破的。最卑下的利益——庸俗的贪欲、粗暴的情欲、卑下的物欲、对公共财产的自私自利的掠夺——揭开了新的、文明的阶级社会；最卑鄙的手段——偷窃、暴力、欺诈、背信——毁坏了古老的没有阶级的氏族制度，把它引向崩溃。而这一新社会自身，在其整整两千五百余年的存在期间，只不过是一幅区区少数人靠牺牲被剥削和被压迫的绝大多数人的利益而求得发展的图画罢了，而这种情形，现在比从前更加厉害了。——《家庭、私有制和国家的起源》

虽然如此，奴隶制社会仍有前进的一面。

第131页

一切所谓政治革命，从头一个起到末一个止，都是为了保护一种财产而实行的，都是通过没收（或者也叫做盗窃）另一种财产而进行的。所以毫无疑问，二千五百年来私有制之所以能保存下来，只是由于侵犯了财产所有权的缘故。——《家庭、私有制和国家的起源》

透彻之极。所以需要保存下来，只是为了夺取财产所有权。

第148页

只是在那一位僭取了真正王权的最后一个勒克斯，即高傲的塔克文被驱逐以后，在两个拥有同等权力（像在易洛魁人那里那样）的军事首长（执政官）代替了一个勒克斯以后，这个新制度才得到了进一步的发展，而罗马共和国的全部历史也就在这个制度的范围内演变，这里包括，共和国的贵族与平民为了担任官职以及分享国有土地而进行种种斗争，最后贵族溶化在大土地所有者和金钱巨头的新阶级中，这种大土地所有者和金钱巨头逐渐吞并了因兵役而破产的农民的一切地产，并使用奴隶来耕种由此产生的广大庄园，把意大利弄到十室九空的地步，从而不仅给帝政而且也给帝政的后继者德意志野蛮人开辟了道路。——《家庭、私有制和国家的起源》

马克思《波拿巴政变记》开始一段讲古代阶级斗争的特点在贵族与平民之间进行，指此。辩证法。事物向自己的反面转化。

第 170—171 页

基督教对于古代奴隶制的逐渐灭亡是完全没有关系的。它在罗马帝国和奴隶制和睦相处了好几世纪，以后也从来没有阻碍过基督徒买卖奴隶，——既没有阻碍过德意志人在北方或威尼斯人在地中海的买卖奴隶，也没有阻碍过后世的买卖黑奴。奴隶制已不再有利，因而灭亡了。但是垂死的奴隶制却留下了它那有毒的刺，即鄙视自由人的生产劳动。于是罗马世界便陷入了绝境：奴隶制在经济上已经不可能了，而自由人的劳动却在道德上受鄙视。前者已经不能成为社会生产的基本形式，后者是还不能成为这种形式。只有一次彻底革命才能打破这种绝境。——《家庭、私有制和国家的起源》

劳动在道德上受到鄙视是奴隶制的特点。难怪孔子鄙视劳动。又《资本论》卷四，剩余价值史讲《生产劳动与非生产劳动》，马克思讲到亚里士多德，指出他鄙视劳动。从奴隶制到封建，也必须经过革命。

第 174 页

查理大帝死后五十年，法兰克王国便软弱地伏在诺曼人的脚下，正和四百年前罗马帝国伏在法兰克人的脚下一样。——《家庭、私有制和国家的起源》

每一个王朝的末代统治者和前代的末代统治者一样，老文章，旧步法。

第 177—178 页

最后，如果说，他们能把那种在他们的故乡已经实行的比较温和的隶属形式——在罗马帝国奴隶制也日益转化为这种形式——发展起来，并提高到普及的地位，而这种隶属形式，正如傅立叶最早强调指出的，给被奴役者提供了一个使自己作为阶级而逐渐获得解放的手段（fournit aux cultivateurs des moyens d'affran chisse ment *collectif et progressif*），因此之故，这种形式大大胜过奴隶制——在奴隶制下，只能有单个人不经过过渡状态而立即获得释放（古代是没有用胜利的起义来消灭奴隶制的事情的），而中世纪的农奴实际上却作为阶级而逐渐实现了自己的解放——，如果是这样的话，那末，这一切如果不是归功于他们的野蛮状态（由于这种野蛮状态，他们还没有达到充分发展的奴隶制：既没有达到古代的劳动奴隶制，也没有达到东方的家庭奴隶

制），又归功于什么呢？——《家庭、私有制和国家的起源》

傅立叶第一次指出被统治者作为一个阶级的事实。古代没有胜利的起义消灭奴隶的事情——此点甚要。

第178页

凡德意志人给罗马世界注入的一切有生命力的和带来生命的东西，都是野蛮时代的东西。的确，只有野蛮人才能使一个在垂死的文明中挣扎的世界年轻起来。而德意志人在民族大迁徙之前所努力达到并已经达到的野蛮时代的高级阶段，对于这一过程恰好最为适宜。这就说明了一切。——《家庭、私有制和国家的起源》

中国秦汉（继秦）唐元清历史亦可作如是观。根本的在于阶级、阶级对立。不能离开阶级分析理解这段话。

第185页

家庭内的分工决定了男女之间的财产分配；这一分工仍然和以前一样，可是它现在仍然把迄今所存在的家庭关系完全颠倒了过来，这纯粹是因为家庭以外的分工已经不同了。从前保证妇女在家中占统治地位的同一原因——妇女只限于从事家务劳动，——现在却保证男子在家中占统治地位：妇女的家务劳动现在同男子谋取生活资料的劳动比较起来已经失掉了意义；男子的劳动就是一切，妇女的劳动是无足轻重的附属品。——《家庭、私有制和国家的起源》

家庭中的革命。家庭关系的完全颠倒。此改变的发生，不在家庭以内，而在家庭以外的分工。

第194页

国家决不是从外部强加于社会的一种力量。国家也不像黑格尔所断言的是“道德观念的现实”，“理性的形象和现实”。勿宁说，国家是社会在一定发展阶段上的产物；国家是表示：这个社会陷入了不可解决的自我矛盾，分裂为不可调和的对立面而又无力摆脱这些对立面。而为了使这些对立面，这些经济利益互相冲突的阶级，不致在无谓的斗争中把自己和社会消灭，就需要有一种表面上驾于社会之上的力量，这种力量应当缓和冲突，把冲突保持在“秩序”的范围以内；这种从社会上产生但又自居于社会之上并且日益同社会脱离的力量，就是国家。——《家庭、私有制和国家的起源》

国家的“社会职能”看来也只能是“表面”的。必然取决从属于统治者阶级的利益、需要。

第 196—197 页

由于国家是从控制阶级对立的需要中产生的，同时又是在这些阶级的冲突中产生的，所以，它照例是最强大的、在经济上占统治地位的阶级的国家，这个阶级借助于国家而在政治上也成为占统治地位的阶级，因而获得了镇压和剥削被压迫阶级的新手段。因此，古代的国家首先是奴隶主用来镇压奴隶的国家，封建国家是贵族用来镇压农奴和依附农的机关，现代的代议制的国家是资本剥削雇佣劳动的工具。……

此外，在历史上的大多数国家中，公民的权利是按照财产状况分级规定的，这直接地宣告国家是有产阶级用来防御无产者阶级的组织。在按照财产状况划分阶级的雅典和罗马，就已经是这样。在中世纪的封建国家中，也是这样，在这里，政治的权力地位是按照地产来排列的。这也表现在现代的代议制的国家的选举资格上面。但是，对财产差别的这种政治上的承认，决不是本质的东西。相反地，它标志着国家发展的低级阶段。国家的最高形式，民主共和国，在我们现代的社会条件下正日益成为一种不可避免的必然性，它是无产阶级和资产阶级之间的最后决定性斗争只能在其中进行到底的国家形式，——这种民主共和国已经不再正式讲什么财产差别了。——《家庭、私有制和国家的起源》

后面这一段不能脱离阶级的性质去理解。公民权利按财产规定，是直接公开宣布国家是阶级压迫的工具。民主共和国有资产阶级的，有无产阶级的。《新民主主义论》发展马克思主义，对这个问题作了最彻底的解决。

第 197—198 页

国家并不是从来就有的。曾经有过不需要国家、而且根本不知国家和国家权力为何物的社会。在经济发展到一定阶段而必然使社会分裂为阶级时，国家就由于这种分裂而成为必要了。现在我们正在以迅速的步伐走向这样的生产发展阶段，在这个阶段上，这些阶级的存在不仅不再必要，而且成了生产的直接障碍。阶级不可避免地要消失，正如他们从前不可避免地产生一样。随着阶级的消失，国家也不可避免地要消失。以生产者自由平等的联合体为基础的、按新方式来组织生产的社会，将把全部国家机器放到它应该去的地方，即放到古物陈列馆去，同纺车和青铜斧陈列在一起。——《家庭、私有制和国家的起源》

阶级不可避免地要消失，正如它不可避免地要产生一样。国家也正是如此。

第199页

偶然性只是相互依存性的一极，它的另一极叫做必然性。在似乎也是受偶然性支配的自然界中，我们早就证实在每一个领域内都有在这种偶然性中为自己开辟道路的内在的必然性和规律性。然而适用于自然界的，也适用于社会。一种社会活动，一系列社会过程，愈是越出人们的自觉的控制，愈是越出他们支配的范围，愈是显得受纯粹的偶然性的摆布，它所固有的内在规律就愈是以自然的必然性在这种偶然性中为自己开辟道路。这种规律也支配着商品生产和商品交换的偶然性：它们作为异己的、起初甚至是莫名其妙的、其本性尚待努力研究和认识的力量，同各个生产者和交换的参加者相对立。——《家庭、私有制和国家的起源》

偶然性与必然性。历史上各个孤立的事件，哪怕是极其重要的事件都显得带有偶然性，愈是如此，愈显示历史的内在规律，内在必然性——阶级斗争，一分为二。

第201页

由于文明时代的基础是一个阶级对另一个阶级的剥削，所以它的全部发展都是在经常的矛盾中进行的。生产的每一进步，同时也就是被压迫阶级即大多数人的生活状况的一个退步。对一些人是好事的，对另一些人必然是坏事，一个阶级的任何新的解放，必然是对另一个阶级的新的压迫。这一情况的最明显的例子就是机器的采用，其后果现在已是众所周知的了。——《家庭、私有制和国家的起源》

历史经常在矛盾中进行。与本卷页七八，同一个意思，更明确。在同一题目下运用。对一些人是好事，对另一些人就是坏事。对一个阶级是好事，

对另一个阶级就是坏事。好与坏、进步与退步，经常矛盾对立着，才成为历史。缺少了一面，就没有了另一面，就没有历史。

第 202—203 页

现在把摩尔根对文明时代的评断引在下面作一个结束：

“自从进入文明时代以来，财富的增长是如此巨大，它的形式是如此繁多，它的用途是如此广泛，为了所有者的利益而对它进行的管理又是如此巧妙，以致这种财富对人民说来变成了一种无法控制的力量。人类的智慧在自己的创造物面前感到迷惘而不知所措了。然而，总有一天，人类的理智一定会强健到能够支配财富，一定会规定国家对它所保护的财产的关系，以及所有者的权利的范围。社会的利益绝对地高于个人的利益，必须使这两者处于一种公正而和谐的关系之中。只要进步仍将是未来的规律，像它对于过去那样，那末单纯追求财富就不是人类的最终的命运了。自从文明时代开始以来所经过的时间，只是人类已经经历过的生存时间的一小部分，只是人类将要经历的生存时间的一小部分。社会的分解，即将成为以财富为唯一的最终目的的那个历程的终结，因为这一历程包含着自我消灭的因素。管理上的民主，社会中的博爱，权利的平等，普及的教育，将揭开社会的下一个更高的阶段，经验、理智和科学正在不断向这个阶段努力。这将是古代氏族的自由、平等和博爱的复活，但却是在更高级形式上的复活。”（摩尔根《古代社会》第 552 页）——《家庭、私有制和国家的起源》

进步已被证明是历史的规律，因此也必然是未来的规律。以往的文明史，只是人类将要经历的历史的极小一部分。鲁迅说：一部廿史是一部相斫史（大意），极深刻。严格说，是一部富人砍杀穷人史。

第 209 页

李嘉图理论的上述应用，——认为全部社会产品，即工人的产品属于唯一的、真正的生产者，即工人，——直接引导到共产主义。但是，马克思在上述的地方也指出，这种应用在经济学的形式上是错误的，因为这只不过是把道德运用于经济学而已。按照资产阶级经济学的规律，产品的绝大部分不是属于生产这些产品的工人。如果我们说：这是不公平的，不应该这样，那末这句话同经济学没有什么直接的关系。我们不过是说，这些经济事实同我们的道德感有矛盾。所以马克思从来不把他的共产主义要求建立在这样的基础上，而是建立在资本主义生产方式的必然的、我们眼见一天甚于一天的崩溃上；他只说了剩余价值由无酬劳动构成这个简单的事实。但是，在经济学的形式上是错误的东西，在世界历史上却可以是正确的。如果群众的道德意识宣布某一经济事实，如当年的奴隶制或徭役制，是不公正的，这就证明这一经济事实本身已经过时，其他经济事实已经出现，因而原来的事实已经变得不能忍受和不能维持了。因而，在经济学的形式的谬误后面，可能隐藏着非常真实的经济内容。——《马克思和洛贝尔图斯。"哲学的贫困"德文版序言》

无比精辟、深刻。活的辩证法。共产主义不是建立在道德上，而是建立在社会历史的客观规律上。对经济学不正确，对历史正确。历史学上道德性与客观历史规律的一致。

第 210—211 页

李嘉图的价值定义，尽管有不祥之兆，但是也有使善良的资产者喜爱和珍贵的一面。它以不可抗拒的威力诉诸他们的公平感。权利的公平和平等，是十八、十九世纪的资产者打算在封建制的不公平、不平等和特权的废墟上建立他们的社会大厦的基石。劳动决定商品价值，劳动产品按照这个价值尺度在权利平等的商品所有者之间自由交换，这些——正如马克思已经证明的——就是现代资产阶级全部政治的、法律的和哲学的意识形态建立于其上的现实基础。劳动是商品价值的尺度，这个认识一经确立，善良的资产者必然会因世界的邪恶而感到自己最高尚的感情深受伤害，这个世界，虽然名义上承认公平原则，但是事实上时时刻刻都在肆无忌惮地抛弃公平原则。——《马克思和洛贝尔图斯。"哲学的贫困"德文版序言》

资产阶级政治、法律所谓"公平""平等"的全部基础，即物质内容："劳动决定商品价值，劳动产品按照这个尺度在……自由交换。"

第 215 页

商品价格对商品价值的不断背离是一个必要的条件，只有在这个条件下并由于这个条件，商品价值才能存在。只有通过竞争的波动从而通过商品价格的波动，商品生产的价值规律才能得到贯彻，社会必要劳动时间决定商品价值这一点才能成为现实。因此，价值的表现形式——价格，通常看来同它所表现的价值多少有些不同，这种命运是价值和大多数社会关系所共同的。国王和他所代表的王国在大多数场合下看来也是大不相同的。因此，在一个进行交换的商品生产者的社会里，如果谁想把劳动时间决定价值这一点确立起来，而又禁止竞争用加压力于价格的办法，即一般说来是唯一可行的办法来确立这种对价值的决定，那就不过是证明，至少在这方面，他采取了空想主义者惯有的轻视经济规律的态度。——《马克思和洛贝尔图斯。"哲学的贫困"德文版序言》

商品生产的社会里，商品价值只有通过市场价格才能表现出来。在这一点上，正如阶级社会人民群众决定历史的力量只有通过与统治者进行阶级斗争表现出来一样。价格不断背离价值，但终归不能脱离价值。统治阶级对抗人民，但处处正好表现人民的活动力量。统治阶级消灭了，谁是历史主体的问题也就不存在了。从这方面深入展开。又，注意国王的比喻。因为王国是阶级对立的，国王代表的只是少数统治阶级，王国里面更多的人群是国王的反对面——人民群众。

第226页

没有工人阶级的帮助，资产阶级永远不能取得对国家的完全的社会统治和政治统治。这样，两个阶级之间的相互关系就逐渐改变了。从前被所有工厂主视为可畏之物的工厂法，现在他们不但自愿地遵守，而且还容许把它推广到差不多所有部门中去。以前被看作恶魔现形的工联，现在被工厂主们当做完全合法的机构，当做在工人中间传播健康的经济学观点的有用工具而受到宠爱和保护。甚至直到1848年还被宣布不受法律保护的罢工，现在也逐渐被认为有时很有用处……——《马克思和洛贝尔图斯。"哲学的贫困"德文版序言》

这些事实有两层意思：一、工厂主被迫不得不如此。二、这对工厂主更有利，他们懂得了这一点。

第299页

我们已经能使我们的所有敌人，不管他们做什么，都得事与愿违地为我们工作。——《纪念巴黎公社十五周年》

统治者违反自己的愿望为人民工作。

第 300 页

工人们嘲笑这位首相：即使出钱雇他，他的革命宣传也不会做得比现在更出色了。——《纪念巴黎公社十五周年》

《新民丛报》就正是这样。

第 300 页

我们的形势就是这样。所有事件都变得对我们有利了。为阻挠无产阶级成功而精心策划的种种措施，只是加速无产阶级的胜利进军。敌人在做对我们有利的事，他们不得不这样做。而且他们在这方面做得又多又好……——《纪念巴黎公社十五周年》

统治者做对人民有利的事，他们不得不这样做，做得又多又好。与“遗嘱执行人”同一意思。

第 307—308 页

但是，黑格尔哲学（我们在这里只限于考察这种作为从康德以来的整个运动的顶峰的哲学）的真实意义和革命性质，正是在于它永远结束了以为人的思维和行动的一切结果具有最终性质的看法。……历史同认识一样，永远不会把人类的某种完美的理想状态看做尽善尽美的；完美的社会、完美的“国家”是只有在幻想中才能存在的东西；反之，历史上依次更替的一切社会制度都只是人类社会由低级到高级的无穷发展进程中的一些暂时阶段。——《路德维希·费尔巴哈和德国古典哲学的终结》

按：译文个别地方不好懂。张仲实一九五三年人民出版社本更醒目。引用时译文应取张译。但此译系后出，应更准确些。

第 341 页

但是，社会发展史却有一点是和自然发展史根本不相同的。在自然界中（如果我们把人对自然界的反作用撇开不谈）全是不自觉的、盲目的动力，这些动力彼此发生作用，而一般规律就表现在这些动力的相互作用中。在所发生的任何事情中，无论在外表上看得出的无数表面的偶然性中，或者在可以证实这些偶然性内部的规律性的最终结果中，都没有任何事情是作为预期的自觉的目的发生的。反之，在社会历史领域内进行活动的，全是具有意识的、经过思虑或凭激情行动的、追求某种目的的人；任何事情的发生都不是没有自觉的意图，没有预期的目的的。但是，不管这个差别对历史研究，尤其是对个别时代和个别事变的历史研究如何重要，它丝毫不能改变这样一个事实：历史进程是受内在的一般规律支配的。即使在这一领域内，尽管各个人都有自觉期望的目的，在表面上，总的说来好像也是偶然性在支配着。人们所期望的东西很少如愿以偿，许多预期的目的在大多数场合都彼此冲突，互相矛盾，或者是这些目的本身一开始就是实现不了的，或者是缺乏实现的手段的。这样，无数的个别愿望和个别行动的冲突，在历史领域内造成了一种同没有意识的自然界中占统治地位的状况完全相似的状况。行动的目的是预期的，但是行动实际产生的结果并不是预期的，或者这种结果起初似乎还和预期的目的相符合，而到了最后却完全不是预期的结果。这样，历史事件似乎总的说来同样是由偶然性支配着的。但是，在表面上是偶然性在起作用的地方，这种偶然性始终是受内部的隐蔽着的规律支配的，而问题只是在于发现这些规律。——《路德维希·费尔巴哈和德国古典哲学的终结》

此篇写于一八八六年，给布洛赫的信在一八九〇年。它们应当是同一个意思：讲历史的规律，阶级斗争。这隐蔽的规律并非其他，就是阶级斗争。力的平行四边形在此已提出。

第360—361页

不幸，保加利亚人表现了出人意料的、“被神圣俄罗斯解放的”斯拉夫民族所不应该有的魄力和政治才能。巴滕贝克夜间被捕，可是保加利亚人也抓到了密谋者，并且任命了一个能干的、果断的廉洁的政府——这是一种刚被解放的民族完全不应该有的品质。他们又要巴滕贝克回来，然而后者暴露了自己的整个弱点，逃走了。但是保加利亚人是改不了的。无论有无巴滕贝克，他们总是反抗沙皇的无上命令，迫使英雄的考耳巴尔斯在整个欧洲面前当众出丑。——《欧洲政局》

准备由这个俄国人做保加利亚国王。

第 361 页

沙皇盛怒可想而知。拉拢了俾斯麦，击败了奥地利的反抗，如今却受到这个小国的阻挠，而这个小国只不过昨天才存在，多亏他或他的父亲才享有“独立”，但却不愿去理解这种独立仅仅意味着盲目服从“解放者”的命令。希腊人和塞尔维亚人是已经忘恩负义了，可是保加利亚人却越出了一切界限。当真接受独立了！真是罪该万死！——《欧洲政局》

人民的力量。保加利亚的历史。俄国百般控制保加利亚（本卷页三五七、六七七），但不能阻止保加利亚的独立。波兰的历史更是如此。俄国一贯死控住波兰。

第 387 页

在亨利·乔治看来，人民群众被剥夺了土地，是人们分裂为富人和穷人的主要的、笼罩一切的原因。但从历史上看来，这是不完全正确的。在亚细亚古代和古典古代，阶级压迫的主要形式是奴隶制，即与其说是群众被剥夺了土地，不如说他们的人身被占有。——《美国工人运动》

1. 对所谓“亚细亚生产方式”的明确解释——奴隶制。2. 对亨利·乔治的批判。

第 388 页

以马克思为代表的现代社会主义者要求共同占有土地和为共同的利益而共同耕种，对其他一切社会生产资料——矿山、铁路、工厂等等也是一样；亨利·乔治却只限于像现在这样把土地出租给单个的人，仅仅把土地的分配调整一下，并把地租用于公众的需要，而不是像现在这样用于私人的需要。社会主义者所要求的，是实行整个社会生产体系的全面的变革；亨利·乔治所要求的，是把现在的社会生产方式原封不动地保留下来，实质上就是李嘉图学派的资产阶级经济学家中的极端派提出的东西，这一派也要求由国家没收地租。——《美国工人运动》

孙中山“平均地权”学说的来源即亨利·乔治。此处对之作了最高的理论分析。

第401页

对于普鲁士德意志来说，现在除了世界战争以外已经不可能有任何别的战争了。这会是一场具有空前规模和空前剧烈的世界战争。那时会有800万到1000万的士兵彼此残杀，同时把整个欧洲都吃得干干净净，比任何时候的蝗虫群还要吃得厉害。三十年战争所造成的大破坏集中在三四年里重演出来并遍及整个大陆；到处是饥荒、瘟疫，军队和人民群众因极端困苦而普遍野蛮化；我们在商业、工业和信贷方面的人造机构陷于无法收拾的混乱状态，其结局是普遍的破产；旧的国家及其世代相因的治国才略一齐崩溃，以致王冠成打地滚在街上而无人拾取……——《波克罕“纪念一八〇六至一八〇七年德意志极端爱国主义者”一书引言》

《列宁全集》卷廿七、页四六二—四六三《预言》一文引此并有重要评论。这以前也多次引此段文字的论点。

第488—489页

1851年在法国，在压制总统权力的众议院里的资产者同想要得到安定和强有力政府（不惜任何代价的安定）的议院外的资产者之间，不是也存在着同样的矛盾，而路易-拿破仑不是通过驱散议会空谈家并保证资产者得到安定而解决了这一矛盾吗？德国的情况岂不是更有利于进行一次勇敢的打击吗？资产阶级不是已经提出了一个非常现成的改组军队的计划，资产阶级本身不是强烈地要求有一位能实现它的计划、能把奥地利排除出德意志、能把各个小邦在普鲁士领导下联合起来的有魄力的普鲁士政治家吗？如果说，在这种情况下不得不采取一种不太客气的态度对待普鲁士宪法，不得不把议院内外的思想家撇在一边来奖赏他们的功劳，那末，不是也可以像路易·波拿巴那样依靠普选权吗？有什么东西能比实行普选权更民主呢？路易-拿破仑不是曾经证明，——只要处理得当，它就根本没有危险吗？如果资产阶级顽强起来，这种普选权岂不正好就是向广大人民群众呼吁、向新兴社会运动卖弄风情的手段吗？

俾斯麦着手干了。应当重复路易-拿破仑的政变，应当使德国资产阶级明白实际的力量对比，应当用暴力粉碎它的自由主义的自我欺骗，但应当实现它的那种同普鲁士的愿望相吻合的民族要求。——《暴力在历史中的作用》

路易、俾斯麦就是这样得到资产阶级支持而取得统治权的。路易仿效波拿巴，俾斯麦仿效路易，有成功有失败，先成功后失败。一一分析。波（拿巴）是最早的偶像。

第 500 页

可是，波拿巴帝国若要在法国存在，只有在法国边界逐步向莱茵河推进，法国仍然是——实际上的或者哪怕是想像中的——欧洲的仲裁人的条件下，才有可能。——《暴力在历史中的作用》

路易发动对普战争是为了对内保持统治的需要。

第 501 页

果然，在 1870 年 7 月，列奥波特的候补地位又一次冒了出来，并且，不管路易-拿破仑怎样表示不愿意作战，还是立即引起了战争。……但是，他自己的过去经历的逻辑结果驱使他走向灭亡，他的动摇足以加速他的毁灭。——《暴力在历史中的作用》

黑格尔所说的大花朵上的细茎，即不是历史事件的真正的原因。导因。“亚罗号”一类事件。

第 545 页

中世纪的世界观本质上是神学的世界观。事实上不存在内部统一的欧洲世界，为反对共同的外部敌人——萨拉秦人而通过基督教联合起来了。由一群在经常变化的相互关系中发展起来的民族组成的西欧世界，则是通过天主教联合起来的。这种神学上的联合不只是观念上的。它不仅实际体现在这种联合的君主制中心即教皇身上，而且首先体现在按封建和等级制原则组织起来的教会中。教会在每个国家大约占有三分之一的土地，它在封建组织内部拥有巨大的权势。拥有封建领地的教会是各国之间的真正的联系；封建的教会组织利用宗教把世俗的封建国家制度神圣化；而且，僧侣又是唯一的受过教育的阶级。因此，教会信条自然成了任何思想的出发点和基础。法学、自然科学、哲学，这一切都由其内容是否符合教会的教义来决定。——《法学家的社会主义》

在中国封建时代与教会相当或相似的就是儒家学说“正统”和各朝统治

者的某些教条。一切从此出发。

第 552—553 页

门格尔在第 2 页上同样用我们刚刚指出的那种对待历史事实的轻蔑态度说，特权阶级不向社会做出个人酬谢而获得自己的收入。可见，统治阶级在其发展的上升阶段行使非常确定的社会职能，并恰恰因此而成为统治阶级这一事实，他是全然不知道的。社会主义者承认这些阶级有暂时存在的历史权利，而门格尔则在这里宣称它们占有剩余产品是盗窃。因此，当他在第 122、123 页上看到这些阶级正越来越丧失捍卫它们获得这种收入的权利的力量时，这只能使他感到惊讶。至于这个力量就包含在行使社会职能中，它将在今后的发展进程中随着这些职能的消灭而消失，这对这位大思想家说来纯粹是一个谜。——《法学家的社会主义》

一、统治阶级有暂时存在的历史权利——“行使社会职能”（此意恩格斯在《反杜林论》中讲过）。二、职能消失，历史权利也就消失（用这个思想要特别注意。统治阶级一分为二）。承认它，为了揭露它的必然消失的本质规律，消灭它。它的存在，曾经是一个客观事实。马克思主义就是要科学地对待这个事实，因势利导彻底改造之。

第 557—558 页

在马克思的理论研究中，对法权（它始终只是某一特定社会的经济条件的反映）的考察是完全次要的；相反地，对特定时代的一定制度、占有方式、社会阶级产生的历史正当性的探讨占着首要地位。任何一个人，只要把历史看做一个有联系的，尽管常常有矛盾的发展过程，而不是看做仅仅是愚蠢和残暴的杂乱堆积，像十八世纪人们所做的那样，首先会对这些问题的研究感到兴趣。马克思了解古代奴隶主，中世纪封建主等等的历史必然性，因而了解他们的历史正当性，承认他们在一定限度的历史时期内是人类发展的杠杆；因而马克思也承认剥削，即占有他人劳动产品的暂时的历史正当性；但他同时证明，这种历史的正当性现在不仅消失了，而且剥削不论以什么形式继续保存下去，已经日益愈来愈妨碍而不是促进社会的发展，并使之卷入愈来愈激烈的冲突中。——《法学家的社会主义》

与本卷页七八、二〇一、五五三同样意思。一、不能简单地把以往的历

史单单看做愚蠢、残暴的杂乱堆积。十八世纪曾那样。二、马克思主义承认奴隶、封建的必然性，因此承认剥削在历史上暂时的正当性。三、这种正当性现在已不存在了。已经和正在改变。

第 565 页

对当代许多其他社会改革家说来是合适的，对门格尔先生说来也合适，那就是说大话而实际结果（如果一般有实际结果的话）微不足道。本来说要证明马克思是剽窃者，而证明的却是，“剩余价值”这个名词在马克思之前已经有人使用了，虽然含义有所不同！——《法学家的社会主义》

据此，马克思有两处误写：1. “霍基斯金”误为“霍普金斯”。2. 汤普逊的书出版于一八二四，误为一八二七。

第 570 页

现在，劳动生产率提高到了这样的程度，以致市场的任何扩大都吸收不了那种过多的产品，因此生活资料和福利资料的丰富本身成了工商业停滞、失业、从而千百万劳动者贫困的原因，既然如此，这种制度就是可以被消灭的。——《弗·恩格斯对英国北方社会主义联盟纲领的修正》

历史前进方向问题。先发展，后消灭。充分发展，以便彻底消灭。私有制（一切事物）辩证法，事物走向自己的反面。本身的规律。

《马克思恩格斯全集》第二十二卷

人民出版社 1972 年版

第 38 页

但是亚历山大是一个优柔寡断、反复无常的人，他自命不凡，充满神秘主义的幻想；……他无所事事，在没有铁路的情况下几乎不可捉摸地在南方塔干罗格附近旅行。忽然传来了他的死讯。谣传他是被毒死的。是不是外交界又像以前除掉父亲那样除掉了儿子呢？——《俄国沙皇政府的对外政策》

个人阻碍阶级的活动就被阶级扔掉。一系列事例。

第 216 页

第一篇宣言曾经预言，如果德国反对路易·波拿巴的防御战争蜕化为反对法国人民的掠夺战争，德国在所谓解放战争之后所遭到的那一切不幸，又将更残酷地压到它头上来，这个预言不是已经证实了吗？我们不是又经受了整整二十年的俾斯麦统治，非常法和对社会党人的迫害不是又代替了对蛊惑者的迫害，而且照旧是警察专横，一丝不差地照旧是令人愤恨地解释法律吗？——《卡·马克思“法兰西内战”一书导言》

战争的转化。对外战争转化对内阶级压迫。对内对外斗争均可互相转化。一、人民的。二、统治者的。归根到底都是人民与统治者的阶级斗争。

第 218 页

由于法国从 1789 年起的经济发展和政治发展，巴黎在最近五十年来形成了这样的局面：那里爆发的每次革命都不能不带有无产阶级的性质，就是说，用鲜血换取了胜利的无产阶级，在胜利之后总是提出了自己的要求。这些要求每次都依巴黎工人的发展程度不同，而或多或少地含意不明，甚至混乱不清；但是，所有这些要求归根到底都是要消灭资本家和工人间的阶级对立。至于这一点如何才能实现，的确谁也不知道。然而，这一要求本身，尽管很不明确，对现存社会制度已经含有一种威胁；提出这个要求的工人们往往还拥有武装；因此，掌握国家大权的资产者的第一个信条就是解除工人的武装。于是，在每次工人赢得革命以后就产生新的斗争，其结果总是工人失败。——《卡·马克思“法兰西内战”一书导言》

无产阶级与资产阶级进行武装斗争的历史的开始、发展。

第 223 页

4 月 7 日，凡尔赛军队在巴黎西线夺去了讷伊近旁的塞纳河渡口；但是，4 月 11 日，他们向南线的进攻被埃德将军所击退，并且蒙受了极大的损失。那些曾经斥责普军炮击巴黎是亵渎神圣的人们，现在自己不断地炮击巴黎。这些人现在已在乞求普鲁士政府尽速遣返在色当和麦茨被俘的法国士兵，以便为他们夺取巴黎。由于这些军队逐渐开到，凡尔赛的兵力在 5 月初获得了决定的优势。这种情况在 4 月 23 日已经表现得很明显了……——《卡·马克思“法兰西内战”一书导言》

在工人阶级斗争的巨大威力面前，德、法统治阶级马上化干戈为玉帛，结合在一起。法国资产阶级与无产阶级则拼死相搏。阶级斗争揭露得多么鲜明。历史上处处充满了这类事件。驳资产阶级民族史观。

第 247 页

诚然，除个体婚制之外，一般所知道的还有东方的一夫多妻制及印度、西藏的一妻多夫制；可是，这三种形式并不能按历史的顺序排列起来，它们彼此并立而没有任何相互的联系。——《关于原始家庭的历史（巴霍芬、麦克伦南、摩尔根）》

不是任何社会现象都按历史顺序。

第 248 页

向一个女子专属于一个男子的个体婚制的过渡，含有对远古宗教戒律的侵犯（实际上就是侵犯其余男子自古享有的可以占有这位女子的权利），这种侵犯要求由女子在一定时期内献身于他人来赎罪或赎买对这种行为的容忍。——《关于原始家庭的历史（巴霍芬、麦克伦南、摩尔根）》

历史上的观念、现象与后来根本对立。巴霍芬只是把生活和观念颠倒了。

第 316 页

既然有产阶级不但自己不感到有任何解放的需要，而且全力反对工人阶级的自我解放，所以工人阶级就应当单独地准备和实现社会革命。1789 年的法国资产者也曾宣称资产阶级的解放就是全人类的解放；但是贵族和僧侣不肯同意，这一论断——虽然当时它对封建主义来说是一个抽象的历史真理——很快就变成了一句纯粹是自作多情的空话而在革命斗争的火焰中烟消云散了。现在也还有这样一些人，他们从“不偏不倚的”高高在上的观点向工人鼓吹一种凌驾于工人的阶级利益和阶级斗争之上、企图把两个互相斗争的阶级的利益调和于更高的人道之中的社会主义，这些人如果不是还需要多多学习的新手，就是工人的最凶恶的敌人，披着羊皮的豺狼。——《“英国工人阶级状况”1892 年英国版序言》

《英国工人阶级状况》是胚胎期的作品，其中的问题。

第 319 页

1848 年的革命，和它以前的许多次革命一样，有着奇特的同路人和继承人。正是那些把这次革命镇压下去的人，如卡尔 · 马克思常说的，变成了它的遗嘱执行人。路易-拿破仑不得不建立独立而统一的意大利，俾斯麦不得不在德国实行根本的改革，不得不恢复匈牙利的独立，而英国的工厂主们不得不使人民宪章生效。——《“英国工人阶级状况”1892 年英国版序言》

人民决定历史的一种表现。太平天国运动以后，清政府举办工业，百日维新以后那拉氏举办新政、立宪运动等。又俄国废除农奴制、波兰独立等。

第 332 页

被认为业已扼杀了的公社，被认为永远消灭了的国际，仍然存在于我们当中，仍然活着，而且比 1871 年要更加强大 20 倍。——《巴黎公社二十一周年给法国工人的贺信》

人民永远矗立在那里，统治者消灭了。

第 345 页

但是，这时新康德主义的不可知论者出来说道：我们可能正确地知觉到事物的特性，但是我们不能通过任何感觉的或思维的过程来掌握自在之物。这个“自在之物”是在我们的认识范围之外的。对于这一点，黑格尔很早以前就已回答了：如果你知道了某一事物的一切性质，那末你也就知道了这一事物本身；这时剩下来的只是上述事物存在于我们之外这样一个事实；而当你的感官使你知道了这一事实的时候，你就完全掌握了这一事物，即康德的著名的不可认识的《Ding an sich》〔“自在之物”〕。对此，可以补充的是：在康德所处的时代，我们对自然界事物的知识确实是十分零碎的，所以他很可以猜想在我们关于每一件事物的少许知识背后存在着一种神秘的“自在之物”。但是这些不可理解的事物，已经被科学的巨大进步逐一地理解，分析，甚至重新制造出来了；而我们能够制造的东西，我们当然不能认为是不可认识的。对于本世纪上半叶的化学来说，有机物正是这样的神秘的东西；现在我们学会了不依靠有机过程的帮助，按照有机物的化学成分逐一地把有机物构造出来。近代化学家声称：无论什么物体，只要知道它的化学结构，就可以按它的成分把它构造出来。我们现在还远远地不知道最高有机物即蛋白体的结构；但是没有理由说，我们在几个世纪以后还不能达到这种认识，并以这种认识制造出人造蛋白。如果我们达到了这点，我们同时就制造出了有机生命，因为生命，从它的最低形式直到最高形式，都只是蛋白体的正常的生存方式。——《“社会主义从空想到科学的发展”英文版导言》

中国现已合成胰岛素。恩格斯的预言已实现。不过不是几个世纪，而是在不过七十年以后。

第347页

但是封建制度的巨大的国际中心是罗马天主教会。它把整个封建的西欧（尽管有各种内部战争）联合为一个大的政治体系，同闹分裂的希腊正教徒和伊斯兰教的国家相对抗。它给封建制度绕上一圈神圣的灵光。它按照封建的方式建立了它自己的教阶制，最后，它自己还是最有势力的封建领主，拥有天主教世界的地产的整整三分之一。要在每个国家内从各个方面成功地进攻世俗的封建制度，就必须先摧毁它的这个神圣的中心组织。——《“社会主义从空想到科学的发展”英文版导言》

罗马天主教成为西欧国际中心。资产阶级反封建首先要反对这个中心。

第 348 页

上面所说的，虽然只就新兴的中等阶级必然要同现存的教会发生冲突这方面提到了两点，但已经足以证明：第一，在反对罗马教会权利的斗争中，最有直接利害关系的阶级是资产阶级；第二，当时反对封建制度的每一种斗争，都必然要披上宗教的外衣，必然首先把矛头指向教会。可是，如果说大学和城市商人领先发出了呼声，那末一定会在而且确实已经在农村人民群众即农民中得到强有力的响应，农民为了自己的生存不得不到处同他们的精神的和尘世的封建主进行斗争。……第一次是德国的所谓宗教改革。——《“社会主义从空想到科学的发展”英文版导言》

因为当时反封建斗争必须披上宗教的外衣。欧洲资产阶级反封建的三大决战，第一次在德国发动。

第 354 页

这样，如果说唯物主义成了法国革命的信条，那末敬畏上帝的英国资产者就更加紧紧地抓住自己的宗教。难道巴黎的恐怖时代没有证明，群众的宗教本能一旦失去，会有什么样的结局？唯物主义愈是从法国传播到邻近的国家，愈是得到各种类似的理论思潮、特别是德国哲学的支持，唯物主义和自由思想愈是在大陆上普遍地真正成为一个有教养的人所必需具备的条件，英国的中等阶级就愈是固执地坚守它的各种各样的宗教信条。这些信条，尽可以彼此不同，但是它们全都是明显的宗教信条，基督教信条。——《“社会主义从空想到科学的发展”英文版导言》

资产阶级倾向宗教的第二个缘由。中国封建阶级抓住孔子不放，同此道理。中国历史上历次人民起义，其作用与巴黎起义正相同。

第 356 页

看来这似乎是历史发展的规律：资产阶级在欧洲任何一个国家都不能——至少是不能长时期地——像中世纪的封建贵族那样独自掌握政权。即使在封建制度已经完全消灭了的法国，资产阶级作为一个整体，也只是在很短的时期内完全掌握了政权。在路易-菲力浦统治时期，即 1830—1848 年，是极小一部分资产阶级统治着王国，而大得多的一部分，则被高标准的选举资格限制剥夺了选举权。在第二共和国时代，即 1848—1851 年，整个资产阶级统治了国家，但只有三年之久；资产阶级的无能，带来了第二帝国。只是在现在，在第三共和国时代，资产阶级作为一个整体，掌握了政权达二十年以上；而它已经显露出衰落的鲜明征兆了。资产阶级的长期统治，只有在美国那样一个从来没有过封建制度而且社会一开始就建立在资产阶级基础之上的国家中，才是可能的。但是即使在法国和美国，资产阶级的继承者——工人，也已经在敲门了。——《“社会主义从空想到科学的发展”英文版导言》

生产力越发展，人民力量越强大，人民推翻剥削制度的条件越成熟。资产阶级掌握政权的三种类型：1. 英国类型。2. 法国类型。3. 美国类型。每种类型都贯穿着：一、剥削者与被剥削者对立。二、统治者内部的对立。越到近代，阶级斗争大震动越频繁。均不能长期地像封建时代贵族掌握政权。中心：生产力发展了，阶级力量发展了。帝国主义也不能像两个世纪以前那样长期地统治某个殖民地。

第 492 页

1873 年 2 月 9 日，国王亚马多对他的西班牙王冠厌倦了；他——第一个罢工的国王——退位了。——《“行动中的巴枯宁主义者”一文前言》

清初福临传说罢工出家为僧，与此略同。历史上类似的事到处都有。东西罗马、南北朝之类。

第 494 页

然而作为一个泛斯拉夫主义者，这位充其量不过是个口头上的社会主义者的赫尔岑。——《“论俄国的社会问题”跋》

现代修正主义者也极力吹捧赫尔岑。

第 511 页

第一卷表明，资本家怎样从工人那里榨取剩余价值；第二卷则表明，这个最初包含在商品里的剩余价值怎样实现为货币。可见前两卷所谈到的剩余价值，只是它在第一个占有者即工业资本家手里的情形；然而剩余价值只有一部分留在这个第一个占有者的手里；随着它就以商业利润、企业主收入、利息、地租等形式在各个有关方面的人中间进行分配；第三卷所阐述的就是剩余价值的分配规律。而讲完了剩余价值的生产、流通和分配，也就结束了剩余价值的整个生涯，此外对它就没有更多的东西好谈了。除了资本主义利润的一般规律，第三卷还研究了商业资本，生息资本、信贷和银行、地租和地产等问题，这些问题连同前两卷研究过的题目，已把标题中所答应要做的“政治经济学批判”概括无遗了。——《马克思的“资本论”。第三卷》

剩余价值在“第一个占有者”手里的时候，它可能是正在产生的和“已经存在的”剩余价值。当它离开“第一个占有者”以后，就肯定都是“已经存在的”了。

第512—513页

这样，在剩余价值走完前两卷所揭示的过程之后，剩余价值的分配就像一根红线一样贯串着整个第三卷。……最后，这三种所得形态的所得者：工人、资本家、地主——现代社会的阶级。可惜，这最后一部分——阶级，马克思没有完成。——《关于“资本论”第三卷的内容》

《资本论》的最终目的，讲出资本主义社会的阶级划分。

第525—526页

在早期基督教的历史里，有些值得注意的与现代工人运动相同之点。基督教和后者一样，在其产生时也是被压迫者的运动：它最初是奴隶和被释放的奴隶、穷人和无权者、被罗马征服或驱散的人们的宗教。基督教和工人的社会主义都宣传将来会解脱奴役和贫困；基督教是在死后的彼岸生活中，在天国寻求这种解脱，而社会主义则是在这个世界里，在社会改造中寻求这种解脱。基督教和工人的社会主义都遭受过迫害和排挤，它们的信从者被放逐，被待之以非常法：一种人被当做人类的敌人，另一种人被当做国家、宗教、家庭、社会秩序的敌人。可是不管这一切迫害，甚至时常还直接由于这些迫害，基督教和社会主义都胜利地、势不可挡地给自己开辟前进的道路。基督教在它产生三百年以后成了罗马世界帝国的公认的国教，而社会主义则在六十来年中争得了一个可以绝对保证它取得胜利的地位。

所以，如果说安东·门格尔教授先生在其所著“十足劳动收入权”一书中表示惊异：为什么在罗马皇帝时代土地占有大集中的情况下，在几乎纯粹由奴隶构成的当时的工人阶级受着无限痛苦的情况下，“社会主义竟没有随着西罗马帝国的灭亡而出现”，那是他恰恰没有注意到：这个“社会主义”在它当时可能的程度上，确实是存在过的，甚至还取得了统治地位，——其形式就是基督教。只是这种基督教——由于历史的先决条件，也不可能是别个样子——希望在彼岸世界，在天国，在死后的永生里，在据说不久必将到来的“千年王国”里实现社会改造，而不是在这个世界里。——《论早期基督教的历史》

历史主体问题。回答：既然人民是主体，奴隶创造历史，为什么罗马帝国灭亡——在中国例如秦二世的灭亡，东汉的灭亡，唐、宋、元、明的灭亡等等。为什么不出现社会主义？出现了类似形式、类似口号，要求斗争。这是一种回答，不能脱离生产力条件是又一种回答。

第544—545页

随后有白衣赐给他们，并有话劝他们还要等待片刻，因为需要有更多的殉道者被杀。——这样看来，这里还根本没有什么“爱的宗教”，什么“要爱你的仇敌，要给恨你们的人祝福”等等；这里宣讲的是复仇，毫不隐讳的复仇，健康的、正当的对基督徒迫害者的复仇。而且全篇都是如此。危机越是临近，天上降来的灾难和惩罚越是频繁，我们的约翰就越兴奋地宣布说广大众人还是不想忏悔他们的罪恶，说神的鞭子还应该再向他们头上猛抽，说基督应当用铁杖来放牧他们，并要踹全能的神烈怒的酒醡，但又说有罪的人心里仍将顽固不化。这是这样一种自然的、不夹杂任何伪善的情感：正在进行斗争，而 à la guerre comme à la guerre〔打仗就应当像个打仗的样子〕。……所有这一切都完全是以基督教之前的、犹太教的材料构成的，因而这里几乎全都是纯粹犹太教的观念。自从以色列人在这个世界上进入苦难时代，即从必须向亚述人和巴比伦人纳贡，以色列和犹太两王国被灭时起，一直到塞琉古的奴役，因而也就是从以赛亚到但以理，在每次灾难时期都有预言说救主将出现。——《论早期基督教的历史》

约翰《启示录》在神秘主义外衣掩盖下讲的全部是激烈的阶级斗争。所谓《启示录》背后的真实历史。

第591—592页

在判断当前发生的个别事件或一系列事件时，总是不能探索出终极的经济原因。甚至在今天已有相当的专门报刊提供这样丰富的材料的时候，即使在英国都还没有可能这样逐日地考察工业和世界市场贸易的发展进程以及生产方法中发生的变化，以致能够随时对这些十分复杂和不断变化的因素作出一般的总结，况且，其中最重要的那些因素，在还没有突然猛烈暴露出来以前，大部分都是在长时期内处于潜在活动状态的。……因此，在研究当前的事件时，往往不得不把这个带有决定意义的因素看做是固定的，把有关时期开始时存在的经济状况看做是在整个时期内一成不变的，或者只考虑这个状况中那些从现有的明显事件中产生出来因而同样是十分明显的变化。所以，唯物主义的方法在这里就往往只得局限于把政治冲突归结于由经济发展所造成的现有各社会阶级以及各阶级集团的利益的斗争，而把各个政党看做是这些阶级以及阶级集团的多少确切的政治表现。——《卡 · 马克思"1848 年至 1850 年的法兰西阶级斗争"一书导言》

唯物主义与阶级观点问题。阶级分析、阶级斗争的观点是历史唯物主义的基本观点之一。现在正在被一些人否认，以为讲阶级观点，就是教条；反之，则为解放思想等。恩格斯此文，他们不知以为如何！唯物主义与阶级观点是什么关系——最透彻的说法。

第 601 页

但是，德国工人除了单以自己作为一个最强有力、最有纪律并且最迅速增长的社会主义政党的存在，就已对工人阶级事业作出这头一个贡献以外，还对它作出了第二个重大贡献。他们给予了世界各国同志们一件新的武器——最锐利的武器中的一件武器，他们向这些同志们表明了应该怎样利用普选权。——《卡 · 马克思"1848 年至 1850 年的法兰西阶级斗争"一书导言》

难懂。全集最末几卷论述普选权武器进步的地方很多，论点均相似。

第 610 页

难道今天的变革的疯狂敌人不正是昨天的颠覆者吗？难道是我们引起了 1866 年内战吗？难道是我们把汉诺威国王、黑森选帝侯、拿骚公爵驱出了他们祖传世袭的合法的领土，并且兼并了这些领土吗？……谁能容许崇拜俾斯麦的人们咒骂变革呢？——《卡 · 马克思"1848 年至 1850 年的法兰西阶级斗争"一书导言》

一切真正的历史人物都是变革者。区分只在有革命变革，有反革命变革。无变革便无历史。

《马克思恩格斯全集》第二十三卷
人民出版社 1972 年版

第 57 页

如果把生产活动的特定性质撇开，从而把劳动的有用性质撇开，生产活动就只剩下一点：它是人类劳动力的耗费。尽管缝和织是不同质的生产活动，但二者都是人的脑、肌肉、神经、手等等的生产耗费，从这个意义上说，二者都是人类劳动。这只是耗费人类劳动力的两种不同的形式。——《资本论　第一章　商品》

“人类劳动力的耗费”，体力、脑力劳动在这点上相同。只是“耗费人类劳动力的两种不同形式”。

第 58 页

比较复杂的劳动只是自乘的或不如说多倍的简单劳动，因此，少量的复杂劳动等于多量的简单劳动。经验证明，这种简化是经常进行的。一个商品可能是最复杂的劳动的产品，但是它的价值使它与简单劳动的产品相等，因而本身只表示一定量的简单劳动。——《资本论　第一章　商品》

《反杜林论》中指出这种过程：“只能加以确定，不能予以说明。”

第 58 页

读者应当注意，这里指的不是工人得到的一个工作日的工资或价值，而是指工人的一个工作日物化成的商品价值。在我们叙述的这个阶段，工资这个范畴根本还不存在。——《资本论　第一章　商品》

工资、劳动所创造的商品价值，是不同的两件事。恩格斯在《反杜林论》中特别引用了这个注，驳斥杜林。

第 59 页

因此，就使用价值说，有意义的只是商品中包含的劳动的质，就价值量说，有意义的只是商品中包含的劳动的量，不过这种劳动已经化为没有质的区别的人类劳动。在前一种情况下，是怎样劳动，什么劳动的问题；在后一种情况下，是劳动多少，劳动时间多长的问题。既然商品的价值量只是表示商品中包含的劳动量，那末，在一定的比例上，各种商品应该总是等量的价值。——《资本论　第一章　商品》

劳动的质，规定使用价值。劳动量，规定了价值量。

第 217 页

他决不应该再去当货币贮藏者，后者已经向我们表明，禁欲会得到什么结果。而且，在一无所有的地方，皇帝也会丧失他的权力。不管他禁欲的功劳有多大，也没有东西可以用来付给禁欲以额外的报偿，因为退出生产过程的产品的价值只等于投入生产过程的商品价值的总和。——《资本论　第五章　劳动过程和价值增殖过程》

反之，生产劳动者越多，他们劳动生产的剩余产品越多越复杂，皇帝的权力越大。

第 263 页

资本并没有发明剩余劳动。凡是社会上一部分人享有生产资料垄断权的地方，劳动者，无论是自由的或不自由的，都必须在维持自身生活所必需的劳动时间以外，追加超额的劳动时间来为生产资料的所有者生产生活资料，不论这些所有者是雅典的贵族，伊特剌斯坎的僧侣，罗马的市民，诺曼的男爵，美国的奴隶主，瓦拉几亚的领主，现代的地主，还是资本家。——《资本论　第八章　工作日》

按：此段译文凡三见：1.《资本论》卷一，旧译本页二六五—二六六。2.《马恩全集》卷十六，页二六七。3. 此页。以此处为最明确。

第 362 页

一个骑兵连的进攻力量或一个步兵团的抵抗力量，与单个骑兵分散展开的进攻力量的总和或单个步兵分散展开的抵抗力量的总和有本质的差别，同样，单个劳动者的力量的机械总和，与许多人手同时共同完成同一不可分割的操作（例如举重、转绞车、清除道路上的障碍物等）所发挥的社会力量有本质的差别。在这里，结合劳动的效果要末是个人劳动根本不可能达到的，要末只能在长得多的时间内，或者只能在很小的规模上达到。这里的问题不仅是通过协作提高了个人生产力，而且是创造了一种生产力，这种生产力本身必然是集体力。——《资本论　第十一章　协作》

拿破仑有类似说法。见《反杜林论》。

第556页

因此，随着劳动过程本身的协作性质的发展，生产劳动和它的承担者即生产工人的概念也就必然扩大。为了从事生产劳动，现在不一定要亲自动手；只要成为总体工人的一个器官，完成他所属的某一种职能就够了。上面从物质生产性质本身中得出的关于生产劳动的最初的定义，对于作为整体来看的总体工人始终是正确的。但是，对于总体工人中的每一单个成员来说，就不再适用了。

但是，另一方面，生产劳动的概念缩小了。资本主义生产不仅是商品的生产，它实质上是剩余价值的生产。工人不是为自己生产，而是为资本生产。因此，工人单是进行生产已经不够了。他必须生产剩余价值。只有为资本家生产剩余价值或者为资本的自行增殖服务的工人，才是生产工人。——《资本论　第十四章　绝对剩余价值和相对剩余价值》

生产劳动的概念的变化。谁是剩余价值生产者？谁是工人阶级？

第556—557页

因此，生产工人的概念决不只包含活动和效果之间的关系，工人和劳动产品之间的关系，而且还包含一种特殊社会的、历史地产生的生产关系。这种生产关系把工人变成资本增殖的直接手段。所以，成为生产工人不是一种幸福，而是一种不幸。在阐述理论史的本书第四卷将更详细地谈到，古典政治经济学一直把剩余价值的生产看作生产工人的决定性的特征。因此，由于古典政治经济学对剩余价值性质的看法的改变，它对生产工人所下的定义也就有所变化。例如，重农学派认为，只有农业劳动才是生产劳动，因为只有农业劳动才提供剩余价值。在重农学派看来，剩余价值只存在于地租形式中。

在私有制社会，生产劳动者不是一种幸福，而是一种不幸。在私有制下，生产劳动者的概念不只包含他们的活动和效果、劳动者和产品之间的关系，而且包含一种特殊社会的、历史地产生的生产关系。

第 797 页

苏格兰高地的克尔特人由克兰组成，每一克兰是该克兰所居住的土地的所有者。克兰的代表，即克兰的首领或“大人”，只是这块土地名义上的所有者，就象英国女王是全国土地名义上的所有者完全一样。英国政府虽然成功地镇压了这些“大人”之间的内部战争，制止了他们对苏格兰低地的不断侵袭，但是克兰首领们丝毫没有放弃自己原来的劫掠行径；他们只不过改变了形式而已。他们依靠自己的权威，把他们名义上的所有权变成私有财产权，由于遭到克兰成员的反抗，他们就决定公开使用暴力把克兰成员驱逐出去。——《资本论　第二十四章　所谓原始积累》

一个是名义上的所有权，一个〖是〗私有财产权。中国封建社会“土地国有”论者就是分不清这两件事。

第 832 页

从资本主义生产方式产生的资本主义占有方式，从而资本主义的私有制，是对个人的、以自己劳动为基础的私有制的第一个否定。但资本主义生产由于自然过程的必然性，造成了对自身的否定。这是否定的否定。这种否定不是重新建立私有制，而是在资本主义时代的成就的基础上，也就是说，在协作和对土地及靠劳动本身生产的生产资料的共同占有的基础上，重新建立个人所有制。

以个人自己劳动为基础的分散的私有制转化为资本主义私有制，同事实上已经以社会生产为基础的资本主义所有制转化为公有制比较起来，自然是一个长久得多、艰苦得多、困难得多的过程。前者是少数掠夺者剥夺人民群众，后者是人民群众剥夺少数掠夺者。——《资本论　第二十四章　所谓原始积累》

第一个否定是以自己的劳动为基础的私有制的发展造成了消灭自身的物质手段，因此是不可避免的，必然要到来的；第二个否定，同样地是资本主

义私有制的发展造成了消灭自身的物质手段，同样地是不可避免的，必然要到来的。前者使资产阶级暂时取得优势，集中了私有制。后者使人民群众最后取得决定优势，消灭了私有制。此“个人”应当是集体？下文称为“公有”？郭王译本这句话特别有原文。《宣言》上说：“所以，把资本变为属于社会全体成员的集体财产，并不是把个人财产变为社会财产。这里所改变的只不过是所有制的社会性质。它将失掉它的阶级性质。”（全集卷四，页四八一）这里的“重新建立个人所有制”，是《宣言》这段话的又一种表达？

《马克思恩格斯全集》第二十六卷　第一册
人民出版社 1972 年版

第 142 页

从资本主义生产的意义上说，生产劳动是这样一种雇佣劳动，它同资本的可变部分（花在工资上的那部分资本）相交换，不仅把这部分资本（也就是自己劳动能力的价值）再生产出来，而且，除此之外，还为资本家生产剩余价值。仅仅由于这一点，商品或货币才转化为资本，才作为资本生产出来。只有生产资本的雇佣劳动才是生产劳动。（这就是说，雇佣劳动把花在它身上的价值额以增大了的数额再生产出来，换句话说，它归还的劳动大于它以工资形式取得的劳动。因而，只有创造的价值大于本身价值的劳动能力才是生产的。）——《剩余价值理论》

按：以下全部都是“从资本主义生产的意义上说”的，并非一般意义。

第 143 页

这种生产率是以相对的生产率为基础的，即工人不仅补偿原有价值，而且创造新价值；他在自己的产品中物化的劳动时间，比维持他作为一个工人生存所需的产品中物化的劳动时间要多。这种生产的雇佣劳动也就是资本存在的基础。——《剩余价值理论》

除了形式不同，实际是一切文明存在的基础。

第 147 页

只有生产资本的劳动才是生产劳动。但是，商品或货币之所以变为资本，是因为它们直接同劳动能力交换，而且这种交换的目的，只是为了有一个比它们本身包含的劳动量更大的劳动量来补偿它们。因为劳动能力的使用价值对资本家本身来说，不在于它的实际使用价值，不在于某种具体劳动的效用，不在于这是纺纱者的劳动、织布者的劳动等等，正如这种劳动产品的使用价值本身并不使资本家感到兴趣一样，因为产品在他看来是商品（并且是第一形态变化之前的商品），而不是消费品。使资本家对商品感兴趣的仅仅是：商品具有的交换价值大于资本家为商品支付的交换价值。因此，劳动的使用价值在他看来就是：他收回的劳动时间量大于他以工资形式支付的劳动时间量。自然，所有以这种或那种方式参加商品生产的人，从真正的工人到（有别于资本家的）经理、工程师，都属于生产劳动者的范围。正因为如此，最近的英国官方工厂报告“十分明确地”把在工厂和工厂办事处就业的所有人员，除了工厂主本人以外，全都列入雇佣劳动者的范畴（见这个臭报告结尾部分以前的话）。——《剩余价值理论》

据此，凡以这种或那种方式参加商品生产的人，从真的工人到经理、工程师都属于生产劳动者的范围，唯有资本家除外。

第148页

这里，从资本主义生产的观点给生产劳动下了定义，亚·斯密在这里触及了问题的本质，抓住了要领。他的巨大科学功绩之一（如马尔萨斯正确指出的，斯密对生产劳动和非生产劳动的区分，仍然是全部资产阶级政治经济学的基础）就在于，他下了生产劳动是直接同资本交换的劳动这样一个定义，也就是说，他根据这样一种交换来给生产劳动下定义，只有通过这种交换，劳动的生产条件和一般价值即货币或商品，才转化为资本（而劳动则转化为科学意义上的雇佣劳动）。——《剩余价值理论》

按：是资本主义生产观点的本质、要领、核心。生产劳动的科学定义：“生产劳动是直接同资本交换的劳动。”

第148页

什么是非生产劳动，因此也绝对地确定下来了。那就是不同资本交换，而直接同收入即工资或利润交换的劳动（当然也包括同那些靠资本家的利润存在的不同项目，如利息和地租交换的劳动）。凡是在劳动一部分还是自己支付自己（例如徭役农民的农业劳动），一部分直接同收入交换（例如亚洲城市中的制造业劳动）的地方，不存在资产阶级政治经济学意义上的资本和雇佣劳动。因此，这些定义不是从劳动的物质规定性（不是从劳动产品的性质，不是从劳动作为具体劳动所固有的特性）得出来的，而是从一定的社会形式，从这个劳动借以实现的社会生产关系得出来的。例如一个演员，哪怕是丑角，只要他被资本家（剧院老板）雇用，他偿还给资本家的劳动，多于他以工资形式从资本家那里取得的劳动，那末，他就是生产劳动者；而一个缝补工，他来到资本家家里，给资本家缝补裤子，只为资本家创造使用价值，他就是非生产劳动者。前者的劳动同资本交换，后者的劳动同收入交换。前一种劳动创造剩余价值；后一种劳动消费收入。——《剩余价值理论》

据此，又必须“从劳动产品的性质”“从劳动的物质规定性”“从劳动作为具体劳动所固有的特性”加以区分。

第 148—149 页

这里，生产劳动和非生产劳动始终是从货币所有者、资本家的角度来区分的，不是从劳动者的角度来区分的，而加尼耳等人的荒谬论调正是从这里产生的，他们根本不懂问题的实质，竟然问道：妓女、仆役等等的劳动，或服务，或职能，会不会带来货币？——《剩余价值理论》

据此，问题必须从劳动者的角度区分。

第 149 页

作家所以是生产劳动者，并不是因为他生产出观念，而是因为他使出版他的著作的书商发财，也就是说，只有在他作为某一资本家的雇佣劳动者的时候，他才是生产的。——《剩余价值理论》

此处是从物质生产的意义上来讲的，使书商发财，就是增加了物质生产。作家的作品，所以能使出版商赚钱，则是由于他生产观念——适合于资本家的观念。

第 151 页

生产劳动和非生产劳动的这种区分本身，正如前面已经说过的，既同劳动独有的特殊性毫无关系，也同劳动的这种特殊性借以体现的特殊使用价值毫无关系。在一种情况下劳动同资本交换，在另一种情况下劳动同收入交换。在一种情况下，劳动转化为资本，并为资本家创造利润；在另一种情况下，它是一种支出，是花费收入的一个项目。例如，钢琴制造厂主的工人是生产劳动者。他的劳动不仅补偿他所消费的工资，而且在他的产品钢琴中，在厂主出售的商品中，除了工资的价值之外，还包含剩余价值。相反，假定我买到制造钢琴所必需的全部材料（或者甚至假定工人自己就有这种材料），我不是到商店去买钢琴，而是请工人到我家里来制造钢琴。在这种情况下，钢琴匠就是非生产劳动者，因为他的劳动直接同我的收入相交换。——《剩余价值理论》

此处要点：一、全是讲资产阶级对待这个问题的观点。二、是讲物质生产。

第 167—168 页

有一大批所谓“高级”劳动者，如国家官吏、军人、艺术家、医生、牧师、法官、律师等等，他们的劳动有一部分不仅不是生产的，而且实质上是破坏性的，但他们善于依靠出卖自己的“非物质”商品或把这些商品强加于人，而占有很大部分的“物质”财富。对于这一批人来说，在经济学上被列入丑角、家仆一类，被说成靠真正的生产者（更确切地说，靠生产当事人）养活的食客、寄生者，决不是一件愉快的事。这对于那些向来显出灵光、备受膜拜的职务，恰恰是一种非同寻常的亵渎。政治经济学在其古典时期，就象资产阶级本身在其发家时期一样，曾以严格的批判态度对待国家机器等等。后来它理解到——这在它的实践中也表现出来——并且根据经验认识到，这种继承下来的所有这些在某种程度上完全非生产的阶级的社会结合的必要性，就是由资产阶级自己的组织中产生出来的。——《剩余价值理论》

按：某些独立劳动者他们的劳动产品仍应依照等价交换原则出售。医生等与官吏有别。

第 168—169 页

如果上述“非生产劳动者”不生产享受，因此对他们的服务的需求不完全取决于生产当事人想如何花掉自己的工资或利润；相反，如果他们成为必要，或自己使自己成为必要，部分地是因为存在肉体上的疾病（如医生）或精神上的虚弱（如牧师），部分地是因为个人利益的冲突和民族利益的冲突（如政治家、一切法学家、警察、士兵）；如果这样，那末，在亚·斯密看来，就象在产业资本家本身和工人阶级看来一样，他们就表现为生产上的非生产费用，因此必须尽可能地把这种非生产费用缩减到最低限度，尽可能地使它便宜。资产阶级社会把它曾经反对过的一切具有封建形式或专制形式的东西，以它自己所特有的形式再生产出来。因此，对这个社会阿谀奉承的人，尤其是对这个社会的上层阶级阿谀奉承的人，他们的首要业务就是，在理论上甚至为这些“非生产劳动者”中纯粹寄生的部分恢复地位，或者为其中不可缺少的部分的过分要求提供根据。事实上这就宣告了意识形态阶级等等是依附于资本家的。——《剩余价值理论》

意识形态等级与资本主义生产的关系。

第171—172页

戴韦南特引用了一位老统计学家格雷哥里·金的一个图表，题为《1688年英格兰不同家庭的收支表》。大学者金在表中把全体人民分成两个主要阶级：一个是“增加王国财富”的阶级，共计2675520人，一个是“减少王国财富”的阶级，共计2825000人；因此，前一个阶级是“生产的”，后一个阶级是“非生产的”。“生产的”阶级包括：勋爵、从男爵、骑士、乡绅、贵族、大小官吏、从事海上贸易的商人、法律家、教士、土地所有者、租地农场主、自由职业者、大小商人、手工业者、海陆军军官。相反，“非生产的”阶级包括：水手、农业工人和制造业短工、农民（在戴韦南特时代还占英格兰全部人口的1/5）、士兵、赤贫者、茨冈人、盗贼、乞丐和一般流浪者。戴韦南特这样来解释大学者金的这个等级表：

“他的意思是说，前一个阶级的人靠土地、手艺和勤劳来养活自己，并且每年都给国民资本增加一些东西，此外，每年还从自己的剩余中分出一定数额来养活别人。在后一个阶级中，有一部分人靠自己的劳动养活自己，而其余的人和他们的妻子儿女，都要靠别人来养活；这是社会的负担，因为不然的话，他们每年消费的东西就可加到国民总资本中去。”（戴韦南特《论使一国人民在贸易差额中成为得利者的可能的方法》1699年伦敦版第23和50页）——《剩余价值理论》

最有意思，把一切都颠倒过来了。很好！谁养活谁的问题，很尖锐。统治者必要性！人民多余性！

第180页

第一，亚·斯密并不否认非生产劳动者会生产某种产品。否则，他根本就不是劳动者了。第二，开药方的医生不是生产劳动者，而配药的药剂师却是生产劳动者，这看起来好象是奇怪的。同样，制造提琴的乐器制造者是生产劳动者，而演奏提琴的提琴师却不是。这只能证明，某些“生产劳动者”提供的产品，其唯一的目的是充当非生产劳动者的生产资料。但这并不比这样的事实更奇怪：归根到底，一切生产劳动者，第一，提供支付非生产劳动者的资金，第二，提供产品，让不从事任何劳动的人消费。——《剩余价值理论》

1. 认为消费和生产一样是生产的是胡说。2. 这对资产阶级社会说是错误的，对社会主义社会似乎不是如此?

第 199 页

因此，加尔涅也反驳节省（节约）。在他的序言第 XIII 页上可以读到这样的话：

“个人的财富由于节约而增加，相反，社会的财富则由于消费增加而增长。”——《剩余价值理论》

一、谬论核心。二、反驳见本卷页一九五。三、据此，寄生虫是社会所最需要的分子。

第 225 页

这使我们想起了古日耳曼人，他们轮换着由一部分居民去打仗，另一部分居民种地。需要留下来种地的人愈少，能够去打仗的人就愈多。如果以前种地需要 500 人，现在需要 1000 人，那末，人口即使增加 1/3，例如从 1000 人增加到 1500 人，对这些日耳曼人也毫无好处。他们所能拥有的军队人数仍然只有 500 人。相反，如果他们的劳动生产力增长了，耕地只需要 250 人就够了，那末，在 1000 人中就有 750 人可以去打仗，而在劳动生产率减低时，1500 人中也只有 500 人可以去打仗。——《剩余价值理论》

生产劳动者的劳动生产力愈增加，给社会提供的无偿劳动剩余价值就愈增加。非生产劳动的人口、统治者就从他们身上获得更多的财富。

第 289 页

关于“生产工人”的研究及其结果——只有被产业资本家购买的工人，

只有用劳动为劳动的直接购买者生产利润的工人，才是生产工人——使德斯杜特先生得出这样的结论：产业资本家实际上是唯一的最高意义上的生产劳动者。他说：

"靠利润生活的人〈产业资本家〉养活其他一切人，只有他们能够增加公共财富，创造我们的全部享受资料。情况必定是这样，因为劳动是一切财富的源泉，因为只有他们这些人才有利地运用积累的劳动，从而给现时的劳动指出有用的方向。"（第 242 页）——《剩余价值理论》

《哥达纲领批判》正是批判这种"劳动是一切财富来源"的观点。此处证明那正是资产阶级观点。

第 293 页

西斯蒙第说，劳动生产力的发展使工人有可能得到愈来愈多的享受，但这些享受如果给了工人，就使他（作为雇佣工人）不适宜于劳动了。如果是这样，那末，同样可以正确地说，"产业资本家"一旦成为享用财富的代表，一旦开始追求享受的积累，而不是积累的享受，他就或多或少不能执行自己的职能了。——《剩余价值理论》

此点后来恩格斯讲得更加明确，肯定。即多余性。

第 299 页

这些人如此拘守于自己的资产阶级固定观念，以致认为，如果把亚里士多德或尤利乌斯·凯撒称为"非生产劳动者"，那就是侮辱他们。其实，单是"劳动者"这个名称，就会使亚里士多德和凯撒感到侮辱了。

"一个医生开药方把病孩治好，从而使他的生命延续好多年，这个医生难道不是生产持久的结果吗？"（同上）

胡说八道！如果孩子死了，结果同样是持久的。如果孩子的病没有治好，医生的服务还是要得到报酬的。照纳骚看来，医生只有把病治好，律师只有把官司打赢，士兵只有把仗打胜，才能得到报酬了。——《剩余价值理论》

资产阶级的这种观念突出地反映出了资产阶级感到地位虚弱，承认劳动者力量强大。认为劳动是侮辱，这是奴隶——其实也是一切剥削制度的道德观、荣誉观。《家庭、私有制和国家的起源》中有此论述。见全集卷二一，页一七〇。

第 300 页

这些家伙在对斯密的反驳中发表的庸俗的美文学，不过表明他们是“有教养的资本家”的代表，而斯密则是露骨粗鲁的资产者暴发户的解释者。有教养的资产者及其代言人非常愚蠢，竟用对钱袋的影响来衡量每一种活动的意义。另一方面，他们又很有教养，连那些同财富的生产毫不相干的职能和活动，也加以承认，而且他们之所以加以承认，是因为这些活动会“间接地”使他们的财富增加等等，总之会执行一种对财富“有用的”职能。——《剩余价值理论》

1. 资产阶级的“同财富的生产毫不相干的职能”。2. 他们的目的是要“间接地”增加财富，“执行一种对财富‘有用的’职能”。

第 300—301 页

第一，这是错误的。斯密会说，士兵的活动生产保卫，但不生产谷物。如果国内建立了秩序，那末土地耕种者就会象以前一样继续生产谷物，但不必另行生产士兵的给养，从而不必生产士兵的生命。士兵象很大一部分非生产劳动者一样，属于生产上的非生产费用，这些非生产劳动者，无论在精神生产领域还是在物质生产领域，都什么也不生产，他们只是由于社会结构的缺陷，才成为有用的和必要的，他们的存在，只能归因于社会的弊端。——《剩余价值理论》

士兵、君主等非生产劳动者存在的原因在于社会弊端。私有制消灭了，这些也就消灭了。

第 303 页

对于工人来说，这种看法是要人们确信，非生产人员消费大量产品完全是理所当然的，因为非生产消费者象工人一样能促进财富的生产，不过是以自己特殊的方式罢了。——《剩余价值理论》

资产阶级欺骗工人，也是宣传自己统治“合法性”的理论。

第 315 页

这种观点具有历史的意义，一方面，它同古代的见解形成尖锐的对立，在古代，物质生产劳动带有奴隶制的烙印，这种劳动被看作仅仅是有闲的市民的立足基石；另一方面，它又同由于中世纪瓦解而产生的专制君主国或贵族君主立宪国的见解形成尖锐的对立，就连孟德斯鸠自己都还拘泥于这种见解，他天真不过地把它表达如下（《论法的精神》第7篇第4章）：

“富人不多花费，穷人就要饿死。”——《剩余价值理论》

据此看来，谁是生产者，谁不是生产者，谁养活谁，是古今中外长期争论的大问题。

第316页

“这类职业〈手工业者和制造业劳动者的职业，在许多古代国家〉被看作只适宜于奴隶，而市民则不准从事这类职业。就连没有这种禁令的国家如雅典和罗马，事实上人民也不从事今天城市居民的下层阶级通常所从事的各种职业。在罗马和雅典，富人的奴隶从事这些职业，而且他们是为了主人的利益从事这些职业的。……孟德斯鸠指出，匈牙利矿山虽然不比邻近的土耳其矿山富，但是开采起来始终费用较小，因而利润较大。土耳其矿山靠奴隶开采，奴隶的双手是土耳其人想到使用的唯一机器。匈牙利矿山是靠自由民开采的，他们为了减轻和缩短自己的劳动使用了大量的机器。根据我们所知道的关于希腊和罗马时代工业品价格的不多的资料，精制的工业品看来是非常贵的。”（同上，第4篇第9章；加尔涅的译本，第3卷第549—551页）——《剩余价值理论》

此段证明工业等等进步要以自由劳动为前提。看来马克思赞成这个观点。

第419页

资本的生产性（即使仅仅考察劳动对资本的形式上的隶属），首先在于强迫进行剩余劳动，强迫进行超过直接需要的劳动。这种强迫，是资本主义生产方式和以前的生产方式所共有的，但是，资本主义生产方式是以更加有利于生产的方式实行并采用这种强迫的。

即使考察这种纯粹形式上的关系，考察资本主义生产的较不发达阶段和较为发达阶段所共有的一般形式，生产资料，劳动的物的条件——劳动材料、劳动资料（以及生活资料）——也不是从属于工人，相反，是工人从属于它们。不是工人使用它们，而是它们使用工人。正因为这样，它们才是资本。“资本使用劳动。”对工人来说，它们不是生产产品的手段，不论这些产品采取直接生存资料的形式，还是采取交换手段，商品的形式。相反，工人对它们来说倒是一个手段，它们依靠这个手段，一方面保存自己的价值，另方面使自己的价值转化为资本，也就是说，吸收剩余劳动，使自己的价值增殖。——《剩余价值理论》

封建制采取了比奴隶制更加有利的强迫，资本主义则采取比封建制更加有利的强迫。

第 422 页

只有把生产的资本主义形式当作生产的绝对形式、因而当作生产的永恒的自然形式的资产阶级狭隘眼界，才会把从资本的观点来看什么是生产劳动的问题，同一般说来哪一种劳动是生产的或什么是生产劳动的问题混为一谈，并且因此自作聪明地回答说，凡是生产某种东西、取得某种结果的劳动，都是生产劳动。——《剩余价值理论》

按：此处明确指出了“从资本的观点来看”的生产劳动，和“一般”的生产劳动的区别。但始终未说明“一般”的定义。前面曾讲到重农、重商学派，亚当·斯密等，都是从生产资料占有者来看生产劳动，问题是如何从劳动者来下界说。

《马克思恩格斯全集》第二十九卷

人民出版社 1972 年版

第 183 页

军队的历史比任何东西都更加清楚地表明，我们对生产力和社会关系之间的联系的看法是正确的。一般说来，军队在经济的发展中起着重要的作用。例如，薪金最初就完全是在古代的军队中发展起来的。同样，罗马人的 peculium castrense 是承认非家长的动产的第一种法律形式。fabri 公会是行会制度的开端。大规模运用机器也是在军队里首先开始的。甚至金属的特殊价值和它作为货币的用途，看来最初（格林石器时代以后）也是以它在军事上的作用为基础的。部门内部的分工也是在军队里首先实行的。此外，军队的历史非常明显地概括了市民社会的全部历史。——《马克思致恩格斯（1857 年 9 月 25 日）》

历史本质问题。从这些事实可以了解军队对经济发展、对生产力发展的重要作用，即阶级斗争最高的手段，最尖锐的阶级斗争推动着社会生产力的发展。但如何证明生产力和社会关系“之间的联系”的看法正确，尚需进一步仔细分析。

第 542 页

决斗的原则。总的说来，我们不认为，象决斗这样的相对的事物可以列入好或坏的范畴。决斗本身是不合理的，这是毫无疑问的。它是前一个文化阶段的残余，这也是毫无疑问的。但是，资产阶级社会的片面性造成这样的结果：与这个社会相对立，个人权利有时以封建的形式被巩固下来。——《马克思致斐迪南·拉萨尔（1858 年 6 月 10 日）》

不是所有事物都列入好、坏范畴。资产阶级社会的片面性，造成人们认识的颠倒。

第546页

这部著作第一次科学地表述了对社会关系具有重大意义的观点。因此，我必须对党负责，不让这东西受肝病期间出现的那种低沉的呆板的笔调所损害。——《马克思致斐迪南·拉萨尔（1858年11月12日）》

精神状态影响文字风格。不许有呆板低沉的笔调。

《马克思恩格斯全集》第三十一卷
人民出版社 1972 年版

第 250—251 页

有一本很好的书，一旦我做好必要的摘记就寄给你（但是以寄还我作为条件，因为这本书不是我自己的），这就是 1865 年巴黎出版的比·特雷莫的著作《人类和其他生物的起源和变异》。尽管我发现了一些缺点，但这本书比起达尔文来还是一个非常重大的进步。它的两个基本论点是：异种交配并不象人们通常所说的产生差别，而是产生种的典型的统一。反之，地质的构成（不光是它本身，而是作为主要的基础）造成差别。在达尔文那里，进步是纯粹偶然的，而在这里却是必然的，是以地球发展的各个时期为基础的。达尔文不能解释的退化，在这里解释得很简单；同样，纯过渡类型迅速消失而种的发展缓慢的问题，也解释得很简单，因此，那些对达尔文有妨碍的古生物学上的空白，在这里是必然的。同样，一经形成的种的稳定性（且不说个体偏离和其他的偏离）是必然的规律。使达尔文感到很困难的杂交，在这里反而是分类的依据，因为它证明，实际上只有在异种交配停止产生后代，或者异种交配成为不可能等等之后，种才会确定下来。——《马克思致恩格斯（1866 年 8 月 7 日）》

比·特雷莫的著作比达尔文是一个大进步。又，本卷二六一页以下，恩格斯对此书有强烈批评，认为很糟，结论片面。此种观点把地理条件看作人种区分的决定因素，如何？按：本卷页二六一恩格斯指出了这种观点的无例外的错误。

第 378 页

长子继承权和限嗣继承权的法律不能再保持了。——《恩格斯致马克思（1867 年 11 月 1 日）》

长子继承权的法律，是英国长期实行的封建制的法律。不只中国如此。更非只有儒家如此。

《马克思恩格斯全集》第三十二卷

人民出版社 1972 年版

第 51—52 页

在人类历史上存在着和古生物学中一样的情形。由于某种判断的盲目，甚至最杰出的人物也会根本看不到眼前的事物。后来，到了一定的时候，人们就惊奇地发现，从前没有看到的东西现在到处都露出自己的痕迹。法国革命以及与之相联系的启蒙运动的第一个反作用，自然是把一切都看作中世纪的、浪漫主义的，甚至象格林这样的人也不能摆脱这种看法。第二个反作用是越过中世纪去看每个民族的原始时代，而这种反作用是和社会主义趋向相适应的，虽然那些学者并没有想到他们和这种趋向有什么联系。于是他们在最旧的东西中惊奇地发现了最新的东西，甚至发现了连蒲鲁东看到都会害怕的平等派。——《马克思致恩格斯（1868 年 3 月 25 日）》

杰出人物也会看不到眼前事物。人类历史上存在着和古生物学中一样的情形。对新生事物：一、不认识；二、害怕，不接受。前一种属于世界观问题，后面这一种完全属于认识问题。从法国大革命中发现的平等派连蒲鲁东也害怕。

《马克思恩格斯全集》第三十三卷

人民出版社 1972 年版

第 6—7 页

例如，一个工厂主制造的商品，在未出卖以前，对他来说等于零。现在假定，衣服等的实际价值（他指的是生产费用）等于 a。然后，工厂主在将它出卖给商人时附加 b，而经手这一商品的各种商人又附加 c。

由此可见，价值＝ a 。附加部分＝ b+c。因此，使用价值＝ a+b+c。这样，剩余价值＝使用价值（！）超过价值的剩余。这甚至比弗兰克尔在巴黎学来的“公式”还要高明！——《马克思致恩格斯（1870 年 7 月 20 日）》

资产阶级对剩余价值学说的批评。要找到这类公式。此两例说明马克思最后揭露了资产阶级剥削的秘密，他们的辩护士仍用各种办法加以歪曲。

第 42 页

首先，现在俾斯麦同 1866 年一样，在按照他自己的方式给我们做一部分工作，虽然他并不愿意做，然而还是在做着。他在给我们创造比过去更宽阔的活动场地。此外，现在已经不是 1815 年了。现在，南德意志人必然要参加国会，从而就将产生一种普鲁士主义的对立物。而且，落在俾斯麦身上的民族责任，如你所写的，根本不允许同俄国结成同盟。总之，象李卜克内西那样，由于他不喜欢 1866 年以来的全部历史，就想使这段历史退回去，那是愚蠢的。但是我们了解我们的典型的南德意志人。同这些蠢才是什么事也办不成的。——《恩格斯致马克思（1870 年 8 月 15 日）》

或者相反，由于不喜欢就让历史不要发生私有制或干脆超越它，同样是愚蠢。

第 43 页

同时强调德国民族利益和普鲁士王朝利益之间的区别。——《恩格斯致

马克思（1870年8月15日）》

讲中国的近代，也必须注意这个原则，清王朝的利益和中国民族利益不是一回事，而且相反，是对立的。

第64—65页

假如人们在巴黎能做点什么的话，那就应当阻止工人在缔结和约之前采取行动。俾斯麦不久一定会缔结和约，这或者是在占领了巴黎之后，或者是由于欧洲的局势迫使他结束战争。不管和约如何，它必然会在工人们有所行动之前就缔结。如果工人们现在为保卫国防效劳而取得胜利，那他们就不得不继承波拿巴和当前这个满目疮痍的共和国的遗产，他们将无谓地遭到德国军队的镇压，并又会倒退二十年。如果他们等待，则什么也不会失去。边界可能会有某些改变，但这只是暂时的，将来又会被取消。为了资产阶级去同普鲁士人作战，那是荒谬的。不管是什么样的政府缔结和约，仅仅由于这一点它就不可能长期维持下去，而被俘释放回来的军队在内部冲突方面也就不那么可怕。对工人来说，在缔结和约以后，一切条件都将比任何时候更有利。但是，他们是否会在外国进攻的压力下陷入迷津，并在攻打巴黎前夕宣布成立社会共和国呢？假如德国军队需要对巴黎工人进行街垒战作为最后的战争行动，那是很可怕的。这会使我们倒退五十年，而且会造成十分混乱的局面，以致所有的人都会陷入迷误的境地，那时法国工人中将会滋长民族仇恨和盛行空谈的风气！

最糟糕的是，在巴黎很少有人敢于在目前情况下正视事实的真相。在巴黎是否有人敢于哪怕是想到，法国在这场战争中的积极抵抗力量已被摧毁，因而用革命去驱逐入侵之敌的希望已经破灭了呢！正因为人们不愿正视现实，我担心事情会弄到这个地步。因为工人们在帝国覆灭之前所表现出来的冷淡态度，现在大概已经消失了。——《恩格斯致马克思（1870年9月12日）》

按：这和后来热烈称赞巴黎公社的观点很不相同，何故？

第210页

如果斗争只是在有极顺利的成功机会的条件下才着手进行，那末创造世界历史未免就太容易了。另一方面，如果“偶然性”不起任何作用的话，那末世界历史就会带有非常神秘的性质。这些偶然性本身自然纳入总的发展过程中，并且为其他偶然性所补偿。但是，发展的加速和延缓在很大程度上是取决于这些“偶然性”的，其中也包括一开始就站在运动最前面的那些人物的性格这样一种“偶然情况”。——《马克思致路德维希 · 库格曼（1871 年 4 月 17 日）》

必然性、偶然性。历史是从种种困难中创造的。

第 258 页

直到现在人们都认为，罗马帝国时代之所以可能创造基督教神话，仅仅是由于还没有发明印刷术。恰恰相反。顷刻之间就可以把自己的发明传遍全世界的报刊和电讯，在一天当中所制造的神话（而资产阶级蠢驴还相信和传播它），比以前一个世纪之内所能制造的还要多。——《马克思致路德维希 · 库格曼（1871 年 7 月 27 日）》

即以前认为科学可以减少神话。恰恰相反，现代科学非常有利于助长神话。所以问题不在科学，而在阶级、阶级斗争。科学不会自行解决此问题。

第 269 页

我们认为，我们在英国这里比两个叛徒离开我们以前强大得多了。我们没有瓦解，现在我们第一次被所有英国报刊公认为欧洲的一支强大力量，从来没有一本小册子象正在发行第三版的内战宣言那样，在伦敦这里产生这么大的影响。——《恩格斯致卡洛 · 卡菲埃罗（1871 年 7 月 28 日）》

一分为二。叛徒、投机分子从革命队伍中分裂出去，使革命队伍更加强大。

第 493 页

不成器的傻瓜和不学无术的蠢货海因岑，在报道我这本书出版的消息时，对扉页上“翻译权归出版者所有”这句话大加嘲弄。他说，谁会想到去翻译这种毫无意思的东西！本来这部书显然就是要写得让卡尔 · 海因岑不能理解它。——《马克思致弗德里希 · 阿道夫 · 左尔格（1872 年 6 月 21 日）》

真理并不是人人都理解的。阶级社会中越是真理，人们越在实践中加以践踏。海因岑见本卷页八三五。

《马克思恩格斯全集》第三十四卷

人民出版社 1972 年版

第 66 页

"在我们概述各种价值学说时……我们看到政治经济学家们非常了解这个范畴的重要性……尽管如此……一切研究经济科学的人都知道这一事实，即人们在口头上把价值的意义提得极高，而实际上，在序言中或多或少谈过它之后，很快就把它忘记。举不出来任何一个例子，其中对价值的论述同对其他问题的论述是有机联系的，表明序言中关于价值的阐述对以后的论述有影响。当然，我们这里指的只是和价格分离的纯粹的'价值'范畴。"——《马克思致恩格斯（1877 年 8 月 1 日）》

这也是打着科学旗号其实是唯心主义的历史学的特征。他们口中讲的"人民"就像这里所讲的"价值"。

第 161—162 页

在达尔文的学说中我同意他的进化论，但是我认为达尔文的证明方法（生存斗争、自然选择）只是对一种新发现的事实所作的初步的、暂时的、不完善的说明。在达尔文以前，正是现在到处都只看到生存斗争的那些人（福格特，毕希纳，摩莱肖特等人）所强调的正是有机界中的合作，植物怎样给动物提供氧和食物，而动物怎样给植物提供碳酸气和肥料，李比希就曾特别强调这一点。这两种见解在一定范围内都是有一定道理的，但是两者都同样是片面的和褊狭的。自然界中物体——不论是死的物体或活的物体——的相互作用中既包含和谐，也包含冲突，既包含斗争，也包含合作。因此，如果有一个所谓的自然科学家想把历史发展的全部多种多样的内容都总括在片面而贫乏的"生存斗争"公式中，那末这种做法本身就已经判决自己有罪，这种公式即使用于自然领域也还是值得商榷的。——《恩格斯致彼·拉甫罗维奇·拉甫罗夫（1875 年 11 月 12—17 日）》

仔细读！对达尔文的批评。极要。在这以前，讲的都是对达尔文的单纯颂扬。观点前进了。

第162—163页

达尔文的全部生存斗争学说，不过是把霍布斯一切人反对一切人的战争的学说和资产阶级经济学的竞争学说，以及马尔萨斯的人口论从社会搬到生物界而已。变完这个戏法以后（正象我在第一点中已经指出的，我否认它是无条件正确的，特别是涉及马尔萨斯的学说），再把同一种理论从有机界搬回历史，然后就断言仿佛已经证明这些理论具有人类社会的永恒规律的效力。这种作法的幼稚可笑是一望而知的，根本用不着对此多费唇舌。但是，如果我想比较详细地谈这个问题，那末我就要首先说明他们是蹩脚的经济学家，其次才说明他们是蹩脚的自然科学家和哲学家。——《恩格斯致彼·拉甫罗维奇·拉甫罗夫（1875年11月12—17日）》

生存斗争学说的来源——从社会到自然，再至社会的变戏法。“他们”指霍布斯、马尔萨斯等等，非指达尔文。人类社会和动物的根本区别。

第163页

人类的生产在一定的阶段上会达到这样的高度：能够不仅生产生活必需品，而且生产奢侈品，即使最初只是为少数人生产。这样，生存斗争——假定我们暂时认为这个范畴在这里仍然有效——就变成为享受而斗争，不再是单纯为生存资料斗争，而是也为发展资料，为社会地生产发展资料而斗争，到了这个阶段，从动物界来的范畴就不再适用了。——《恩格斯致彼·拉甫罗维奇·拉甫罗夫（1875年11月12—17日）》

生产者阶级夺回生产和分配的领导权——这就是社会主义革命。

第164页

在我看来，社会本能是从猿进化到人的最重要的杠杆之一。最初的人想必是群居的，而且就我们所能追溯到的来看，我们发现，情况就是这样。——《恩格斯致彼·拉甫罗维奇·拉甫罗夫（1875年11月12—17日）》

即最初并不是一切人反对一切人的，进入共产主义社会以后也不是。人反对人是阶级社会的现象。

第 311 页

为了从自己方面促进这样做，我不揣冒昧地给您邮寄去我的一本刚刚出版的著作《欧根·杜林先生在科学中实行的变革》。我在那里面也顺便试图概括地说明科学社会主义对待整个现代自然科学理论、特别是对待达尔文理论的态度。有关达尔文主义的地方已经划出。——《恩格斯致奥斯卡尔·施米特（1878 年 7 月 19 日）》

《反杜林论》中对达尔文的态度。吴黎平译单行本页六九以下讲这个问题。

《马克思恩格斯全集》第三十五卷

人民出版社 1972 年版

第 303—304 页

由此产生了下面这个很能说明问题的短小的明哲的阿拉伯寓言：有一个船夫准备好在激流的河水中驾驶小船，上面坐着一个想渡到河对岸去的哲学家。于是发生了下面的对话：

哲学家：船夫，你懂得历史吗？

船夫：不懂！

哲学家：那你就失去了一半生命！

哲学家又问：你研究过数学吗？

船夫：没有！

哲学家：那你就失去了一半以上的生命。

哲学家刚刚说完了这句话，风就把小船吹翻了，哲学家和船夫两人都落入水中，于是

船夫喊道：你会游泳吗？

哲学家：不会！

船夫：那你就失去了你的整个生命！——《马克思致劳拉·拉法格（1882 年 4 月 13—14 日）》

哲学家——知识分子，高贵者，最愚蠢。船夫——卑贱者，劳动人民，最有智慧。一个空谈家，一个实践者。

第 448 页

首先我认为，您否定共妻是原始现象，又想硬把它说成是派生现象，这是绝对不容许的。凡有共有制的地方——不管是土地的、或者妻子的、或者任何东西的共有制——，共有制就必定是原始的、来源于动物界的。后来的全部发展就是这种原始共有制的逐渐消亡的过程；无论何时何地，我们都找

不到一个例子能证明，共有制是作为派生现象从最初的个人占有发展来的。我认为这个论点是如此无可辩驳，如此有普遍意义，即使您能给我指出一些似是而非的例外，不管这些例外乍看起来是多么振振有词，我也认为它们不能作为否定这一论点的证据，而只不过是一个尚待解决的问题而已。

其次，您在第一篇文章中硬说嫉妒起决定性作用，而在第二篇文章中又把它完全抛到一旁，这是不行的。在第一篇文章中，松弛的一夫一妻制主要是由嫉妒推论出来的，如我说过的，其他理由在我看来几乎没有什么意义。但是，如果嫉妒能战胜天然的性的共有制——而您毕竟间接地认为存在这种共有制："在部落内盛行过充分的性交自由"——，如果嫉妒因此能够把这种天然的自由限制在暂时的一夫一妻制的范围内，那么嫉妒就更能够战胜较小的障碍了。部落共同占有战俘是小得多的障碍。妻子总是妻子，不管她是自由人还是女奴隶；但如果是女奴隶，而不是享有通奸权利的自由妇女，则丈夫的嫉妒确实可以更容易地使独占得到保证！不过一旦产生与战俘的婚姻，男子的嫉妒便会立刻消失，在原始状态中男子曾觉得如此厌恶的共有制，也变成可以接受的和愉快的了，甚至在实行一夫一妻制或一夫多妻制以后，甚至在实行后房制的闪语系各族中，丈夫也完全不反对让自己的妻子在一定期间内到寺庙或任何地方去委身于所遇见的任何男人。不，亲爱的，您不应那么轻率从事。您应当坚持到底，即使这样做对您不太方便。既然嫉妒使原始的性的共有制成为不可能，那末性的共有制从而就一下子永远地，一直到包括资本主义社会在内，被铲除了。或者是您的第二篇文章反驳第一篇文章，或者是相反。——《恩格斯致卡尔·考茨基（1883 年 3 月 2 日）》

原始共产制来源于劳动界。私有制是坏东西，但它是由原始共产制到科学共产主义必然经历的阶段。私有制的发展过程，是原始共产制的消亡过程。反之，社会主义到共产主义又是私有制的消亡过程。但是共妻制度却盛行于资本主义社会。按：此篇是《家庭、财产私有制起源》的很好补充，驳斥了考茨基的唯心主义观点。

第 457 页

虽然今天晚上我看到他仰卧在床上，面孔也永远不动了，但是我仍然不能想象，这个天才的头脑不再用他那强有力的思想来哺育两个半球的无产阶级运动了。我们之所以有今天，都应归功于他；现代运动当前所取得的一切成就，都应归功于他的理论的和实践的活动；没有他，我们至今还会在黑暗中徘徊。——《恩格斯至威廉·李卜克内西（1883年3月14日）》

他的伟大就〖在〗于无产阶级这个伟大的阶级力量。马克思和它站在一起。

《马克思恩格斯全集》第三十七卷

人民出版社 1972 年版

第 50 页

没有皇帝就没有帝国，没有波拿巴就没有波拿巴主义。制度是因人而立的，它随着人的存亡而存亡。我们的波拿巴象古代斯拉夫-波美拉尼亚的偶像三头神那样，也有三个头。中间的那个头已经没有了，至于其他两个头，毛奇已衰老无用，而俾斯麦则摇摇欲坠。——《致奥古斯特·倍倍尔（1888 年 4 月 12 日）》

人存政举，人亡政息。“我们的波拿巴”系指威廉一世。

第 145—146 页

这样，问题就一清二楚了：象往常一样，资产者这一次也胆小如鼠，不敢捍卫本身的利益；从攻破巴士底狱以来，平民曾不得不为资产者完成种种工作；如果平民在 7 月 14 日、10 月 5—6 日直到 8 月 10 日、9 月 2 日等等不进行干预，旧制度每一次都会战胜资产阶级，同宫廷结成的同盟就会把革命镇压下去；可见，只是这些平民把革命完成了。但是这样做，就不可能不发生下列情况：这些平民在资产阶级的革命要求中加进了它原来没有的意义；他们从平等和博爱中得出了极端的结论，这些结论把平等和博爱这类口号的资产阶级意义完全颠倒过来了，因为这种资产阶级意义达到了极端，正好变成了自己的对立面。而当问题涉及要创立某种直接同这种平民的平等和博爱对立的东西，而且象往常一样——由于历史的嘲弄——平民对革命口号的这种理解变成了实现自己的对立面，即实现资产阶级在法律面前的平等、在剥削中的博爱的最强有力的杠杆时，平民的平等和博爱就必然只不过是一种梦想。——《致卡尔·考茨基（1889 年 2 月 20 日）》

历史主体问题。资产阶级先天软弱性，连法国大革命也不例外。人民群众历史主体。平等博爱问题。一、平等博爱有资产阶级、平民的不同意义。

二、资产阶级平等博爱是剥削的博爱。三、平民的平等、博爱不能实现。

第 311—312 页

巴黎公社和克罗茨都是主张宣传战争的，认为这是唯一的拯救手段，而公安委员会却玩弄外交手腕，它害怕欧洲同盟，想通过分裂同盟的办法去寻求和平。丹东想同英国媾和，即同福克斯以及希望通过选举取得政权的英国反对派媾和。罗伯斯比尔在巴塞尔同奥普两国密谋，想同它们达成协议。这两个人共同反对公社，以便首先把那些想要宣传战争，想要在整个欧洲传播共和制度的人们推倒。他们居然胜利了，公社（阿贝尔、克罗茨等人）的脑袋落地了。可是，从这时起，那些想单独同英国缔结和约的人和那些想单独同德国一些邦缔结和约的人之间就不可能有和平了。英国的选举结果对皮特是有利的；福克斯被拒之于政府之外已有好几年了，这就损害了丹东的地位；罗伯斯比尔胜利了，丹东被砍去了脑袋。可是（阿韦奈耳对这一点强调得不够），在那时，为了使罗伯斯比尔能在当时的国内条件下保持住政权，使恐怖达到疯狂的程度是必要的，但到了 1794 年 6 月 26 日，即在弗略留斯之役取得了胜利以后，这种恐怖就完全是多余的了，因为这一胜利不仅解放了边境，而且把比利时、间接地把莱茵河左岸都交给了法国，而那时罗伯斯比尔也就变成多余的了，他终于在 7 月 27 日垮了台。——《致维克多 · 阿德勒（1889 年 12 月 4 日）》

按：此信对研究历史极要。四卷集、《马恩论历史》等均未收入。法国大革命最重要的评述。资产阶级总是软弱的、分裂的内部原因。

第 312 页

反对同盟的战争对法国的整个革命有重大的影响，革命脉搏的每一次跳动都是由这种战争决定的。同盟军队侵入法国，这就引起迷走神经占优势，心脏就跳得比较剧烈，革命危机就临近。同盟军队撤退，交感神经就占优势，心脏就跳得比较缓慢，反动分子又占居上风，平民们（未来无产阶级的先驱，只有他们的毅力才拯救了革命）则受到了训诫和压制。——《致维克多 · 阿德勒（1889 年 12 月 4 日）》

国外敌人压力增大，内部革命势力就增加。国外敌人压力减少，内部反革命势力就增加。

第 431—432 页

既然这个人还没有发现，虽然物质生活条件是原始的起因，但是这并不排斥思想领域也反过来对这些物质条件起作用，然而是第二性的作用，那末，他就决不能了解他所谈论的那个问题了。但是，我已经说过，这全是第二手的东西，而摩里茨这家伙是一个危险的朋友。唯物史观现在也有许多朋友，而这些朋友是把它当作不研究历史的借口的。正象马克思关于七十年代末的法国“马克思主义者”所曾经说过的：“我只知道我自己不是马克思主义者。”——《致康拉德·施米特（1890 年 8 月 5 日）》

辩证法。唯物史观不研究历史，是对历史唯物主义的讽刺。

第 459—460 页

从母权制时期起还长期保留这样的概念：同一母亲的子女，虽然是不同父亲的，也比同一父亲但不同母亲的子女彼此更亲。普那路亚形式的家庭只排除前者之间的婚姻，而绝不排除后者之间的婚姻，因为根据相应的概念，后者甚至根本不算亲属（因为起作用的是母权制）。在古代看到的兄弟和姐妹之间的婚姻，据我所知，局限于夫妻双方或者是不同母亲生的，或者是不能确定但也不能排除他们是由不同母亲生的。因此，这些婚姻决不违反普那路亚的风俗。您还忽视了这一点：在普那路亚时期和希腊的一夫一妻制时期之间，发生了使情况大变的从母权制到父权制的飞跃。——《致约瑟夫·布洛赫（1890 年 9 月 21—22 日）》

父权制与此相反，排除后者的通婚，前者可以通婚。旧中国常有这种婚姻。

第 460—461 页

关于第二个问题。我是这样来判定您的第一个主要论据的：根据唯物史观，历史过程中的决定性因素归根到底是现实生活的生产和再生产。无论马克思或我都从来没有肯定过比这更多的东西。如果有人在这里加以歪曲，说经济因素是唯一决定性的因素，那末他就是把这个命题变成毫无内容的、抽象的、荒诞无稽的空话。经济状况是基础，但是对历史斗争的进程发生影响并且在许多情况下主要是决定着这一斗争的形式的，还有上层建筑的各种因素：阶级斗争的各种政治形式和这个斗争的成果——由胜利了的阶级在获胜以后建立的宪法等等，各种法权形式以及所有这些实际斗争在参加者头脑中的反映，政治的、法律的和哲学的理论，宗教的观点以及它们向教义体系的进一步发展。这里表现出这一切因素间的交互作用，而在这种交互作用中归根到底是经济运动作为必然的东西通过无穷无尽的偶然事件（即这样一些事物，它们的内部联系是如此疏远或者是如此难于确定，以致我们可以忘掉这种联系，认为这种联系并不存在）向前发展。否则把理论应用于任何历史时期，就会比解一个最简单的一次方程式更容易了。——《致约瑟夫 · 布洛赫（1890 年 9 月 21—22 日》

离开此一点，任何人不能有任何作为。铁的限制性。以下讲历史唯物主义原理，内容涉及很广，必须仔细研究，非常深刻，但似乎有不明确的地方——如阶级斗争的问题。

第 487 页

这是两种不相等的力量的交互作用：一方面是经济运动，另一方面是追求尽可能多的独立性并且一经产生也就有了自己的运动的新的政治权力。总的说来，经济运动会替自己开辟道路，但是它也必定要经受它自己所造成的并具有相对独立性的政治运动的反作用，即国家权力的以及和它同时产生的反对派的运动的反作用。正如在金融市场中，总的说来，并且在上述条件之下，是反映出，而且当然是头足倒置地反映出工业市场的运动一样，在政府和反对派之间的斗争中也反映出先前已经存在着并且在斗争着的各个阶级的斗争，但是这个斗争同样是头足倒置地、不再是直接地、而是间接地、不是作为阶级斗争、而是作为维护各种政治原则的斗争反映出来的，并且是这样头足倒置起来，以致需要经过几千年我们才终于把它的真相识破。——《致康拉德 · 施米特（1890 年 10 月 27 日）》

历史主体问题——头足倒置，人民创造历史的地位几千年才识破。

第 489 页

至于那些更高地悬浮于空中的思想领域，即宗教、哲学等等，那末它们都有它们的被历史时期所发现和接受的史前内容，即目前我们不免要称之为谬论的内容。这些关于自然界、关于人本身的本质，关于灵魂、魔力等等的形形色色的虚假观念，大都只有否定性的经济基础；史前时期的低级经济发展有关于自然界的虚假观念作为自己的补充，但是有时也作为条件，甚至作为原因。虽然经济上的需要曾经是，而且愈来愈是对自然界的认识进展的主要动力，但是，要给这一切原始谬论寻找经济上的原因，那就的确太迂腐了。科学史就是把这种谬论逐渐消除或是更换为新的、但终归是比较不荒诞的谬论的历史。——《致康拉德·施米特（1890 年 10 月 27 日）》

“否定性的经济基础”，即过时了、不存在了的基础？即“原始谬论”。

第 503 页

现代国家给予社会上各特权阶层的那些优待，一般讲来我们有权为了我们的利益而加以利用，正如我们有权并且不得不靠别人的劳动成果来生活，因而也间接地靠剥削别人来生活，因为从经济观点来看，我们自己并不是生产者。如果这能使工人政党得到好处，那我认为这甚至是一种义务。——《致斐迪南·多梅拉·纽文胡斯（1890 年 12 月 3 日）》

三个要点：一、定间接剥削；二、有权这样做；三、甚至是义务，但要工人有好处。

《马克思恩格斯选集》第四卷

人民出版社 1972 年版

第 393—394 页

如果斗争只是在有极顺利的成功机会的条件下才着手进行，那末创造世界历史未免就太容易了。另一方面，如果“偶然性”不起任何作用的话，那末世界历史就会带有非常神秘的性质。这些偶然性本身自然纳入总的发展过程中，并且为其他偶然性所补偿。但是，发展的加速和延缓在很大程度上是取决于这些“偶然性”的，其中也包括一开始就站在运动最前面的那些人物的性格这样一种“偶然情况”。

这一次，起决定作用的不利的“偶然情况”，决不应该到法国社会的一般条件中去寻找，而应该到普鲁士人盘踞法国并濒临巴黎城下这样一种情况中去寻找。——《马克思致路德维希·库格曼（1871 年 4 月 17 日）》

偶然性的作用。发展的加速和延缓，很大程度上取决于偶然性。此处不应在社会一般条件〖中〗去寻偶然事变的原因。

第 407 页

自然科学的对象是运动着的物质，物体。物体和运动是不可分的，各种物体的形式和种类只有在运动中才能认识，离开运动，离开同其他物体的一切关系，就谈不到物体。物体只有在运动中才显示出它是什么。因此，自然科学只有在物体的相互关系中，在物体的运动中观察物体，才能认识物体。对运动的各种形式的认识，就是对物体的认识。——《恩格斯致马克思（1873 年 5 月 30 日）》

历史科学的对象是运动中的一定阶级各分子组成的各个阶级。各阶级只有在运动斗争中显示它的作用是什么。人民群众是历史的主体，是阶级、阶级斗争中显示出它的作用、地位，就是这样。

第408页

接触的力学——相互接触的物体。普通力学，杠杆、斜面等等。但是接触的作用并不仅限于此。接触直接表现为两种形式：摩擦和碰撞。二者都具有这样一种特性：在一定的强度和一定的条件下产生新的、不再仅仅是力学的作用，即产生热、光、电、磁。——《恩格斯致马克思（1873年5月30日）》

人民与统治者多次相接都不产生力的作用，即一方暂时压倒另一方，而要产生新的作用。即削弱旧东西，增长新的东西。人民斗争失败就有意义。

第421页

如果一个方程式的已知各项中没有包含解这个方程式的因素，那我们是不能解这个方程式的。——《马克思致斐迪南·多梅拉·纽文胡斯（1881年2月22日）》

反过来，一个方程式之所以能够解决，就是已知各项中具有解决的因素。生产者阶级是我们已知的决定整个社会能够存在的因素，因此也就是解决推翻剥削阶级这个方程式的决定因素。

第437—438页

虽然今天晚上我看到他仰卧在床上，面孔也永远不动了，但是我仍然不能想象，这个天才的头脑不再用他那强有力的思想来哺育两个半球的无产阶级运动了。我们之所以有今天，都应归功于他；现代运动当前所取得的一切成就，都应归功于他的理论的和实践的活动；没有他，我们至今还会在黑暗中徘徊。——《恩格斯至威廉·李卜克内西（1883年3月14日）》

革命领袖与群众。朱熹所谓“世无仲尼，万古如长夜”，那是封建主义的浮夸。恩格斯讲的是科学真理。

第464—465页

这样，问题就一清二楚了：象往常一样，资产者这一次也胆小如鼠，不敢捍卫本身的利益；从攻破巴士底狱以来，平民曾不得不为资产者完成种种工作；如果平民在7月14日、10月5—6日直到8月10日、9月2日等等不进行干预，旧制度每一次都会战胜资产阶级，同宫廷结成的同盟就会把革命镇压下去；可见，只是这些平民把革命完成了。但是这样做，就不可能不发生下列情况：这些平民在资产阶级的革命要求中加进了它原来没有的意义；他们从平等和博爱中得出了极端的结论，这些结论把平等和博爱这类口号的资产阶级意义完全颠倒过来了，因为这种资产阶级意义达到了极端，正好变成了自己的对立面。而当问题涉及要创立某种直接同这种平民的平等和博爱对立的东西，而且象往常一样——由于历史的嘲弄——平民对革命口号的这种理解变成了实现自己的对立面，即实现资产阶级在法律面前的平等、在剥削中的博爱的最强有力的杠杆时，平民的平等和博爱就必然只不过是一种梦想。——《恩格斯致卡尔·考茨基（1889年2月20日）》

一、平民替资产阶级完成种种工作。二、平民改变了资产阶级口号的意义。人民群众的彻底性，剥削阶级的软弱性。第三个问题。平等、博爱的阶级内容：一、资产阶级的意义。二、平民的意义。如是，平民就要从替资产阶级完成革命，变过来，反对资产阶级。资产阶级的恩人变成了它的仇视者，对立面。资产阶级取得胜利的时候又是开始遭受失败的时候。因为真正的力量不在资产阶级手里，而有［在］人民群众手里。

第477页

根据唯物史观，历史过程中的决定性因素归根到底是现实生活的生产和再生产。无论马克思或我都从来没有肯定过比这更多的东西。如果有人在这里加以歪曲，说经济因素是唯一决定性的因素，那末他就是把这个命题变成毫无内容的、抽象的、荒诞无稽的空话。经济状况是基础，但是对历史斗争的进程发生影响并且在许多情况下主要是决定着这一斗争的形式的，还有上层建筑的各种因素：阶级斗争的各种政治形式和这个斗争的成果——由胜利了的阶级在获胜以后建立的宪法等等，各种法权形式以及所有这些实际斗争在参加者头脑中的反映，政治的、法律的和哲学的理论，宗教的观点以及它们向教义体系的进一步发展。这里表现出这一切因素间的交互作用，而在这种交互作用中归根到底是经济运动作为必然的东西通过无穷无尽的偶然事件（即这样一些事物，它们的内部联系是如此疏远或者是如此难于确定，以致我们可以忘掉这种联系，认为这种联系并不存在）向前发展。否则把理论应用于任何历史时期，就会比解一个最简单的一次方程式更容易了。——《恩格斯致约瑟夫·布洛赫（1890年9月21—22日）》

按：此处不是把阶级斗争与其他平列，而是明确指出“上层建筑”、阶级斗争的各种政治形式，等等。

（注意：“无数个”力的平行四边形，不是一个。“许多单个意志”“无数个力的平行四边形”，批评老托尔斯泰论战时注意此点。关键是讲不是人的意志决定历史，不能把精神的动力作为终极原因，见全集卷二一，页三四二以下各页。）

第484页

这样，“法发展”的进程大部分只在于首先设法消除那些由于将经济关系直接翻译为法律原则而产生的矛盾，建立和谐的法体系，然后是经济进一步发展的影响和强制力又经常摧毁这个体系，并使它陷入新的矛盾（这里我暂时只谈民法）。

经济关系反映为法原则，也同样必然使这种关系倒置过来。这种反映的发生过程，是活动者所意识不到的；法学家以为他是凭着先验的原理来活动，然而这只不过是经济的反映而已。这样一来，一切都倒置过来了。而这种颠倒——它在被认清以前是构成我们称之为思想观点的东西的——又对经济基础发生反作用，并且能在某种限度内改变它，我以为这是不言而喻的。以家庭的同一发展阶段为前提的继承权的基础就是经济的。尽管如此，也很难证明：例如在英国立遗嘱的绝对自由，在法国对这种自由的严格限制，在一切细节上都只是出于经济的原因。但是二者都反过来对经济起着很大的作用，因为二者都对财产的分配有影响。——《恩格斯致康拉德·施米特（1890年10月27日）》

极深刻。1．“法”是经济有关系的翻译。2．法的变动，目的在于消除“翻译”产生的矛盾。3．经济进一步发展，又打破“法”刚建立的体系。有一些东西是不能直接从经济上证明的。

第499页

交易所并不是资产者剥削工人的机构，而是他们自己相互剥削的机构；在交易所里转手的剩余价值是已经存在的剩余价值，是过去剥削工人的产物。只有在这种剥削完成后，剩余价值才能为交易所里的尔虞我诈效劳。交易所首先只是间接地和我们有关，因为它对于工人所受的资本主义剥削的影响和反作用也只是间接的，通过迂回曲折的道路实现的。要求工人直接关心容克地主、工厂主和小资产者在交易所里被剥夺并要求对此表示愤怒，这等于要求工人拿起武器保护他们自己的直接剥削者占有从这些工人身上榨取来的剩余价值。我们敬谢不敏。——《恩格斯致奥古斯特·倍倍尔（1893 年 1 月 24 日）》

交易所剥削的对象、作用。一切剥削阶级相互斗争，都是为了争夺、瓜分劳动人民创造的“已经存在的”剩余价值，即“过去”的，已经完成的剥削劳动人民的产物。“君不见夫狗乎……”就是讲的争夺这种“剥削完成后的剩余价值”的场面。剥削阶级、寄生者分配这种“已经存在”的剩余价值有“和平”的方式。例如立法的规定，交易所等。有武力的方式，如战争。他们为此忙忙碌碌，豁出去命。

《马克思主义经典作家论历史人物评价问题》人民出版社 1961 年版

第 3 页

单独的个人并不“总是”以他所从属的阶级为转移，这是很“可能的”；但是这个事实不足以影响阶级斗争。

驳简又文关于太平天国的谬论。

第 11 页

斯大林：不，这里没有矛盾。马克思主义一点也不否认卓越人物的作用，或者说，一点也不否认人们创造历史。在马克思的《哲学的贫困》和其他著作中，你可以找到正是人们创造历史的话。可是，人们当然不是凭什么幻想，不是随心所欲地来创造历史的。凡是新的一代都要遇到在他们诞生的时候就已经具备的一定的现成条件。伟大人物只有善于正确地认识这些条件，懂得怎样改变这些条件，才有一些价值。如果他们不认识这些条件而想凭自己的幻想去改变这些条件，那末他们这些人就会陷于唐·吉诃德的境地。因此，正是根据马克思的看法，决不应该把人和条件对立起来。正是人们创造历史，但是只有当他们正确地认识他们所碰到的现成条件的时候，只有当他们懂得怎样改变这些条件的时候，他们才能创造历史。至少我们俄国布尔什维克是这样了解马克思的。而我们研究马克思已经不止十年了。

历史总是要通过人的活动形成的。问题在于应当进一步揭露人创造历史的社会原因。以为说康熙采取了措施就不对，实在幼稚。康熙是“好的皇帝约瑟夫”。

第 13 页

把革命归咎于少数煽动者之恶意的那种迷信时代，是早已过去了。现在每个人都知道，凡有革命骚动的地方，必有一种社会要求为背景，这种要求为陈旧的制度所阻挠，不能得到满足。这种要求也许还未被人民普遍地强烈地感觉到，足以保证立即得到胜利。

革命爆发、失败的原因不能从几个领袖的才干、过失中去寻找。如太平天国就是如此。

第 22 页

如果斗争只是在有极顺利成功机会的条件下才着手进行，那么创造世界历史当然就会是件很方便的事情了。另一方面，如果“偶然性”不起任何作用的话，那么历史就会具有非常神秘的性质。这些偶然性当然本身是作为构成部分列入总的发展进程，而由其他偶然性均衡起来的。但是，发展的加速和延缓在很大程度上取决于这些“偶然”情况，其中也包括有像起初领导运动的人们的性格那样的“偶然”情况。

此处要与页一三对照看！太平天国有可能推翻清政府，但是农民不可能改变历史道路。

第 47 页

被称为“德国历史上最光荣的时期”等等的 1813—1814 年和 1815 年的“光荣的解放战争”，是一种疯狂的表现，每一个正直的和有理智的德国人在今后相当长的时期内都会为它感到惭愧。的确，当时表现了激昂的情绪，但是，是谁表现的呢？首先是农民，世界上最愚昧无知的一部分人，他们死抱住封建成见，蜂涌而起，宁死也不背叛他们和他们先辈称之为老爷的人，不背叛管辖他们、蹂躏他们和鞭打他们的人。……当然他们都是拿“自由”、“伟大的德国人民”、“民族独立”这类当时流行的热烈的字眼来掩饰自己的目的。

农民最愚昧无知。民族矛盾有其阶级内容。反满地主的一派也拿民族“亡天下”来掩饰自己的目的。

第 50 页

因此，歌德有时非常伟大，有时极为渺小；有时是叛逆的、爱嘲笑的、鄙视世界的天才，有时则是谨小慎微、事事知足、胸襟狭隘的庸人。

一个人物的成就、性格都往往是互相矛盾的。

第 74 页

如果说某些主观主义者因力求拼命抬高“个人”在历史上的作用而不肯承认人类历史运动是规律性的过程，那末现代某些反对主观主义者的人却就因力求拼命强调这种运动的规律性而显然决意要把历史是由人所创造，因此个人的活动在历史上不能不发生作用这一原理置之脑后了。……这种理论上的极端性是与极热烈的主观主义者所犯的那种极端性同样不容宽恕的。为了反题而忘掉正题，也如为了正题而忘掉反题一样，同样是没有根据的。我们只有把正题与反题中间所包括的真理成分统一成为一个合题的时候，才能得出正确的观点来。

统一正题与反题的中间包括的真理，成为合题。不要为了正题而忘记反题，反之也是一样。两种片面都是错误的。前者是不要唯物论，后者是不要辩证法。

《毛泽东选集》第五卷

人民出版社 1977 年版

第 21 页

《不要四面出击》

这个胜利是什么胜利，不就是民主革命的胜利吗？如果像“四人帮”形容的那样，民主革命那样坏，这个胜利有什么意义呢？

《毛泽东读文史古籍批语集》

中央文献出版社 1993 年版

第 147 页

毛泽东思想理论中最大的缺陷是缺少生产、发展生产的理论。许多地方都是强调生产关系，强调分配，而主要是强调平均主义。在这个关键问题上缺少马克思主义，缺少唯物，表现了中国传统文化的极大弱点。

何新等译，黄巨兴校：《美国历史协会主席演说集》（1949—1960）

商务印书馆 1963 年版

第 14 页

我们不是为一种专政所统治，就是为一种民主控制的政府所管理。我们正在离开的时代——如果你高兴的话，可以把它称之为自由主义的时代——，其特征是目的和价值的多种多样，是对于人生重要问题的中立态度。在这个时代，中立甚至发展到如此程度，以致我们会单纯为了公平而抛弃了我们自己的目标。可是，面对着墨索里尼、希特勒特别是斯大林要强加给我们的另一种前途，如果我们要生存下去，我们必须明确地抱一种战斗的态度。对付有害学说的解毒剂是创立一套更好的学说，而不是传播中立化的知识。我们必须宣示我们的目标，说明我们的理想，建立我们自己的标准，及组织我们社会中的一切力量，以维持这种标准。纪律是每一支有效军队的必要前提，不论这支军队是在星条旗下或是在镰刀与铁锤的旗下前进。我们必须和这样一种敌人战斗，他们有意地把自己的价值体系简单化，以便能遇事果断。而原子弹已经使果断成为迫切需要的东西。自由主义的中立态度，用无动于衷的行为主义来研究社会进化，再也不能满足形势的要求了。陈旧的解答不再能满足于我们对积极肯定的要求。总体战，不论是冷战或热战，把每一个人都包括在内，因此要求每一个人都能尽自己的责任。在这方面，历史学家的义务并不比物理学家少。——《历史学家的社会责任》

以前资产阶级用“中立”排斥自己，现在抛弃了伪装。世界范围阶级斗争空前尖锐化，资产阶级正在作垂死挣扎，伪装不下去了。资产阶级学者也认为不可能“中立”，两个营垒尖锐对立。一切不敢正视历史学阶级性的人，读此可以休矣。

第21页

人们可以用不胜枚举的引文来证明，在我们所继承的希伯来—希腊—基督教文明这一历时几达二千五百年的漫长时期，真实性一直是历史学的精髓。换句话说，历史学家必须在思想上诚实。他必须使自己认为过去理当怎样或应该怎样等等看法提高到确定事情真正怎样发生的地步。当然，他自己的价值感将会影响他对事实的选择和安排。不用说，达到完全的、“科学的”客观性的程度对历史学家说来是不可能的。他“对要阐述的事实的选择、对各个事实的强调程度、对这些事实的意义轻重和比例大小的认识，这一切都必然要受他的生活哲学所支配”。在我这一代历史学家当中，还没有人对此抱有异议。——《一个历史学家的信仰》

直接宣布科学、客观的不可能！从封建到资本主义最早都只能用“真实”来标榜历史。中国的所谓“直笔”“信史”就属于此。

第271页

正象布赖斯（Bryce）一度说过的那样，阿克顿相信偷偷摸摸地发生的事情才能很好地解释在光天化日之下所发生的事情。布赖斯说：“阿克顿常常在寻求一把开密室的钥匙，他宁可相信大楼梯只不过是摆摆样子，欺骗普通人，而真正的行动却在后面的过道进行着……我们有时不禁要问，他对于暗地里的事情岂不是想得太多了吗？但是，他看过许多历史是怎样制成的。”阿克顿认为历史象冰山那样有八分之七是潜沉在水下面的，那么，要判断隐藏着的那一大部分的情形，象闭门读书的学者从冰山的顶端去观察，就不能象了解坡克总统（Polk）内阁秘密的班克罗夫特那么容易了。——《不做卡彪雷特家的人，也不做蒙塔求家的人》

阶级斗争的手没有幕前的幕后的斗争，却总是公开的。阶级斗争在隐晦地进行的时候，有些情节是秘密的。斗争大规模爆发的时候，总是要公开的。因此，幕后的活动从来不会妨害研究历史。反之，掌握了全部幕后的细节，不从阶级斗争来分析，永远也不是客观的历史。只有资产阶级才把研究历史看作寻求奇闻轶事之类。

〔苏〕齐赫文斯基主编：《中国近代史》

生活·读书·新知三联书店 1974 年版

第 7—8 页

近代中国反封建的阶级斗争的特点是带有鲜明的反满色彩，反满的民族主义使得中国各种新兴社会力量的代表人物看不清主要敌人，无法进行反对农村封建关系的强霸势力和帝国主义列强殖民政策的斗争。

然而，伴随着广泛的爱国主义的排满思想宣传而来的往往是大汉族主义、沙文主义和排外思想的增长。由于这种宣传的结果，远在中国古代和中世纪产生的中国人优越于其他所有民族的学说、号称“中央之国”和“天朝”的中国是世界的中心、四外皆为蛮夷的学说也广泛蔓延开来。

大汉族沙文主义使中国各种新兴的社会力量偏离了解决紧迫任务的方向，即推翻封建制度、摆脱帝国主义殖民统治。他们认为，清王朝是万恶的唯一根源。在满洲统治被推翻、各封建军阀集团建立统治之后……但是，即使到了中国的现代时期，资产阶级民族主义思想也使劳动群众背离争取自身社会解放的紧迫任务，扩散轻视国际革命运动的情绪，以致造成极度夸张中国所有的一切、不加区别地骂倒一切外国事物、维护反动的旧传统的情况。

这里：（一）“现代”指无产阶级领导革命的时代；（二）“民族主义”指毛泽东同志为首的中国共产党人把马克思主义与中国革命相结合的思想、理论；（三）“国际革命运动经验”，是指苏联修正主义。批判这种修正主义，就构成一条大罪——“维护反动的旧传统”。因此苏修的“反满”宣传目的两条：（一）为侵略中国领土制造根据；（二）为当前反华制造舆论。

李泽厚：《中国近代思想史论》

人民出版社 1979 年版

第 97 页

正是在这种体系本身的迫切需要下，也正是在康氏必须把自己的哲学政治观点以合乎士大夫和传统习惯的形式应用在当前形势的要求下，廖季平的反古文经的著作，才会那样迅速地使康氏一见倾心，“尽弃其旧说”（梁启超）而全盘接受了过来。这正象闪电似地启迪了康有为。——《康有为思想研究》

廖平的启发——据此与汤[1]说略同，成系统实比较晚。

第 130 页

显然，这些情况都是真实的，而并不可笑和可怪。它显示了人们的理性开始觉醒。在充满着荒唐呓语被讥为“扬高凿深”、“如同梦寐”的《大同书》、《仁学》，就并不是一种甚么悬空的“游离了的学说”，而的确具有其实在的社会现实基础，它们都是当时时代的必然和合理的产物。所以，《大同书》虽然成书极晚，虽然其中还夹杂着某些康氏晚年的思想，但是，其基本观点和中心思想却是产生得颇早的。——《康有为思想研究》

按：此处接受了汤志钧考证。

第 136 页

《大同书》谈到欧美工人政党的斗争、傅立叶的思想以及主张“公工”（工厂归公有）、“公商”等等，也均为后来所添补。前期财产公有的内容主要是“土地公有”。但这一思想——土地公有与康有为当时的现实政纲和整个改良主义的政治路线是有距离和矛盾的。——《康有为思想研究》

此处接受汤志钧文论点。

---

① 汤，指著名历史学家汤志钧。

第 288 页

当时先进的中国人大多接受从郑观应的《盛世危言》到梁启超《时务报》的启蒙，热心地读新书，谈西学、议论时政，积极参加和卷入变法维新运动，认为这是拯救中国免于灭亡的唯一道路。尽管其中一些激进分子在思想、言论上开始越出君主立宪的界线，提出民权、反满、革命等观念（例如谭嗣同梁启超 1897 年在湖南的宣传组织活动和思想状况）。但总的说来，却仍然从属在改良主义的旗帜之下，这包括不久以后成为革命派的大部分著名领导人物如黄兴、章太炎、蔡元培等人在内。——《二十世纪初资产阶级革命派思想论纲》

很好！与此相反，章太炎的反满路线是以古文经学为思想理论基础。

第 298 页

上述兴中、华兴、光复会是同盟会成立前三个著名革命组织，同盟会成立后，它们也并未减少或停止其各具特色的思想和活动。——《二十世纪初资产阶级革命派思想论纲》

同盟会成立后，兴中会并没有什么活动。而且同盟会中的兴中会员只有孙中山、冯自由二人。薛君度持此说。

第 383 页

虽然总的说来，章太炎不失为当时革命派中的杰出人物，但他在不同时期的具体情况和具体作用，是很不相同的。有的时期，章太炎起了很好的影响；有的时候，起了很坏的作用。这既不是一顶荒唐的“法家”礼帽所能抬上去，也不是一张收集“劣迹”式的公告解释得了。

马克思主义对评价历史人物的要求，主要是看一个人在历史上所起的客观作用。从推动或阻碍历史发展的大小着眼，确定其在历史上所起的主要作用，而予以肯定或否定的评价；而不是单纯从个人着眼，沉溺在个人的各种思想、行为的细节中纠缠不清。——《章太炎剖析》

如何杰出，要看当时在人物、事件中的地位、作用，不要根据他自己的说法，也不能照现在人的某些说法。

第 387 页

康有为抬出今文经学搞变法维新，章太炎用古文经学宣讲种族革命。二千年前汉代王朝中炽热的封建文化的经今古文之争，居然在晚清死灰复燃，回光返照，正是这种特定时代要求下出现的奇观。无论是今文经学派的皮锡瑞、廖季平或是古文经学派的俞曲园、孙诒让，所以都远不及康、章的影响，原因就在后者突出体现了当时政治斗争的需要。……尊奉古文经学与章太炎思想、文章面貌的复杂有关。因为古文经学更着重于历史的详细考核与论证……——《章太炎剖析》

很对——科学性与革命性在资产阶级手里不能统一。章太炎用古文经学宣讲革命——封建文化。问题是他也利用今文，如复九世之仇等。

第 394 页

“满洲弗逐，欲士之爱国……”等等，说明并非全部都是狭隘的种族主义或大汉族主义。——《章太炎剖析》

对！但这些说法为更大量的“光复”“复仇”等说法所湮没。大量论述的是“排满”。

第 395 页

把章太炎及其思想说成地主阶级反满派的代表，看来只是一种表面的描绘。如果章太炎主要思想只是单纯的反满，那么也不会在当时有那么大的影响了。因为反满是当时整个革命派各派系和人员，所共同崇奉的最低纲领。反满的思想、主张、言论，在当时是广泛流行的。各种文章论著更是大谈特谈，非常突出。从谭嗣同、梁启超戊戌前在湖南办南学会、时务学堂起，宣传反满便日益成为一种革命思潮。章太炎在这方面不同于革命派许多人的特色，只是运用历史，引经据典而已。——《章太炎剖析》

不然。反满容易为更多人所接受，所以也就产生影响。反之，接受民主自由的人较少。因为有这个特色，大大突出，更有影响。

第 396—397 页

属于改良主义时期的《訄书》木刻本不能说是代表“反满派”，主张“在今世则合众共和万不可已”的《驳康书》和显然为章太炎所赞同的邹容《革命军》不能说是代表“地主阶级”，它们明显属于资产阶级民主主义思潮。可以证明，章太炎并非一开始就拒绝，而是曾经接受资产阶级思想的洗礼。那么，在章太炎思想发展的成熟阶段，当他在革命派中影响最大、为大家所推重的时期，怎么可能反而由一个资产阶级民主主义者倒成了“地主阶级反满派”了呢？——《章太炎剖析》

就是因为他反满最有理论，最有特色，最充分利用了中国文化传统——而这种传统是最容易为人们所接受、重视的。反过来，最重要的事实是，章的“反资本主义”并没有引起人们的注意，没有见有人称道过，寂然无声。

第 401 页

这种思想并非仅见，例如章曾多次提出：

“凡露田，不亲耕者使鬻之。”——《章太炎剖析》

王夫之、龚自珍、黄以周等都有限田思想。

第 403 页

并且，这些独特的政治、经济思想还具有一个相当鲜明而一贯的理论系统。这个理论系统与当时风靡一时的进化论大有区别。章太炎这时抛弃了他也曾信奉的文明进步、物质幸福等等主张，走到宁肯要古代的俭朴生活也不要近代繁华世界，宁“啜菽饮浆”，“冬毳夏葛”，以求所谓心灵的快乐，而不要“沾沾物质之务”（《四惑论》）。——《章太炎剖析》

以上都应当成为他只反满，不要资本主义、民主革命的理由。

第 411 页

一方面夹杂封建毒素，另一方面又充满了小生产者惯有的反动空想，是章太炎思想的显著特征。——《章太炎剖析》

不是夹杂，是封建占重要地位。

胡绳：《从鸦片战争到五四运动》
人民出版社 1981 年版

第 404 页

以慈禧太后为首的清朝当权派唯恐对外战争加深自己内部统治危机，把处理中法之间存在的严重形势的责任完全交给李鸿章。光绪八年（1882 年）一贯对外实行投降主义的李鸿章和法国公使宝海在天津进行了谈判。进驻边境地区的清朝官军奉到的命令是“以剿办土匪为名，未可显露助战之迹，致启衅端”。而且李鸿章在同宝海谈判中还答应撤退这些军队。但是这种态度并不能使侵略者止步。

照此看来，似乎清政府主要只有投降的一面，而且投降得顺利，没有什么阻碍。这不能说明为什么徐、唐、岑等出关布防，而且战争还是打起来了。事实上存在两种势力的斗争，有民族矛盾。

第 461 页

以洋务派为支柱的清朝政府为了应付帝国主义列强对中国贪得无厌的侵略，实行了他们自称为“以夷制夷”的办法。在中国近代，最早提出这个办法的是林则徐。当他在广东同私运鸦片的英国商人斗争时，朝廷中有的官员主张“封关禁海”，停止对一切国家的贸易。林则徐不赞成这样做。他认为，“不分良莠”，一概打击，是不妥当的；他说：“此中控驭之法，似可以夷治夷，使其相间相睽。”他的意思是利用矛盾，这本来是不错的。不过他并没有清楚地认识到，如果不能坚强地自立，是谈不到利用矛盾的。到了中国已经落到半殖民地的时候，标榜“以夷制夷”的，是些洋务派官僚。他们的所谓“以夷制夷”，根本不是独立自主地利用帝国主义列强之间的矛盾，而是反过来，把自己的生存仰赖于帝国主义列强之间的矛盾。

这一段很好。关键突出，有新观点，也有新材料。特别讲清楚了侵略者与清政府的新关系。以洋务派为支柱，即以买办资产阶级为支柱。近人

有谓义和团未起抵抗瓜分作用，是帝国主义矛盾保存了中国。反驳可从此方面立论。

第 540 页

康有为在颐和园进见皇帝时，光绪帝说，国事全误于守旧诸臣之手，但他无权去之，也势难尽去。康有为替皇帝划的策是："请皇上勿去旧衙门，而惟增置新衙门，勿黜革旧大臣，而惟渐擢小臣，多召见才俊志士，不必加其官，而惟委以差事，赏以卿衔，许其专折奏事足矣。"康有为后来把他的这种主张概括为："吾向来论改官制，但主增新，不主裁旧。"也就是说：不是革旧更新，而是留旧增新。他所希冀的只是靠皇帝之力让维新派逐渐挤进政权里去，在旧的官僚机构身旁设立一些并行的新机构，逐渐地使实际权力落到新机构的手中。这种方针只是极其懦弱而幼稚的梦想，没有实现，也不可能实现。

在百日维新中，从中央到地方全部原有的官僚机构丝毫未动，而且守旧势力的总头子慈禧太后还俨然驾凌于皇帝之上，在这种情形下，任何一点哪怕是小小的改革，也只能是空谈，而不能真正做到。

关于那拉氏"守旧"的说法，她是守封建的旧。但主要是守殖民地秩序，拒绝改变那种秩序。帝国主义加深了那种秩序，她不反对。与其说是守封建的"旧"，不如说她造成破坏独立的封建中国的"旧"，守封建阶级统治人民的"旧"。

第 556 页

慈禧太后和百日维新中的光绪皇帝有这样的区别：慈禧既依靠洋务派官僚，也依靠极端守旧派的清室贵族和汉族官僚，这两派之间，前文已说过，虽然有政治主张和实际权益上的对立，但在维持封建统治旧秩序立场上，是一致的。慈禧太后按照时势的需要有时偏重于用洋务派，有时偏重于用守旧派，但总的说来她是"公平"地对待自己营垒中的这两个派别，而使自己的统治权力建立在这两派势力的互相牵制与平衡之上的。百日维新中的光绪皇帝所企图实行的政策不但打破了这两派势力的平衡，偏到了洋务派一边，而且他还想利用维新派和他们所动员的社会力量。他抓起维新的旗帜，企图从慈禧太后手里夺取国家的最高统治权力，这更是慈禧太后和跟着她的守旧派所不能容忍的。

这样未免缩小了这场斗争的“救亡图存”的社会意义？权力斗争是亡国危险使之激化了。

第560页

梁启超记载说，光绪皇帝处分怀塔布等的上谕发出后，“守旧者初而震恐，继而切齿，于是怀塔布、立山等率内务府人员数十人环跪于西后前，痛骂而诉皇上之无道，又相率往天津就谋于荣禄，而废立之议即定于此时矣。”这是说，在七月二十日左右，慈禧太后和她的亲信荣禄等人决定处分这个行动越轨的皇帝——把他废除。梁启超又说，早在四月二十七日慈禧已决定在九月间带着皇帝到天津阅兵，乘机以兵力废之。但这种说法不全可信。何必一定要到天津才能废立呢？不过废立的打算可能早已在酝酿，而在七月二十日左右达到山雨欲来之时了。

七月二十九日，光绪皇帝到颐和园见慈禧太后，慈禧明确表示她的态度，对皇帝施加了压力。皇帝从颐和园回宫后，当天就写了一道密谕交给四卿之一的杨锐：“朕惟时局艰难，非变法不足以救中国，非去守旧衰谬之大臣，而用通达英勇之士，不能变法。而皇太后不以为然，朕屡次几谏，太后更怒。今朕位几不保，汝康有为、杨锐、林旭、谭嗣同、刘光第等，可妥速密筹，设法相救。朕十分焦灼，不胜企望之至。特谕。”从这道上谕也可以看出，斗争的焦点仍在争夺用人权这一点上。

帝国主义侵略，人民要求抵抗的压力，革命危机的存在，使宫廷内部在如何有效保持统治地位上不可避免地造成、加剧分歧。

把这段历史说成所谓夫妻反目、母子不和有一定理由，本身就是历史，因为他们处于特定的社会地位。宫廷内部矛盾激化是对外关系中处理分歧造成的。中国危亡促成权力斗争。

第571页

上海英国人办的《字林西报》转述北京外交使馆对百日维新的看法是：“维新党的计划是不合实际的。光绪皇帝可能把中国弄得不成样子，太后是宫廷中唯一头脑清晰的人，而她之及时干涉是有裨于时局的。”

重要。照此说，在帝国主义看来，光绪与那拉氏不只是权力斗争，而是政治路线不同了。

朱维铮、姜义华编注：《章太炎选集》
上海人民出版社 1981 年版

第 51 页

《菌说》

按：章太炎这里尖锐表现的进化论、生物学、天文学的知识为当时一些带有新思想的著作家、言论家共有，不独章本人为然。康有为、谭嗣同的著作里，也常常见同类的名词，同类的知识，同类的议论。这充分说明旧的封建的经典已经不能解释现实生活，"新学"、西方自然科学和社会科学代之而起。康、谭思想看《近代史稿》第二册。

第 64 页

《菌说》

旧学让位于新学，"经学"在思想斗争中只占次要位置。在"旧学"的同时，又都讲"新学"。章、康、谭等在旧学上对立，在新学上一致。旧学没落，也表现在这个事实上。

第 136 页

《驳〈箴膏肓评〉三书叙》

为旧稿重新作《叙》，当有所为。按：汤（汤志钧）编章谱 33 页，此三书作于 1896 年。此处的 1902 年，当系指《叙》的时间。注意！此篇为章讲古文经学与康等对立的主要著作。今文在清代的兴起，清今文学中坚。照此，刘逢禄没有直接联系王莽篡汉。按：作《驳》时，章与康未分裂，章有驳康"数十事"未发，见汤 34 页。

第 149 页

一九〇三年五月，章太炎在上海爱国学社任国文教员时，出了个作文题，叫《×××本纪》。“本纪”原是封建史籍为皇帝立传的专用体裁，章太炎要学生模拟它写自传，这反映他已目无封建皇权。陶亚魂、柳人权（即柳亚子）二人，都用这种大事记的形式，叙述了他们从追随康有为到参加革命的思想变化过程。显然他们对自己走过的曲折道路都表示悔恨，引起章太炎的深刻感触，于是便写了这封信。信中谈了自己“往岁之覆辙”，以为冲破“纪孔保皇二关”，是走向革命的必由之路，不必追悔，关键在于抱定反清宗旨，继续进化。——《致陶、柳二子书》

改良主义。康有为三书即坚守这两关——在经学上就今文、古文的对立。《訄书》功在破此二关。

顾颉刚讲授，刘起釪笔记：《春秋三传及国语之综合研究》

巴蜀书社 1988 年版

总评

全书要点在《后记》，尤其 117 页以下。资料丰富，叙述明确，态度公允，实集前人研究之大成，可以引为依据。与杨向奎著作相比，论点相近，史实更富。均为近代经学研究后殿，甚为难得。为学如积薪，后来居上，于兹益信。刘（编者按：指刘起釪）上午携书来此，下午即谈迄。1989 年 2 月 9 日。

第 3 页

春秋战国一辞，来自《春秋经》、《战国策》二书，则此二书实吾人治此断代史所必读之书，尤当重视者也。

据此，可知现在使用某些历史名称，并非当时本有，乃后人所添。

第 8 页

观此即可知《春秋经》确曾经后人以己意将鲁史加以笔削而成也。然谓其成于孔子则无据，以其义有出于孔子之后可知。

"其义"必出孔子后难成立。若干"尊王"讳饰皆见于《经》中非出孔后。这点不能证明出于孔修，亦不能证明必非出于孔修。其不符，不一致者，只说明没有完或遗漏甚多云。

第 9 页

而修《春秋》者，痛心疾首，必欲维护此等级制度。《庄子·天下篇》"《春秋》以道名分"。所谓名分，指古代等级上下名分甚严，不相逾越，旨在阻绝僭越。

此为“尊王”春秋之义明证。“直笔”本来不直。“赵盾弑其君”非事实。孔子主张“父为子隐，子为父隐”。

第10—11页

“春秋笔法”《春秋》岂得而擅之哉！使孔子而果修《春秋》也，于此史官应守之天职，于此诛乱臣贼子之铁笔，故不当不用也。虽后儒于此仍有解释，谓系“尊君亲上”，故与书他国之事不同。然苟在诛乱臣贼子之心也，必如晋史齐史之直书本国之事乃为功，孔子既有意为微言大义修《春秋》，于此自不容“曲笔”，而有此者，则孔子是否亲修《春秋》实可疑也。

主要是以《春秋》曲笔，证明孔子未修。然而董狐事，说明“直笔”不一定即事实，而是世代相传的规矩。齐南史事则证明史职不但世代相传，而且是兄终弟及的。而且一国司史职者并不止一家，至少有两家以上。

此种说法，是相信孔子确为“圣人”，否则，孔子何以就不会有曲笔？“父为子隐，子为父隐”，这不就是孔子不直的证据吗？

第11—12页

（一）《论语》中只有《诗》、《书》、《礼》、《乐》而无《春秋》之文，《论语》为孔子死后数十年之作，是于其初死时尚无孔子作《春秋》之说也。（二）《论语》中谓孔子“述而不作”，足反证孔子不作《春秋》矣。

问题在于数十年之后何人所作。可从书上所记曾参死时事则为曾门人所作，“参也鲁”只讲孝，无□可知，作者无眼光亦可知。

第16—17页

按《竹书纪年》为三家分晋后魏国之史记，有时仍以晋为本国，其史亦记于竹简，沦于地者数百年，晋时始在河南汲县魏襄王冢中发掘而得，故亦称《汲冢纪年》。共七十五本，为最早之编年通史也，晋人以古文易今文，此后日之《竹书纪年》本也。

兹略举其文与《春秋》之文比较数则于次：

…………①

---

① 此处表格略。

由上知《春秋》为当时史官之书，记当时之事，于各国君死后之庙谥尚不知，故但书名或爵，未能书其谥号也。

此“比较”说明孟子说孔子“作”《春秋》不对，孔子也自言述而不作；但鲁史确有“书法”，而且体现“尊王”主旨。此“比较”实不能证明先后。孔子修了《春秋》，也在定、哀之时。所举五条，俱在定哀以前，当然已经知道他们的庙谥。据此适足证明孔修也。

因此，上述“比较”，证明（一）孔子没有“作”；（二）证明“尊王”书法属实。如“人”“侯”“伯”“狩于”即是。也就是《春秋》不只“修”过，也是按照“尊王”书法修的。是否修者即为孔子，则未明也。

第23页

《春秋》大义——尊王攘夷

攘夷复可分三期

1. 内其国而外诸夏——晋定霸前
2. 内诸夏而外夷狄——晋称霸时
3. 诸夏夷狄合一——晋楚势平时

这里的问题是这个“大义”是《春秋》原有，还是孔修以后，有的或加强的。但不□一种，都成了六艺中心，是孔学政治纲领。此处要突出强调。又“攘夷”三期，亦极重要，应强调讲。——这是顾根据今文学所作的叙述，但正是这点上今文学有意义。——再想想。

第51页

由是知左语与鲁语大异，是左丘明必非鲁人矣。所谓“鲁之君子左丘明”，儒家伪言也。

《左传》称“我”的地方很多。如作者非鲁人，“我”如何解释？又作“来”亦得此意。

姜义华：《章太炎思想研究》
上海人民出版社 1985 年版

第 174 页

新增的《序种姓》上篇和由《辨氏》改成的《序种姓》下篇，是章太炎民族理论的一个总纲。章太炎根据西方社会学和原始社会史所提供的原理，利用中国古代语言、文字、民俗和其他文献资料，研究了中华民族特别是汉族形成的历史过程。……然而，章太炎象西方资产阶级民族学说一样，在说明民族的本质时，又常常将人种与民族混淆起来，不懂得现代民族实质上是资本主义经济发展的产物。他也象他的西方先行者一样，常常利用种族的区别来强行划定民族的优劣，这是为了给他所倡导的“反满”提供理论依据，同时，也是为了树立中华民族中经济文化发展程度最高的民族即汉族在政治经济上的支配地位，以把中国建成一个象欧、美一样的现代民族国家。

章的反满有西方的学说影响，但主要是中国孔学夷狄、华夏，《黄书》，即主要来自中国的“经”。在这一点上并非与孔学不同。

第 175 页

它们表明，这一民族运动所包含的内容，已完全不能简单地以“仇满”二字概括，与传统的华夷之辨、夷夏之防更不可同日而语。《訄书》修订本在民族构成、民族语言、民族国家、民族经济、民族文化等每一个方面所作的探索，都是中国资本主义初步发展的产物，它们也反映了中国资本主义进一步发展对民族问题所提出的客观要求。

注意此点。受传统影响，但从现代知识出发，发展了传统。经学填进资本主义的内容。至要。继承“经学”，又批判了“经学”，打破了旧框框，添了新的阶级内容。

第 364 页

“真如”哲学运用于实践得出的总结论，章太炎哲学的时代特征与革命实质，也正是在这个总结论中最为清楚地表现了出来。

于此可见，章太炎的哲学，结束了以为人的思维与行动的一切结果具有绝对性质与最终性质的想法，“清问下民”、“因众以参伍”和“一切以利益众生为念”，为认识论的发展提出了一个充满了民主主义精神的新标准，这无疑是思想上的一个革命性的事件。然而，从本质上看，章太炎不承认世界的发展是一个由低级上升到高级的必然过程，不承认思维与存在之间除去对立的一面外还有同一的一面，这就使他所从事的革命成了无根之木，异常脆弱。……然而，究竟怎样科学地认识社会生活，又究竟怎样“清问下民”，这些问题在他那里都没有解决，他也就和康德一样，最终还是解决不了人们的思维、观念是否具有真理性的问题。

作者对章的“真如”哲学估计过高。此段仔细研究。各有各的众生，各有各的利益。这个结论不能肯定。被压迫者可以这样说他的反抗，压迫者也可以这样说。因为（一）斗争是“利益众生”。（二）以是否“利益众生”为准，可以走向否定客观标准，成为实用主义。（三）群众的革命由此可以看作“利益”与否的道德问题，不是历史前进的需要、客观必然问题。即从社会存在、社会生活物质条件状况的变化、社会物质运动的状况，去了解人们的思维、认识、意识形态，还是循着思维运动表象而在观念中推导出合理观念，一个是唯物论的认识论，一个是唯心论的认识论。章正是后者而非前者。

从动机出发，可以宣称自己赞成社会主义，但《共产党宣言》就列举了“真正”社会主义等等。当前世界上社会主义牌号更多，也都以“众生为念”。

第 408 页

以此，他对庄子的《齐物论》推崇备至，一再说：“夫言兵莫如《孙子》，经国莫如《齐物论》。”

此处接触章学本质充满了虚妄、幻想性质，引向倒退。

推崇不当。果然如此，又何必再〖要〗资产阶级学说、马克思主义，人们又何以总不“照这个法子去做”？

第419页

章太炎企图从世界观的高度去认识和解决时代、国家、革命所提出的一系列重大而尖锐的问题，但是，时代、国家、革命却几乎没有理睬他这样的努力。这种冷淡，固然由于章太炎的哲学过于晦涩抽象，和当时主要从一些通俗的宣传性读物和引人注目的警句口号中吸取思想材料的读者距离过远；加上他的哲学里许多精粹的思想和真知灼见往往淹没在大量相对主义、悲观主义甚至虚无主义的说教之中，这一调门与当时正需要战鼓雷鸣的革命实践者完全格格不入，激进的战士们对他的哲学便干脆不予置理；然而，更为根本的缘由，还是因为革命者和他们的敌人当时都沉浸在政治冲突之中，政治斗争压倒了哲学的深入思考，人们没有时间、精力，也没有兴趣和足够的毅力去考察那些与政治实践看来距离十分遥远的抽象问题，这就是说，当时整个国家与社会的气氛，就缺乏哲学味道。

不对吧？这正是证明章的哲学脱离实际、脱离时代的需要。不是社会、时代不需要哲学，而是他的哲学与社会、时代不合拍，不能满足这种需要。马克思主义的传播最好地证明这一点。

第511—512页

章太炎所倡导的近代民族文化建设的这一内在矛盾，决定了他当时以及后来的实际影响，必然也是双重的。在以《青年杂志》创刊为开始标志的新文化运动中，鲁迅、钱玄同、周作人等一批健将都出自章太炎门下，陈独秀、吴虞、胡适等都受到过章太炎思想的强烈影响，从章太炎著作中都吸取过很多养料；另一方面，反对新文化运动最力的黄侃、刘师培等人，也或出自章太炎门下，或受章太炎很深影响。这一矛盾的现象，便正是章太炎努力从事的民族文化近代化自身的两重性所带来的必然结果。

极是。但对双重中的前进讲得多而重，对落后的讲得少而轻，是此书不足之处。这种“双重”的影响，不仅文学如此。章的整个学术思想，也应如此看待。本书在许多地方，很有见解。难能可贵。

第683页

章太炎与康有为、严复、孙中山等人分别代表了这些社会力量中的不同部分，对于“两极相逢”触发的大撞击、大动荡以及究竟应当如何安排未来一一作出了自己的反应。纵观章太炎的一生，特别是他最为光辉的黄金时代的思想与学说，可以很清楚地看出，他的思想同农民在中国资产阶级革命中矛盾彷徨的地位与处境有着较他人为多的联系。

一、反对平均地权。二、章在革命后先与江浙资产阶级合流，后又与军阀合流。三、坚持旧封建思想文化体系……这些与“农民”如何资本主义的反感不只有章[①]，孙中山也主张社会革命，此又何说？

---

① 笔记原文如此。

李文海、刘仰东：《辛亥时期的志士仁人为什么选择了革命？》

载《纪念孙中山先生诞辰130周年国际学术讨论会论文集》（1996年）

反殖民化是“小题大做”。要有人“领起潮流”。科学研究不能前怕狼、后怕虎，那就闭住鸟嘴。在人人都讲马克思、讲革命、讲社会主义，你讲社会主义那实在容易不过。而且不讲才是不容易，不讲要“镶边”，或者反对者也要〖戴〗“帽子”。在一些人看来风向变化，改变舵有利了。科学研究不能看风使舵。本来该讲话的人的地方，要有人讲讲话的，也不讲。有的作者研究碰到困难，希望有人支持，但失望未复。我以为问题在学术界。一有人正研究，拿出货色，这是一方面——一般还不够。还有人领起潮流。最近展览的“丽人行”，□谈谁是领起潮流者。我不懂。历史上，社会思想上，杰斐逊是领起潮流者，罗伯斯庇尔是领起潮流者，列宁是领起潮流者，孙中山是领起潮流者，毛泽东、邓小平是领起潮流者。但他们都不是一个人，而是一批人。不是一个，有后继者。

李文海谈：西方说中国现在的问题是很多人讲近代化只讲具体有什么工厂、多少人数、资本等。这些当然都需要。问题是这些工厂等增加能否就改变中国。还是要〖从〗阶级力量、关系上来认识它们的意义。问题的要点，是过去没有把讲近代化放在与革命同等的地位。革命是为了中国要有近代化。由于不推翻民族压迫，不能近代化。今天把近代化与革命放在同等的地位，如实讲历史上的革命。今天的中国近代化是来自革命历史。革命历史的铸造，讲清楚历史，不要曲解，乃至丢掉革命是为了今天的现代化。

又，光有民族工业上升一条，中国不能解决：一、那是国内的阶级力量不够。二、还有国外的思想理论，孙中山的革命是这样，共产党领导的也是这样。两条加在一起，中国才解决了民族压迫问题。革命是历史的主流。近代化总不能实现。讲革命历史是讲出主流。今天把革命与近代化放在同等的

地位。不要民族独立，一切都还是空的。在费正清□，是否合事实。要求保持半封殖地位不改。今天依然是否定历史，但不只如此，是要改变今天的现代化到依附于西方，改变中国方向，不要独立。

张玉法：《孙中山的欧美经验对中国革命的影响》

载《纪念孙中山先生诞辰 130 周年国际学术讨论会论文集》（1996 年）

此文题目看似平常，内容却很充实，涉及孙中山活动和中国民主革命的全局。最主要的是两条：（一）孙中山依靠或重视的群众是会党——知识分子——再到下层群众（我们说的联合工农）；（二）孙中山思想观点主要来自欧美资本主义世界（美国甚少，主要来自欧洲），但资本主义世界对他的革命拒绝支持，革命后的俄国则给予支持。孙中山于是由学英法的民主主义革命变为学俄国的革命。（一）项讲出了孙中山革命斗争的划阶段发展；（二）项讲了中国旧的民主革命走不通。除了文字表述不一样，与我们对这两个问题的看法十分相近。文章资料丰富，论断谨慎，空话甚少，章法结构也很讲究，值得认真一读。

沙健孙：《什么是历史科学的创新》

《近代史研究》1996年第6期

第19—20页

还有人说马克思主义是外来的异种文化，其在中国的传播使中国的民族精神、民族生命丧失了安立的场所，所以我们现在的任务就是要重兴儒学来代替马克思主义在中国大陆取得正统地位。我认为，这些观点，不是单纯的学术研究的问题了。实际上，他们是在表达一种政治观点，一种政治意见，一种政治情绪。

如果儒学那么坏，何以长期变乱中，其他民族文化等衰落、消失了，中国存在了并相对发展了。特别是近代没有成为印度、非洲、南美。反而来，如果一切那么好，中国何以在古代文化没有亚里士多德，近代西方发展了，中国则变成了殖民地半殖民地。连日本也远远不如，差点灭亡？——必须分析儒学。其中理学两面：（一）哲学，加强了儒学。（二）政治、社会实践削弱儒学。

陈旭麓：《上海租界与中国近代社会新陈代谢》

载《陈旭麓文集》第二卷，华东师范大学出版社 1997 年版

第 603 页

不对，见“物”不见“关系”。

第 604 页

肯定租界等于肯定殖民统治——混淆不同事物。

第 605 页

这些人都是反帝、反侵略的，但看到和发现了自己所需要的事物。祸兮福所倚；福兮祸所伏。罪恶的事物里可能含有不罪恶的事物；神圣的事物里可能含有不神圣的事物。我们对租界的研究，承认其中有值得吸取的东西，不是长他人的威风，灭自己的志气。我们中华民族有很大凝聚力。但不应仅看到它的勤劳、勇敢，还应看到保守、愚昧、落后的另一面。百年来，中国所以落后，吃亏，原因之一，便是夜郎自大的虚骄性。如果不除掉民族的虚骄性和愚昧性，那么将很难取得进步，走出一条自己的现代化道路。

要求中国人学习那种进步？等于凶年食肉糜之说。租界里的进步是为殖民统治者服务的，建筑在殖民统治之上，中国人不是说不应该学习，而是他们没有平等的资格来学习。照此，把可以学习的变为应当肯定的，一是把殖民主义的统治、民族压迫与资本主义的进步性等同起来了。二是取消了学习资本主义进步要以民族独立为条件，在殖民统治下，不讲民族独立的正义斗争，只强调学习资本主义，难免倒果为因，成为歌颂殖民统治。三是没有说清楚租界是殖民地秩序的延伸、深入，使人对租界认识模糊……此中有些好的想法，但界限不明，太片面。

随　笔

江西丰城“四清”随笔①

瞭然于目，了然于心。

丰城沿革，“创光？镇”名称不见县志，应查《南昌郡志》、《江右通志》、《龙光志》、《大清一统志》、《会典》、《广舆记》、张华《博物志》。以下据同治癸酉《丰城县志》：“溯丰置县自孙吴始。……丰富环流，楮罗秀峙……”“建安中，孙权据吴，析南昌地置富城县。县建富水西。属豫章郡，隶扬州。故址在今富城县，建县自此始。晋太康元年移治丰水西，改名丰城。属豫章，仍隶扬州郡。”

隋开皇九年，罢豫章、巴山、豫宁三郡改置洪州。设洪州总管府。唐仍隋制。此当为“洪都新府”所由来。

“元至元二十三年，以丰城户满五万，升丰城为富州……”

“剑江，即赣江。自章贡（此赣所由来？）达虔吉，入清江境，会袁州水，绕樟树镇，逶迤至邑治，折而东北，迳至省会，汇于彭蠡……”

“丰城旧治。在登仙乡，丰水西，曰荥塘，距今治廿五里，即雷焕获剑之所。”

“剑池。在荥塘，即旧丰城县狱基。……秦始皇见东南有王气，埋宝剑镇压之。晋县令雷焕掘狱基，得双剑。久之，址陷为池。每三月三日，池上风雨迷离，相传剑归朝故穴。岁旱，掘其池，辄兴雷雨。……”

南昌称“江右”，丰城有古迹文箫、吴彩鸾炼丹处，上有白玉蟾刻“江右福地，始丰名山”云云。

《丰城五区小白土乡土改调查》（江西省委政策研究室 1951 年 1 月 28 日印）：“小白土乡，原辖老白土乡……纵横三四里，有三十个自然村，一个小街（白土墟）。全乡共 797 户，3223 人。土地 7661 亩，每人平均 2.3 亩多一

①1965 年 9 月，刘大年参加江西丰城“四清”时所作随笔。文中有些地方数字计算有误，为保留原貌，未作改动。

点。土地较好，较富地区。全乡地主较多。土地比较集中。公会田占14%强。地主、富农占户数7.4%，人口8%强，地主占户口5%，地、富与公会占有土地3728亩，达48.7%，贫雇农占户口55%强，占人口50%，只占有土地18%弱。全乡最大封建堡垒赵家村赵逄年，封建历史上千年，宋朝曾出过状元，树有旗杆，逄年最有钱，为一大土豪。”

地主管公堂，公堂有各种名称。内容如《文彪公会》，不知内容为何事。按：据袁渡乡袁书记（清江）谈：上田又称“门庄”田，在村口，最肥沃，亩租两石。一石合120斤。共240斤。上田两季收500斤。租额占总收获量的50%左右。中田租额一石五斗，下田一石。租额占总收获量一般为50%，有的接近，有的超过。

地主的超经济剥削。三区阳池乡田村地主杜锦源，早、晚田144.78亩，大部出租。

1. 做零、杂工。1946—1947年佃户杜三保、杜冬仔挑水盘龙谷、推车、碾米等，每月估工7个。每年总做84个。每工折合稻谷15斤。无偿劳动。1946—1947年佃户杜德发、杜冬仔做杂工58个。

2. 代地主作田。1939—1940年贫困户杜振信代作田一亩半，费工9个。两年共27个工。一个工稻谷15斤，共谷405斤。1941—1942年佃户杜寿生代作田一亩半，需工9个。两年做工27个，共谷405斤。1943—1944年佃户杜振德代作田一亩半，需工9个，两年做工27个。1945年佃户杜振德代作田一亩半。一年共工13个，共计谷202斤。（不代作田，就要撤佃，没有田作。）

3. 送礼。1941年地主修族谱，指令佃户送礼。贫困户合备酒席十桌。计：肉44斤。每斤2角，共洋12元。鱼12斤。每斤1角，共洋1.2元。油豆腐4斤。每斤5角，共洋2元。木耳1斤。每斤2元，计洋2元。鸡蛋256个。每个5分，共洋14.3元。鸡8只。共18斤，每斤0.25元，共24.5元。糕32斤。每斤0.15元，共4.8元。以上共计洋408元。（按：数字似不对。）几家佃户负担不起。送礼佃户数原材料没有。

阶级斗争复杂尖锐。前任书记郑罗顺、杨海生（曾任第一书记）、副书记丁家喜、副书记孙生元、副社长陈秀英，此五人为党委会主要成员。1964年调走了三个（郑、杨、丁）主要人物。其他二人被调出搞社教。

方向、道路问题。

1964年调社办农场谷15000斤，做米粉17000斤，在市场高价出售。但国家征购任务未完成。猪、鸭、鹅等物资凡社办的一律在市场高价出售。公社鸭200只，交坏分子萧怀生放养，私雇长工两人。最后本利全光，一点不剩。其他四人各承包100—300余只。有的另转手承包，有的雇工。十六箱蜂蜜值1500，承包给下街××，现在连箱子板都没有了。

农业上资本主义道路、形式：单项包产到户、集体种、分户谁收是谁的。副业单干十一种形式。长期在外500多人。短期木工、推土车、熬糖、私人放养群鹅群鸭。肖仓生产队18户人家多出40多亩土地。

干部对械斗，别人请示，书记答复：也好，打几个再说。

手表问题。自1959年起，至1962年。"责成省委彻底查清，坚决退赔，换回影响。"郑罗顺为首。郑本人交代42只。他本人搞28只，亲自挂帅的12个。18个中4个是坏换好，旧换新。主要是新加坡。去路主要是县委员以上干部。路明4只，李国钧（县委原第一书记）4只，袁安发3只，孙隆富（县副书记）4只，米广林（家干校书记）2只，吴金发（副书记）1只，张广波（县副书记）2只，徐中焕（副书记）1只，肖木根（副书记）2只，孙和春（副书记）1只，王云彩（副书记兼公安局长）1只，赵士杰（县长）1只，宋延（地委秘书长）1只，郭泉源（县委委员）1只，郑罗顺1只。

搞表的手段十种。一、扣住邮电局。二、扣压出国证。三、利用职权打击报复。四、先借后买。五、不守信用，以差换好。六、以退赃为名敲诈。七、以还税为名敲诈。八、以木材换表。九、布置任务，跟有华侨村的支部书记要表。十、冒充侨属名义给侨写信要表。

后果：

1. 引起华侨和家属对政府不满。1962年宋仁和从新加坡寄来一表，拿到拜年片来拜年，被公社书记孙×发现，就动员，不成动手抢下来。其父来要，书记答已经上交。宋仁和说："共产党只是说国民党坏，其实它比国民党还坏。这是看到一个好表，看到别人的好老婆是否也要抢去。"

社员罗来元从新加坡寄来21个日历表，郑书记从邮局扣下。罗来元妻索表。郑罗顺说给你一个中国表换。并说明已上交县里。罗来元去县里找到县委政法秘书曾某，要他回公社找书记。罗几年为此往县里跑了十多次，不得要领。现说着流泪。表归了路明，拿了160元。罗来元只得了38元。

2. 对国外影响极坏。华侨向中央控告时，新加坡华侨会说："中华人民共和国华侨政策，罗网何也？"[①] 另一华侨回国，省县公安部门同意，要公社证明。郑罗顺答应证明，但条件是两个手表。……家属要写信向中央告。老婆婆说："不要告，我们外国的骨肉还要回来。"

3. 群众反映："郑罗顺是手表还［换］来的区委书记。"查其履历，此说有根据。

4. 有手表的人，不敢戴手表。某人到公社来开会，手表戴在腋下。

5. 华侨寄回东西，改寄南昌，不敢〖寄〗石滩。称石滩为"乌江寨"（拦路打劫之处）。

6. 影响生产。抢表之风盛行以后生产下降。

7. 影响干部之间的团结。

8. 发展投机倒把。

必须严肃对待，否则打苍蝇，不打老虎。

1962 年 4 月 12 日宜春地委批监察组检查报告。载 1962 年 4 月 13 日江西《党的工作》。

监委同志：

买表是有计划、有步骤的，先是第一书记，二人，然后书记、常委、委员。石滩公社三个"手表书记"。郑罗顺为县委"手表委员"。至今未处理处分。县委十三个常委只有四人没有得。没有得到的干部对郑罗顺还有意见。后来有的人直接从华侨买到了手表。

手表倒卖一批人从中贪污，投机倒把，腐蚀干部。

认识问题。（领导核心，公社规模。上下根子。经济上资本主义路线。政策破坏，华侨中国外影响。树立党的威信。党内走资本主义道路的当权派。）

检查处理是及时的，对问题抓得很对。从现有材料看：1. 性质不明确——就事论事，没有明确性质。2. 问题远未全部查清。数目、投机和严重性。3. 当事人处理过轻，主要人没有涉及。4. 群众中影响未拉回。

发动群众与干部自觉革命。不启发干部自觉革命，许多问题群众只有怀疑、线索，搞不清楚。

---

① 原稿如此。

苏满保耕牛：群众怀疑40—50头，又有说十多头，又有说二十多头。最后自己交代，16头耕牛，一一有据。此类例子列举。一种情况群众说多了，事实少。又一种群众说少，事实多。

启发干部自觉办法。一、学习主席著作。二、组织忆苦思甜，讲出身讲家史。

学习主席著作。

1. 调查研究，五个了解，谁是谁家阶级社会关系等。

2. 阶级分析：积极、中间、落后等。

3. 战胜困难——病了，耳朵聋，战胜——改造自己的世界观的考验的场所。每天五个检查。学毛著？劳动？做思想工作？建议政策，脱离群众？自查自己回答。

“你穿得好，吃得饱，不管贫下中农饱不饱。”

三同，实际斗争中阶级感情是否起变化——这一条是根本的，也是难的。

学习体会。一、大好形势——阶级斗争。二、干部自觉革命——发〖动〗群众、群众运动。三、工作队员的革命积极性——改造世界观的不断的要求。

蹲点心得：

一、坚持三同——做得少，影响多。

二、深入群众，做好具体工作，取得发言权。

三、抓关键问题、关键时刻。

我们把认识这个问题的性质看做一次对自己的深刻教育。不是跟人过不去，这对今后处理有重要意义。

一、重大的政治性案件，面大，手段恶，影响广。

二、领导集团不只是买便宜表的问题。——每人四五块。把问题扩大到县的各方面不对。——把问题缩小到一个简单经济问题，更不对。

1. 经济、分团。

2. 目的，抓政治，抓思想，教育人，挽回影响。有无决心，看肯不肯抓根。准备有思想斗争，先抓关键人物。

3. 办法。把石滩几条肯定下来。

官禄埔访问记

《张集馨年谱》与咸丰对话，讲张国梁一段——阶级斗争本质。

包世臣等事——“统治阶级是没有想到与农民订立联盟的……”（《恩格斯给拉萨尔的信》,《马恩论文集》第一册，人民文学 1960 年版，第 40 页。）

第一，没有地主知识分子积极参与。

第二，少数被迫加入的都脱离、反对太平天国，成为凶敌。左宗棠、汪士铎。

地主阶级内部有不同部分，基本的、最积极的、附属的等。张集馨等为积极的、自觉的。张国梁等是不自觉的、被利用的。阶级斗争就是这样展开的。

一、阶级斗争、两军对战的时候，每个阶级里面都可能出现一些动摇分子、游离分子，背叛本阶级的分子。这并不是表示阶级对立的、斗争的缓和，而是表示斗争的更加激烈。这并不是表示对立阶级的相互转化，而只是各个阶级内部的分化。

二、统治阶级常常利用各种条件、手段，收买被统治者里面的一部分人（如太平天国、张国梁、近代工贼）为自己服务。这只是表示被统治阶级里面一部分人脱离原来阶级，而不是双方因此化解，阶级对立不存在了。

三、各个阶级有积极成员、一般成员。

《马克思主义与历史科学》写作资料笔记[①]

阶级斗争观点不只是社会主义以前的历史，而且还要今后很多年。世界范围消灭阶级还需要相当长的时间。

王船山“六经责我开生面”。

马克思主义历史科学宣传共产主义理想，来回答现实生活中的问题。

第一个是法则——简短。

第二个问题——答复此法则是否有效。

重点是提出理论、历史观点。

第二……[②]

第三，至今社会主义没有成熟的公认一致的典型？——历史现象非常复杂。“人心之不同名如其面”。历史进入社会主义也是一样。它不是封闭的。各民族走自己的路。

第四是共产主义实现遥远——十月革命第一个社会主义国家至今不过六十年，中国三十多年。剥削阶级社会各种形态多少年，人类共多少年，有什么遥远？

不要抽象宣传这种理想，要联系当前实际——即回答人们思想中的现实问题来宣传科学理想。

马克思都没有设想农业合作社的社会主义化道路。同样农村生产责任制也是社会主义的一种。要进一步发展。讲一个方面来肯定共产主义理想，只有它是人类最崇高的理想。

为什么发生怀疑？

一、过去的形势势如破竹。

二、帝国主义工业资本主义仍有发展。

---

① 此笔记分记于三个笔记本上，“马克思主义与历史科学”为原稿标题，推测应为刘大年撰写“马克思主义与历史科学” 所作的资料准备及思考。写作时间应在 1982 年以后数年间。

② 原稿如此。

讲在中国的情况，要和历史比较。过去半殖民地，帝国主义是以殖民地中国发财的。

人类原始社会几万年，私有制只有几千年。

回答关于福利国家财产再分配的问题。

凯恩斯经济学。资本主义自然调剂。

驳所谓没有“学术价值，只有思想价值”等等。

胡乔木同志（10月8日）：共产党员是争全社会的按劳分配，不是争个人的按劳分配。共产主义不是为此而加入共产党的。中国已基本实现按劳分配，这已经不能成为我们的理想。我们不能满足这种〖状〗况。社会主义精神文明与物质文明，它们是互为条件、互为目的的。

要两面批评，一面批评教条主义，简单化思想。又一面批判无目的性、繁琐主义。过去前一种是主要的，目前后一种是主要的。

允许利用控制论等研究历史。借口慎重是不对的，摆脱马克思主义也是不对的。

马克思主义阶级分析方法问题：

（一）成分论的不对与成分的关系。

（二）阶级的政治代表与阶级的关系。

（三）农民要别人代表自己。

《史记》“述往事，思来者”。

领袖人物的评价，是历史研究中经常碰到的问题。有些人物的评价还与现实生活直接相关。《》[①]是［为］评价当代革命领袖人物提供了一个典型。

唯物主义的思想力量是永久的，是促〖使〗完善处理问题的途径之一，臻于完善境地的途径之一。

历史上许多志士仁人的事迹，令人尊敬仰慕感奋，自不必说。各类优秀文学艺术作品，也总激发人的正义感，爱国心。如诸葛亮的《出师表》，杜甫、陆游的诗歌等等，是大家常常提到的。温故而知新，了解历史，我们也可以【便】温故而创新，创社会主义祖国之新，创四个现代化之新。

屈原的《离骚》，诸葛亮的《出师表》，文天祥的《正气歌》。

---

① 原稿如此。

邓[1]讲：有从历史遗留下来的旧的东西，也有新的历史条件下产生、泛滥起来的旧的东西。只提反“左”，不提反右。

理论界文艺界做了大量工作，成绩是主要的，但存在相当严重的混乱，存在搞精神污染的问题。新的问题引起思想各种反映，包括模糊认识。

精神污染实质，是散布资产阶级、剥削阶级腐朽末［没］落思想，散布不信任社会主义、共产主义、党的领导。

一部分人对现实问题没有兴趣，与现实保持距离。他们的任务不是批评资本主义，而是批评社会主义。

资本主义也不能抽象讲人的价值，人道主义。离开当前社会主义建设谈“人”，就是谈抽象的人，不是具体的人。

对于西方文化理论，我们要像经济领域进行反腐蚀斗争一样，要对西方文化输入进行反污染斗争。精神污染祸国殃民。只许错误的东西讲，不许相反的讲，讲了就是“左”“打棍子”。这不是只许自家讲，不许别人讲，“百家争鸣”就不存在了，成了资产阶级自由化的方针。我批，只能站在马克思主义立场上，不是站在“左”的立场上。当前主要纠正右。

按：关于中国近代史的种种反映：

一、是否合乎马克思主义、历史唯物论，合科学与否？二、与历史发展事实检验是否符合？洋务运动是进步运动（一）是否合乎事实。（二）直接联系到中国革命的是解释、观点。是否需要革命，谁革谁的命？这些论点的持有者形式上是作为一个学术问题在讨论，事实上是针对现实问题，针对社会主义生产力生产关系的状况。（按：举事实而发的。学术问题的形式，现实问题的实质。）

持相反的论点，是促进历史的前进，还是对历史认识的倒退——显然是后者。

列宁说，唯物史观是唯一科学的历史观。

有些文章反对“左”，批判“左”是对的，有的就不对。

社会科学院没有形成权威法学……历史学等都有资产阶级思潮——资产阶级思潮。

① 指邓小平。

乔木：现在人们对资产阶级没有进攻精神，而且连防御也没有——你不进攻，对方就进攻。历史也不能说只是阶级斗争史。（按：此话也简略，需要解释，比如写历史不单只写阶级斗争，还有生产等等，生产力与生产关系等等。）

历史唯物主义宣传不是一阵子的，是长期的。

一、不讲生产力，生产关系，阶级就没有基础。

二、不讲概念的近似，就拿许多小事否定概念。

洋务运动与明治维新：两个运动发生在两个不同的政权下。明治维新的主要成员，伊藤博文、大久保利通，岩昌［仓］巨［具］视都是倒幕派运动的主要分子。伊藤就是倒幕运动闹得最凶的长州藩派去的。

两个政权不一样，两个政权的主体——阶级内容不一样。它们处于两个不同的历史阶段。现在有人认为明治维新是资产阶级政权，我认为是半地主半资产阶级——总之与清政权不一样。

倒藩的主要力量是长州藩、萨摩藩。后来明治维新中许多要人都来自这两个藩。日本幕府时期有的主张日本的“道德”，西方的“艺术”，与中国“中学为体，西学为用”。

洋务派学习西方是保持清政权还是保持中国民族利益，两者可以一致，可以矛盾。中国当时的情况是矛盾的。只有打倒清政权才能保护民族利益。

马克思主义与资料的关系。举一例——中心是反对阶级分析、阶级斗争观点。

《国外近代史研究》第一期载美国人研究蒋介石在上海逼勒大资本家的文章。论点、资料极其丰富，而且为许多人所未知。论点都是孤立、表面，作出判断。用马克思主义的辩证观看资产阶级政治代表人物，很好。

黄彰健《康有为戊戌真奏议》所收《俄彼得变政记》即有彼得“遗嘱其子孙十四条”。过去谈论者未及康此书。

《俄彼得变政记》下署“工部主事臣康有为译纂”。“译”应是别译。全文不过五六千字，无按语。

考茨基《阶级斗争》。马克思主义与近代自然科学技术的关系。恩格斯说，科学上的每一个发现都使马克思感到极大的喜悦。科学发现与马克思主义不是抵触的，只会丰富、发展马克思主义。

《马克思主义与中国历史科学》(1982年6月25日下午)

全文两个部分

一、马克〖思〗主义怎样使中国历史学真正成了一门科学。

1. 科学门类繁多，但不管哪门科学，研究者的任务是共同的，那就是寻找、认识事物的客观规律性，掌握、利用那些被认识了的客观规律性。自然科学、社会科学都是这样。历史作为一门科〖学〗，也正是这样。然而历史包罗万象，从哪里去寻找、发现它的客观〖规〗律呢？这就是马克思主义历史科学的关键所在。

中国历史书那么多，涉及对象问题没有呢？必然讲到。(此段介绍中国的各种论述，最后归结为物质、经济、阶级分析、阶级斗〖争〗。)

2. 如果中国最早的马克思主义传播还没有把这个问题在理论上解决得那么透辟，那么实践上就比较彻底地解决了。从郭、范……胡绳等一系列著作，分人举出逐个介绍，而后从其中规[归]纳若干点。

3. 因为关键抓住了，而且在实践中——民主革命发挥新旧、唯物唯心斗争，也就是以阶级斗争问题为中心进行的，他们是抓住了问题核心的。反对者也就攻击马克思主义历史的这个最本质的东西。择要举代表人物(梁漱溟、冯友兰、胡适、蒋廷黻等)。

二、中国历史科学需要高举马克思主义旗帜前进昌大。

1. 首先要认真开展马克思主义历史科学理论的研究讨论。马克思主义是科学，不是教条。

A. 普列汉诺夫、恩格斯关于马克思学说是“变”的论述。

B. 中国历史学许多理论问题要讨论。

C. 新技术科学成就问题，要用马克思主义态度对待。但是科学无能为力。

2. 利用中国丰富资料，宏观、微观结合研究。宏观解决规律性……微观要着重解决阶级状况等。要研究经济史、经济地位，阶级分析(张掖还乡团的调查资料)，土改材料，资本主义工商业的调查研究。

3. 对旧的和新的各种反对阶级斗争、阶级分析的理论，不是回避，或简单带过，要认真研究，作出驳不倒的回答。如翦[简]又文太平天国(市古宙三)、台湾辛亥革命是“全民”革命。美国人说蒋介石不代表大资本家。

机器人的论点，马克思主义靠辩证法。

最后强调解决现实生活中存在的问题的必要性、意义。

马克思说："理论在一个国家的实现程度，决定于理论满足这个国家需要的程度。问题有国内的，国外的。目前看的，还有看不见的。要看得更远。

以上三条也都尽可与阶级分析、阶级斗争联系叙述，以便和第一部分前后一贯。

（此提纲，道理能站住，材料不难。照此行。）

第一部分末尾加第四节：马克思主义历史学不是凭空而来的。前人没有成为一门科学，但不能忽视它的科学成分。（一）事实的基础。（二）资产阶级已经提〖出〗阶级斗争观点。（举马克思剩余价值学说史。恩格斯说剩余价值、历史唯物主义奠定社会主义。但剩余价值是马克思以前有的准备。因为客观总要受到尊重。问题是马克思与前不同了。【人】人类的文化。马克思历史科学就要掌握中国文化的精华。）

"马克思主义与历史科学"，中国马克〖思〗主义的研究者对这个问题的看法。要充分讲〖中〗国的情况。董狐直笔，《史通》《文史通义》，韩、柳论战。

驳马克思主义过时论。日本不破哲三论文。见《国外社会科学情报》1982年7期，页30以下。

一九四一年（？）吕振羽在华北局党校讲演：讲历史讲过三句话之后，还没有提到阶级斗争，就不妨怀疑是否会是个"骗子"。

马克思关于中国历史的停滞论，是从传教士、孟德斯鸠《法意》、亚当·斯密等人观点中接收来的。不正确（包括亚细亚生产方式在内），要改变。详见《中国史研究动态》（1982年第7期）西昌定生文。

更重要的是这个问题要从阶级斗争论的角度来考察它的含义。夸大停滞论至少是模糊阶级矛盾、阶级斗争的观点。所谓"农村公社"到底是什么意思？从春秋战国以后，农村到处是阶级分化、对立，有什么"公社"？举事实。

"马克思主义与历史科学——中国马克思主义的历史研究者对这个问题的看法"。（1982年7月26日，昨构思，比6月25日提纲改进了。以此为基础。）

一、马克思主义怎样使历史学真理成了一门科学。

1. 从李大钊《史学要论》以下的考察过程，归结论点。

2. 叙述从马克思经典著作上对这个问题的论述，作出结论。特别注意列宁讲的“重复律”，“重复性就是常规性”。全部私有制历史上天天重复、处处重复的就是阶级分立，阶级间矛盾对立、斗争。但形式可是不同的。

二、从中国马克思主义历史研究著作考察阶级斗争学说。

1. 如果理论上的讨论还没有高度明确起来，在具体的历史叙述上，就完全明确起来了。列举从郭著《古代社会研究》《奴隶制时代》《甲申三百年祭》至胡〖绳〗《帝国主义与中国政治》等。

这些著作说明：（一）全部文明史，是阶级斗争的历史；（二）历史的规律性，首先和主要的就是阶级斗争的规律性。（叙出具体内容——“一治一乱，合久必分”，都指出了，但阶级斗争才说了它们的本质。）

2. 与现实的斗争直接相关，因此凡反动的、唯心的观点，都把攻击指向阶级斗争学说。

三、马克思阶级斗争学说的来由，中国全部历史都是它的注脚。

1. 它的由来，前人的论述。

2. 它被中国的历史研究接受，并最后在这块土地上生根开花结论［果］，全部根据在中国历史本身。

中国一部廿四史，没有一个讲到阶级斗争，但是没有一部不是讲阶级压迫、剥削、矛盾、斗争的。没有了那些矛盾、斗争，就没有了那些著作。鲁迅的“一部相砍［斫］史”等等。

四、中国历史科学要发展，关键仍在准确、完整地坚持马克思主义阶级斗争学说。

历史研究要以马克思主义为指导。中国今天是绝大多数研究者并无异议。但内容具体是什么，不见〖得〗就看法一样。

1. 若干理论要用阶级分析观点来重新考察。如中国历史“停滞论”问题……

2. 很多争论问题要用阶级分析、斗争观点去推进研究。而这些争论中多半和生产力发展、阶级斗〖争〗的关系纠缠在一起。必须弄清楚这个问题，来促使这些争论的前进。

生产力与阶级斗争的关系。马克思着重地讲过："没有对抗，就没有进步。"（《马恩全集》卷四，页104，《哲学之贫困》）似乎被人忘记了。恩格斯的政权对经济的两种相反作用。

3. 拒绝阶级分析、斗争观点，许多问题不能说明真相，捧着金饭碗讨饭。如太平天国不是农〖民〗革命（简又文、市古宙三），蒋介石不代表大资产阶级等。（《外国近代史研究》）

五、关于马克思主义是否"过时了"的问题。

马克思主义首先是阶级分析观点。对于历史研究者来说，是否"过时了"，我应当大声宣布，未来的历史一定要宣布它是过时的学说。但不是现在，也不是很近的将来。

1. 现在的"过时论"，都没有根据，都不能成立。如：

A. 马克思未见到现在的情况。

B. 现代技术发展了……

2. 马克思主义一定要发展。恩格斯、普列汉诺夫的论点。恩格斯评莱卡尔，没有摩里逊丸等[①]，但要有一定"形式"，阶级斗争就是这种思想的"形式"。

3. 阶级消灭了，马克思主义学说也就过时了。《论人民民主专政》一大段。

4. 即使如此：

A. 研究私有制的历史，仍要靠阶级斗争学说，永不会过时。

B. 作为一个科学思想体系，继续不可磨灭。如经典物理学对于现代物理学然。

讲阶级斗争要注意批判"四人帮"的观点。他们否认人民群众最基本的实践活动，即生产活动对于人类历史发展决定意义，批判"唯生产力论"也就是批判唯物主义基本原理。他们认为应当根据人们的思想观点来划分阶级，因而断言已经消灭了剥削的社会主义社会中仍然充满着并且永远充满着他们所说的阶级斗争。这种所谓阶级斗争仍然是并且永久是社会主义社会发展的唯一动力……（叶，国庆三十周年讲话。）按：讲阶级，必须引列宁的定义。

---

① 原稿如此。

与批评资产阶级有关的几个问题：

一、与思想解放是什么关系。

二、与“双百方针”的关系。

三、与生动活泼的政治局面的关系。

四、一回反“左”，一回反右——跟不上的关系。

其中有对资〖产阶〗级批评，不是依靠权势，尊重对方发言权，不等于不讲是非。

邓力群：非难马克思主义的空气很弥漫。青年讨论会，青年刊物，形成一个圈子不好。青年有一个接班、衔接问题。

建立二十世纪八九十年代的中国历史学派。要团结一切有志于马克思主义的学术工作者，共同探讨真理。

历史学理论要像自然科学的某些项目一样“联合攻关”。最后是历史研究放在历史学基础上。

1. 防止资产阶级自由化。

2. 只要文凭、不要水平不行。学位制度要改革。或望体系不能造百家争鸣（？）。

如何做到：坚持马克思主义结合当前世界实际。

胡[1]讲马克思主义历史两个高潮，两个低潮。现在低潮未过去。但新的高潮是在低潮中总结经验而后形成出现的。

马克思主义历史学理论研究中几个理论问题需要讨论解决。

对国外的取其精华，去其糟粕。

典型性，从进步看，从夭折看。

孙中山及其时代：一、孙中山对中国近代历史前进做出了伟大贡献。但他不是孤立的个人，是时代历史潮流的产物。二、时代潮流及矛盾焦点——民族矛盾——历史的考查。

所有的“民国”找不到共同之点。唯一的共同点：没有成为资产阶级共和国。

① “胡”指胡乔木还是胡绳，待查考。

历史研究对象问题——驳人与自然的关系论，蒋大椿等的观点。

列宁讲政治经济学对象。

李大钊《论史学概论》——研究经济，不准确，但说明是研究社会关系。

资产阶级的论点，文化史观，汤因比。翦［简］又文论点，从反面证明。

《矛盾论》引列宁的关于自然科学的矛盾的论述。

黑格尔《小逻辑》一一二节，于光远讲认识事物不是要发其因，而是要发现其异。大同小异才算能事。

人是自然——和所有自然界的事物一样，都不能离开自然界，这是同，不能为动力。

生产力历史动力问题。

《人在自然中的地位》。

人的两种生产：满足人类生活需要的生产和人类自身延续的生产——可是谁曾把后者作为历史前进的动力？因为问题讲的是社会，而不是讲的自然。

中国目前似乎没有人宣布社会历史的研究不需要马克思主义指导，但这不能看宣〖言〗，要看实〖际〗。现在稍作考查，可以发现一部分作者事实与宣言不同。

（一）理论方面的问题。

（二）中国近代史方面的问题。

那些论点是否正确，可置不论。但是从这些考查中可以看出，这些说〖法〗是早已存在的。

郁达夫纪念鲁迅时有两句话，大意是："一个民族不出伟大的人才，是整个民族的悲哀。但是，有了伟大的人物不懂得爱护尊敬，也是可怜之邦。"

历史上"中国"不等于汉族政权，汉族政权不等于"中国"。"不与同中国"，"北学仲尼之道于中国"，其中所指并非一国。《资治通鉴》秦朝北拓地数千，七国中秦国等南接中国……（大意）要更明确。"天下冠带之国七，两三国边与戎狄"（《资治通鉴》一册二〇七页，《秦纪一》）。

历史研究不是只有定性问题，同样也有定量问题。而且定性往往取决于定量。其内容从根本上说是：

（一）所有制——即生产资料分配、占有的数量。地主占地、资本家占工厂等。

（二）生活资料的量，即人民受剥削的程度等。

（三）阶级力量对比的量，即人民群众与统治阶级的人口力量的状况。查《历史铁律》旧稿。

（四）经济是统计数字的量的，资本家的财产分配、轻重工业比例、中外资本比例等，各国在华经济势力、掠夺数字等。

但定量不是机械论，字数决定一切。例如：

（一）近代中国的工业很少，封建土地制占主导地位。但不能由此断定仍是封建社会。

（二）资本家参加辛亥革命人数少，商会等也少，但不能因此说不是辛亥革命。

（三）中国共产党【从】党员组成工人太少——起初、后来均如此，不能认为它非工人阶级政党……

这里就一，和自然科学不同。二，与经济学现象不同。

原因：（一）数字有辩证法，如恩格斯讲拿破仑〖用〗辩证法。（二）人是思想的动物，与其他不同。

《中国史研究动态》1981年12期萨·H.巴隆文。进一步研究马克思主义，学习理论，为中国历史打开新的境域。

中国马克思主义理论面临的问题是什么？

现在许多地〖方〗水平不高，一是资料，二是理论。主要在理论要有进一步研究马克思主义。争取取得大前进。

《马克思主义与中国历史科学》采取后面新方案。

十次大论——从李大钊《史学要论》开始。……

（一）中国历史的面貌焕然一新，以前不知……

（二）与唯心论斗争中发展起来的马克思历史唯物主义基本印证。放之四海而皆准。

（三）与革命实践联系……互相促进。

新方案：

马克思主义本是开放的，不是封闭的。

马克思主义资产阶级唯心论历史学斗争是长期〖的〗。

马克思主义是在斗争中前进。

（又参看《哲学研究》1981年12期77页）。

关于亚细亚生产方式的讨论：

一、在马克思主义文献中引起争论最多时间最长。

二、含义有二。

1. 各种生产方式顺序问题。试问能颠倒吗？

2. 要么另有发展道路——说来说去，否定人类历史走向社会主义、共产主义。

《马克思主义与中国历史科学》要查鲁迅的观点。早年《历史研究》（大约1955年？）有此类文章。

《马克思主义与历史科学》（新方案）1982，18，后招202。①

前方案行不通，取消。

（一）开始传播时期。至1936年。

（二）在学术界建立领导地位的时期。1939—1949年。

（三）深入研究，取得大量成果时期——1949年至现在。

每个时期叙述状况。找出几个主要问题评述。如第一个时期第一次大讨论——中国社会性质大讨论打开了中国历史的新面貌，马克思历史唯物主义印证，放四海而皆准。

结合现在的争论对当时的研究作出评价。如《甲申三百年祭》的科学意义和革命性的结合，它对历史的基本评价，决非几条材料有争议，就能否定（因为同样的材料足以说明基本情况）。

第三时期，讲“四人帮”的研究破坏，曲折，科学的道路不平坦。不要归之于别人，要像马克思讲的地狱入口处。

最后提出若干要紧的问题，必须与现实结合，有战斗现实性。如：1.

① 原文如此。

要写出一部中国的社会进化史。亚细亚生产方式。2. 中国的资产阶级历史学家批评。蒋廷黻等人（不要只限蒋，还要找资料）的近代史观。中国近代史目前争论的一系列问题。3. 用马克思主义总结中国传统历史学理论，如对象问题、任务问题……他们是要宣传封建，我们是要宣传共产主义，等等。

结束考察《马克思主义与中国历史学》对我有何启示？回答：马克思主义使中国历史学研究成为科学（以文史星卜侍弄之臣）。[①]

要研究世界社会主义的历史。结合中国，走自己的路。道路是不平坦的，要坚持科学性与革命性的统一，我们需要用马克思主义研究一系列的重大问题，给中国历史学打开一个新局面，进入更高水平。

否定了这一条就否定了科学，回到原来的出发点。蒋廷黻、梁启超等。

充分利用《马恩全集》46卷上《导言》草稿。21页以下各页。结合中国的司马谈"六经要旨"至章学诚"人百"的论述。查李大钊所说"研究经济"……（一月廿四日下午）

《马克思主义与中国历史科学》可以考虑改变集中讲一个问题：马克思主义如何使历史研究变成了科学？

根本内容就是马克思主义历史研究的对象是什么？阶级斗争是历史的本质，因此研究阶级斗争也就使历史摆到了科学的基础上。

中国古代"文史星卜、侍弄之臣"根本谈不上科学看待。

注意《马恩全集》第19卷页130—131。

铁面无情的规律。"会〖给〗我过多的荣誉……这种历史学最大的长处是超历史的。"

以阶级、阶级斗争为对象的是科学。

一是物质的，有质有量，量的规定性。

二客观的，不在于你是否〖承〗认【否】。

三阶级经常"重复性即常规性"。划分为对立是重复的，斗争是重复的，规律是重复的。如中国近代地主阶级对外、资产阶级怕农民。

---

① 原文如此。

列宁指出，马克思对反动的历史、哲学家关于阶级斗争，粮食事件更替的规律思想毫不含糊地继承。要用中国的传统思想。《列宁全集》第 20 卷页 197《又一次消灭社会主义》。

此题大致三部分。

一、中国历史传统讲阶级斗争，事实丰富，但没有可能把阶级斗争作为研究对象。

二、马克思研究历史的对象，建立了体系等。

三、资产阶级一切反对马克思主义。唯心历史观。中心是反对阶级斗争。花样变了。说法变了。

四、现在关于历史研究对象存在的问题、争论。如何深入研究阶级斗争历史。要坚持科学性，就必须坚持阶级论。

这个方案好，历史部分收入第三部。

中国古人根本没有也不可能提出是否科学的问题。近代提出了，但回答不对。（参看胡著《论资产阶级对这个问题的混乱观点》，《枣下论丛》页 147。）

科学与否的核心，是有无规律可循。只有把阶级、斗争作为对象，才有规律可循。

又：任继愈《中国哲学史论》。

注意资产阶级关于“阶级”划分的各种各样的论点。用智力代替，用文化代替等。（胡《枣下论丛》，288 页以下。）

马克思主义传入后，研究中国历史两种观点：一、研究经济——李大钊。二、研究社会性质——郭、吕[①]等。二者都是唯物论。

即依靠档案，不能信别的材料。档案能否成为科学？《大义觉迷录》是最好的回答。

德国利奥德波尔 · 封：“历史是国王的科学”与史记所说相同。

又马克思说的普鲁士历史编纂家兰格也讲历史是科学。他讲的史料是客观的。

---

① 郭指郭沫若，吕指吕振羽。

李大钊说，历史研究的对象不是政治是经济。一、很深刻，合乎马克思主义原理；二、不周全，至〖少〗是需要解释。它第一次提出历史悠久的对象问题（强调）。

前面要先说明中国传统工业这个问题的种种说法，如章学诚（人事）等。

历史研究的对象阶级斗争问题。

（一）《安娜·卡列尼娜》托尔斯泰只承认一个：农民。不承认阶级。托与某小姐修好以前，与哲学家辩论一段。（二）评梁漱溟土地问题。

最后推荐李泽厚的书。

《马克思主义与中国历史科学》必读后期创造社的《文化批判》。郭老谓“辩证唯物论的阐发与高扬，使它成了中国思想界的主流……”（《革命春秋》页289、311、312）。鲁迅《三闲集》叙谈及此。

科学与否在于能否说明规律性。只有阶级分析、阶级斗争能做到此点。因此我们按生产关系划分历史，即以阶级构成划分历史。美国西方的文化发展划分历史，即不能发现阶级斗争。两者相同。

照我想，郭著回答一半，即外在的原因，这是完全对的。另有一半是内在原因。那就是中国是由〖封〗建买办势力办的——其特点是中学为体，西学为用——即学西方技术。日本是资产阶级发动的，特点是整个学西方，特别是学美国的政治经济社会制度，也就是把封建改为资本主义。两者根〖本〗不同。

郭著评论中，关于中国近代史一个未能明确回答的问题，即为什么中国洋务运动失败了，日本明治维新成功了，郭认为西方的眼光看着中国，不重视地面狭小的日本。很有见解（两处谈到此事）。中国引进西方的技术在明治维新之前，日本改订不平等条约在甲午战争时。中国仍失败了等。极要。可单独成文。

《马克思主义与中国历史科学》，人与自然。生产力是人与自然的关系。

一、人是组织的一部分意思是什么？

二、自然包括在历史研究的对象里吗？

三、查读《人在自然中的地位》。

又查早年《历史研究》鲁迅与历史科学。

也可以考虑讲两个问题。

一、中国马克思主义历史学的历史（至少这个问题可以同时积累材料）。

二、马克思主义怎样使历史成了科学？

最后：中国马克思主义作为一门科学只是奠基，不是完成……许多不是结论。中国马克思主义只是发端，不是结束。

历史唯物主义是指导思想，或方法论。不是历史研究的对象。

《文化批判》介绍了不少关于历史唯物主义等，也强调了阶级斗争，个别地方讲历史研究经济[①]，要叙述。

人与自然的关系是否历史研究的对象？

自然与人类社会的关系。自然给人类提供生活斗争的舞台和条件。同时，也加以严格的限制。

辛亥革命为什么突出反满？

第一个时期太平天国是在外国侵略下的矛盾——“《江宁条约》定而金田匪起”（《中日战争史料》三卷册五九六页）。

第二个时期帝国主义侵略深入了，群众反抗斗争指向外国。两个材料：一、1898 年余栋〖臣〗檄文。二、同年李钟玉广州湾斗争。

《东洋史要序》见俞旦初文。

王国维批评中国的旧史学，认为无论哪一种学问，如果没有“系统”，就不能算作科学。近代历史成为科学，所以“事实之间不可无系统”。中国过去所谓的历史，差不多没有系统，不过集合社会上散见的事实，只可看作是史料，不得看成是历史。他希望学者根据历史上的各种相互关系来说东方各国状况，使之成为科学。

《马克思主义与中国历史科学》

---

① 原文如此。

一、封建的——“人事”——及政治。从《春秋》以下“六家要旨”，与神鬼相结合。章学诚。

二、资产阶级梁启超、孟森、章太炎等。

三、马克思主义名家：

1. 李大钊——对象是经济。

2. 后期创造社——历史唯物主义（插入王宜昌等）。

3. 历史前进动力讨论中关于“对象”问题。

四、自己的正面论述：

历史唯物主义是马克思主义的科学。

中国学界所做的，第一是据以研究中国社会史，如郭、吕、华岗等的著作——“对象是经济”即此。

第二，研究中国思想史，如杜、侯[①]等，主要讲唯物论。

第三，综合研究中国历史，范、翦等——这才主要是作阶级分析。

经济是决定历史的，是基础。不是凡“决定”的东西，就是研究对象。《私有财产和国家的起源·序》，人的生产与物的生产“两种生产”“决定人类历史的发展”。不能据此就认〖为〗历史研究对象是“人的生产”，那就只要研究人口了（《中国社会科学》1982年2期，188页）。

又细读《国家与革命》。

马克思历史科学讲规律——充分发挥重复性就是常规性的问题。

又西方以文化划分历史。

又，梁漱溟反对阶级斗争的理论。

普列汉诺夫《阶级斗争的最初阶段》34页亦有此。

对象——普列汉诺夫批评伯恩斯坦【断】：“阶级斗争学说是建立在唯物主义历史观基础上的。”普批评道：“现在读者知道，阶级斗争的学说不只是以唯物主义历史观为基础。”（同上，43页）据此，唯物主义、阶级斗争并非一事。

世界听不到中国关于第二次世界大战的声音。

---

① 杜指杜国庠，侯指侯外庐。

世界文明、世界文化、世界历史至今仍是欧美中心主义。第三世界没有份，中国也没有份。以第二次世界大战史为例。苏、英、日写的书都认为自己不参加就没有世界大战等。

1. 又查读考茨基《阶级斗争》。

2.《中国近代史问题》引恩格斯的话，历史研究是研究阶级斗争规律。又同书38页引文处。又恩格斯每次科学发现都使马克思感到“喜悦”。

3. 必有一部分讲现代科学发展与马克思主义历史学理论的。——生产力，阶级斗争前进了，马克思主义唯物论，史学某些方面必前进。阶级斗争最激烈的形势［式］是战争。战争形式两千年来不断变。

一、中国的千乘万乘之国。曹刿论战。

二、拿破仑战争。淮海战役，百万人大战。

三、中东战役，短期速决。

《参考消息》1982年6月3日4版战争问题。

如果信息、控制论等的发现确实足以取代马克思主义，那么我们就应公开放弃马克思主义作指导，因为我们要的是科学，不是教条。

评胡绳《从鸦片战争到五四运动》[①]

"陈旧"问题。胡书并非没有新观点。举例：如二册 461 页"以夷制夷"，很好。

"眼前有景道不得，崔颢题诗在上头。"

"只使君，从来与我，话头多合。"——陈亮（同甫）"贺新郎"寄辛幼安。刘永济《唐五代两宋词简析》，页九二。

评胡著：集中一条：科学性。

任评：一、抓关键问题。二、具体分析。两者都集中为这一条。

用材料好，恰到好处。不多用，繁琐。

资产阶级软弱，看了以后，如何软弱，很清楚。

辛亥革命不彻底，一个省一个省分别讲。

研究工作的灵魂，胡著最大特点：科学性。

以前的近代史研究中也有阶级分析一种。二种，只抽象讲人民，统治阶级，胡著异是。

评胡著：最后讲一个方法，其实也是学风问题。学术论著的水平必须建立在深入研究、个人刻苦钻研基础上。集体是需要，没有个人深入研究，集体不能产生水平。

司马光的《资治通鉴》所以行，一是各个作者都是专家，二是有司马光挂帅。真下功夫。如留下的手迹为证。二者缺一不可。治学与举重、抬物不同，举重、抬物，一个抬不动，加三五人可以抬动；与下棋相似，八个同等水平的人下不过一个较高水平人。数学也如此。总之科学研究要有集体智慧，"为学如集获？薪，后来居上"。但是不能大锅饭当集体智慧。"各厨烹调"和山珍海味连在一起。

---

①原稿较为零散，但皆集中在如何评价胡绳著《从鸦片战争到五四运动》这一主题。原稿无标题，此标题为编者所加。1982 年中，胡绳新著出版后，应作者要求，近代史研究所政治史研究室全体研究人员曾集中讨论三天，胡绳写书的助手在场听取意见。

与举重不同。一百公斤的物体一个人举不起来，加几个人就能举起来。

胡著的突出特点就是：第一，抓住了近代中国各阶级内的基本特征和那些阶级的相互关系，演变过程即节骨眼儿。第二，通过具体材料具体分析来表现那些特征和相互关系、演变的过程。两条，缺一条都不行。以前的著作不是前一条不足，就是后一条欠缺。因此不能把近代中国历史最充分地讲，最有科学性、说服力。而胡书恰恰是及时解决了这两个问题，因此形成了它的特色，也就是使它具有科学性。

然后下面紧接：

（一）论述近代史核心、进程的几个问题。1．谁？动力，“前进”力量的问题。2．各阶级的特征。此点只有从其阶级关系、大事态度中表现出来。3．三个高〖潮〗问题。4．……

（二）论述一个问题即讲史料分析。

一定性、二定量——当然定量，人民群众就是定量。马克思讲美国奴隶制历史也可以有数量。所有制是量，阶级力量对比是量。

反驳所谓“陈旧”“闻名不如见面，见面不过如此”。又“学术价值”问题，何谓学术？说话的人也不知它的意思，如何不“陈旧”“控制论”之类。当然“新”不能说明历史，最少没有理解。

评胡著可以考虑分四部分（1982.2.8，上午）

一、科学性。关键事分析，具体分析……等。

二、总结、集中、提高了现有成果，达到新的水平。1．半殖民地……1840—1949、三个高〖潮〗。2．农民、资产阶级。

讲我自己。自成体系，一贯之道。

三、反驳“陈旧”等关［观］点。

四、○指缺点，及为之辩护。

所谓“没有学术价值”。何谓学术？读者能回答得出？

述王震话，单讲一段爱国主义。爱国主义就要讲四个坚持，强调历史的选择。

胡著十个字。科学性，说服力，一贯之道。目光宏放，论议精辟是其特色。

稿至第三部分后段，发挥我自己的观点。

我的目的是把基础、阶级斗争、上层建筑结合起来叙述历史前进的过程。中心是阶级斗争，经济关系的演变。一、这个目标是否合理、正确，需要【可以】讨论（马克思主义著作找论【根】据）。二、即使合理需要，做到几分何等程度，此又其一也。

回乡随感①

1984 年

华容是我的家乡，祖祖辈辈居住在东山。1938 年我告别乡邻，远往抗日前线，1984 年回家一次。相隔 46 年以后，重新踏上桑梓故土，心中激动，难以言传。当时不觉把两句古诗颠倒过来，加以体味："昔我往矣，雨雪霏霏，今我来思，杨柳依依。"当然这是说的社会生活，不是说季节景物。但脑子里又闪现出一股焦思，日久不能平静。1938 年外出时，我这一代兄弟姐妹四人，全家九口。有田约 30 亩，同那里平均人占田亩数接近。土墙瓦屋十来间，足供栖息。周围自然环境与东山大部分一致，茂林修竹，山清水绿，够得上一个风景游览区。46 年以后回到家里，我们兄妹的后裔，不计男女婚姻对方，共达 ×× 人，翻了不止 × 番。土地人均只剩下 ×× 分。老屋已经拆除，一分为五。饮用水也紧张起来，依靠稻田中一个小泉水维持。在房后山顶上，原来往南可以看到洞庭湖，万顷汪洋，现在看不到了，因为湖的这一边大面积变成了陆地；往北原来望不见长江，现在望得见一条白色苍茫了。因为那边人口激增，耕地锐减，生态环境恶化，问题十分突出。一村一乡一县的突出问题，也是今天全国性的大问题。从全国来看，那些矛盾尖锐而不具体，从一村一乡一县来看，它们又尖锐又具体。

① 原稿无题，标题为编者所加。

关于《孙中山书信手迹选》的出版[①]

江山多娇，人物代起。中国民主革命伟大的先驱者孙中山先生诞辰临到一百二十周年了。中国学术界决定出版一系列有关文献和著作，来纪念这个重要的日子。《孙中山书信手迹选》是这些出版物中的一种。它不是用其他资料和研究者的论述、分析来表现孙中山的思想、活动等等，而是由他本人的亲笔书信对许多问题直接提供说明，更显得亲切而有意义。从文物角度看，这些书信手迹十分珍贵，自不待言。双重的作用结合在一起，使我们觉得编印这样一本书纪念孙中山诞辰一百二十周年是可取的，可以填补一项空缺。

关于这本《孙中山书信手迹选》的学术价值，我想稍稍说得具体一点。它收集信札七十四件。其时间始于一八九六年，止于一九二四年，以辛亥革命、国共合作为中心的两个光辉时期都显示在里面了。受信人多达三十余名。他们中间，或为支持革命的普通群众，或为影响显著的领导人物，或为始终与孙中山密切合作、勇敢献身的革命家，或为一时“革命”、阴谋夺取权力的野心分子；他们中间也有官僚，也有军阀，也有宫崎滔天那样的同情中国革命的日本友人，也有犬养毅一类与日本侵略势力直接联系的政客。信中涉及许多历史事件，许多对内对外的斗争。其中给黄宗仰、王鸿猷、宗方小太郎、黄兴、黄芸苏、徐谦、蒋介石、廖仲恺等人的信，讲的事情更多些。一九二三年给犬养毅的长信，内容尤其丰富，与早年发表的文字有些差异，是一个以前少为人知的底稿。对它们客观地、仔细地加以利用，很有益于学术研究，当无疑义。

孙中山在历史舞台上活动了凡四十年，著述不少，广有交游。单凭这些有限的亲笔书信，当然不能够充分表现出他的思想发展过程、全部革命斗争的生涯。书信中谈到的某些人和事，也还需要加进其他材料去了解、论证。但是这些书信还是足以使人对于中国近代历史上这位杰出人物产生出一个鲜明的印象。

---

① 原载《光明日报》1986年11月10日第4版。

孙中山作为伟大的爱国主义者、民主主义者，一生关怀祖国和人民的命运，对革命前途始终充满着必胜的信心。辛亥革命以前，多次起义遭到镇压，反袁斗争、反对陈炯明叛乱和反对曹锟、吴佩孚等北洋军阀的斗争，军事上屡遭挫折、失败。其他一些人彷徨动摇，孙中山总是从黑暗中看到光明的前景。例如一九〇九年给宫崎滔天的信上说：防城、南关、河口三次起事，都没有达到目的。准备暂时养回元气，以图再发。清廷帝、后丧亡，各省人心大变，无不跃跃欲动，有不可终日之势。革命党人一旦筹集到必要的财力，其他问题可以迎刃而解。一九一一年广州起义，即牺牲惨烈的黄花岗一役以后，他在写给宗方小太郎的信上说：广东虽败，幸无大伤，而其影响于中国人心，实在非常之大，且败犹胜。再待数年，军心民气皆可成熟，必能学步葡萄牙革命之伟烈。坚信革命必胜的精神，信中随处可见。国内外的研究者中，对于孙中山的杰出表现在哪里，其说不一。一种看法，认为在于他取得了伟大成功；另一种看法以为事情恰恰相反，是在于他虽然屡遭失败，仍然坚持革命，奋进不息。后面的看法明显较为接近实际，也合乎孙中山自己认为"革命尚未成功"的认识。

凡称得上大革命家的人，总是善于辨认历史潮流，勇敢地跟着时代前进的。孙中山的这种品质也表现得相当突出。第一次世界大战结束，俄国十月革命胜利，孙中山对世界局势，对中国革命前途的认识，不久就跨进到了一个新的阶段。在游说犬养毅的长信里，他反复叙述，欧战以后，世界大势已为之一变。强盛如英国，加上战胜的余烈，也不得不承认爱尔兰、埃及、印度等有权独立、自由。欧洲被压迫的人民已经觉醒起来了。"夫赤露者，欧洲受屈人民之救主，而强权者之大敌也"。亚洲人民受压迫比欧洲更甚，要求解放更为迫切。日本不改变其"步武欧化帝国主义之后尘"虎视亚洲、侵略中国的政策，亚洲人民只有把希望和目标转向革命的俄国，别无选择。特别值得重视的，是他把《礼运篇》上讲的大同世界，和俄国革命后的社会主义制度直接地联系起来，加以申述。他引用《礼运篇》上关于大道之行，天下为公的一整段话以后，断然地说："露国之立国主义不过如此而已，有何可畏！"据考证，《礼运篇》大约为秦汉间人所撰，它反映封建社会里人们要求摆脱阶级剥削压迫的愿望，与科学社会主义相隔几个时代。孙中山以往多年为中国革命奋斗，采取的理论是欧美资产阶级理论，向往的是欧美资本主义制度。如今，当他看到现实世界中，正在取代资本主义的社会主义社会出现以后，就结合中国传统，开始赞美、向往这种“天下为公”的新制度，一往情深。不管那种申述怎么不合乎科学理论，思想上巨大而又迅速地前进十足引人注目。《礼运篇》不止他讲过，在他以前康有为也讲过。康有为先写《礼运注》，然后又写成《大同书》发挥公羊三世说，阐述自己的理想社会是太平世，以为现在的欧美资本主义已经进入升平世，并接近太平世，真正的太平世即大同世界则要等到千万年后才有可能实现，也就是说实际上并无实现之日。康有为没有也不可能找到一条到达大同的道路，并且美化资本主义。孙中山则认为俄国革命、消灭资本主义剥削压迫制度，便是走向大同世界的道路。他们两人都讲《礼运篇》，联系的现实世界根本不同。一九二四年孙中山给蒋介石的信坚决地指出：“今日革命非学俄国不可。”从上述给犬养毅的信可以知道，这是他放眼观察世界，结合中国实际，长时间深思熟虑，然后作出的历史性决断。三民主义思想体系与这个决断并不协调，是显而易见的。但事情是变化发展的。中国革命“以俄为师”，是孙中山思想认识发展的最为光辉宝贵的篇页。台湾和海外有些历史撰述，讲到“联俄”、第一次国共合作时，极力解说为是孙中山出于一时利害，采取的所谓“策略”。那样一来，孙中山一生思想事业先进伟大的重要部分，就被当作坏东西抛弃了。

阅读这些亲笔书信，我们还可以看到另外的一面。其中讲到辛亥革命推倒清政权，似乎出于意外，他把眼光局限于自己领导的革命党人活动上，而不理解广大群众斗争的力量。辛亥革命后，谈到三民主义的时候，也不止一次地强调民权民生两主义还没有实现，似乎民族独立已经不是重要问题。对帝国主义，尤其是对日本一些侵略分子长期抱有不切实际的幻想，以至希望日本当权势力支持中国革命，承认苏俄政权，成为亚洲的救主。如此等等，都是很明显的。可贵的是到一九二四、一九二五年，反帝思想终于完全明确起来了。我们不应当片面夸张事实，也不应当讳言掩饰，无视局限性的这一面。

中国有种说法：文如其人或书如其人。科学地研究历史人物，需要说明他们的社会关系、社会联系和时代特征。唯有这样，人物研究才真正构成科学历史研究的一个组成部分。人物又总是有血有肉，有自己的文化素养、处事方式、不同性格的。孙中山这些亲笔书信的学术价值，也在于可以帮助我们了解他的文化背景、风度、性格等等。他长期受欧美资本主义文化熏陶，熟悉西方生活，而且还曾经是悬壶问世的合格西医。最初梁启超描述他的面貌是陈胜、吴广一流，即农民造反者。章太炎根据自己的接触，说他“无他犷状”。后来反对他的人，轻蔑地称之为“孙大炮”，意思是说大话，无实际，牛皮客，空谈家。毛泽东说，听过孙中山多次讲演，感到他有一种宏伟的气魄。黄季陆说，孙中山讲话声音并不大，却清晰明朗。从现存的两小段录音带听到他讲话，极其斯文。这些亲笔书信所表现的，却是一个熟谙中国文化传统，重视讲求实际，遇事从容沉着，富有坚韧不拔精神的人物形象。表面上不同性格、风度的结合，或者就是近代中国这个特殊过渡时代的过渡性历史代表人物的性格、风度的特点。

研究孙中山和他的时代，是一项长期的学术工作，搜集有关的资料文物也是一项长期的工作。现在的《孙中山书信手迹选》可以作为这项工作的一个新的起点。

至于孙中山的家书，近年来颇有发现，收集在一起，本可以反映书信作者的一个侧面。《手迹选》中没有收录，是由于它们或者内容过于简略，或者年月未能考定，编排难臻妥帖。这只有到刊印更完备的书信手迹时一并解决了。

一个所谓的“敏感”问题

1988 年 4 月 13 日下午　中南海

斯大林是我们的理论研究中一个常常碰到而又颇有争议的人物。在天安门广场上每逢五一、十一，他的巨幅画像照例与马克思、恩格斯、列宁并肩竖立在一起。这种情况不免引起一些议论。例如最近学术讨论《联共党史》，批评那本书上的错误。西方记者就加以评论，认为似乎“官方”一直避免表态。因为它是一个所谓“敏感”问题。

近半个世纪里，斯大林对中国革命在思想理论上和政治上的影响，经历了一个不断上升，到“文化大革命”以后明显削弱的过程。那种影响有合乎逻辑的起了正面作用的，也有表现中国革命国际国内环境条件复杂和革命道路曲折的。目前可以认为那种影响减少到了非常小的程度。至今五一、十一天安门前的画像，是历史留下的一个尾巴。这不需从理论上去论证，只需实事求是，确认留下那个尾巴有无可取，就可以从事实上简单地解决了。我以为是不足取的。现在到了解决这个问题的时候。

第一，中国开头建设社会主义，采取的斯大林苏联社会主义的模式。当时只有那个模式。即使现在来看，也可以理解，不能否定。但今天中国的社会主义在理论上和实践上都有了自己的崭新的东西。它在实质上早已与斯大林的社会主义模式区别开来，不再搞崇奉斯大林的形式，更加有利于我们提高认识，推进开放、改革。这是显而易见的。

第二，斯大林再次被突出起来，是在 60 年代初期，中国与苏联关于意识形态的论战。赫鲁晓夫要求中国与苏联“对表”。毛泽东同志真心真意想搞社会主义，防止中国发生修正主义。现在那次论战早已经过去了，双方都没有理由坚持自己是完全正〖确〗的。我们彻底否定了“文化大革命”，也就是否定了当时国内反修正主义的合理性。在反修正主义这个问题上，《历史决议》作了总结。斯大林的作用实际早已不存在了。相反，留下这个形象，与现实生活显得有些矛盾。

第三，马克思、恩格斯是马克思主义创始人，列宁是世界第一个社会主义国家的缔造者。斯大林两者都不是。改变把他们并肩排列一起的那种作法，可以减少人们对马克思主义产生歪曲的或产生不正确的理解。

第四，人物的位置放得不适当，可以造成现实和历史的某种负担。把斯大林这样一个有广泛而激烈争论的人物恢复到他本来的位置上，是明智的。对于推进理论研究工作也只有好处。把上面的想法总起来是一句话：定期在天安门竖立斯大林的画像，从现在加以改变，是顺理成章的。那么这样做了是否会产生一些什么问题？即使有问题，也很容〖易〗解释清楚。

例如说，国庆节毛泽东、孙中山的画像，这与斯大林是性质完全不同的事情。大家知道。

同李泽厚谈话引起的联想

1990 年 3 月 22 日　北京饭店

马克思主义是时代的产物。从《共产党宣言》算起已过去一百三十年。今天的世界和马恩不同，也和十月革命不同，也和中国革命取得胜利不同了。我们必须从新的时代来看待，强调不同时代哲学具有不同形式。

时至今日，主张用马克思主义来观察社会历史运动，指导历史研究，不是显得太落后，太不适应世界思想浪潮了吗？这确实是一个要不断用科学研究来加以回答的问题。去年六月以前，反驳马克思主义的论说，充斥报纸。《》[①] 刊上一篇文章，集中那些论点，归纳出马克思“五大空想”，□近半年多的时间。欧洲一些国家原来把马克思主义作领导思想，现在也纷纷放弃了。苏联历史家里面也有指责马克思主义为野蛮学说的。

就像自然科学根本的任务是揭露自然界的秘密，提高人对自然界的认识、了解一样，社会科学的根本任务是揭露由人类造成的社会关系，社会运动的秘密，增进人对社会的认识和了解。社会科学的基础科学哲学、经济、历史等研究，归根到底是要说明人类历史从何处来，将要走向何处去。人类进入文明时代，至今不过五千年（？），它的前途是光明的还是黑暗的。这是科学的哲学、社会历史学说最后要回答的问题。资本主义极大地提高了世界的生产力水平。现在仍然占据着很高的水平。世界现在存〖在〗的两种制度中，资本主义制度人口占　%，生产总值占　%[②]。但资本主义制度却同时存在着重重矛盾与黑暗。地球要转动，妇女要生孩子，没有什么东西可以阻止。剥削与剥削的存在是那种矛盾黑暗的最后根源。剥削制度必定要从历史上退出去，合理的制度必定要出现。同样没有什么东西能够阻止。

第一，在世界最广大的范围里，封建制早已代替了奴隶制，资本主义又代替了封建制。这说明每种剥削制度的历史必要性完结了，虽剩下了多余性，

---

① 原稿如此。

② 原稿有缺漏。

但必然为先进合理的制度所代替，这是历史反复证明的。各种剥削制度都起过伟大的进步作用。而它们的生命力都是有限的。

第二，资本主义这种剥削制度从俄国十月革命起，已经在地球的广大地区崩溃。不管欧洲局势发生了和正在发生多大的变化，有一个铁的事实，谁也不得不承认：世界上现在存在着资本主义与社会主义两种制度，而不是资本主义一种。这说明起过更伟大的进步作用的资本主义剥削制度的历史必要性也开始走向完结，表现出了严重的多余性。这个先进制度的生命力同样是有限的，不是永久的。

第三，但是资本主义社会生产与私人占有的先天矛盾永远无法由自身来加以解决的。资本主义把生产活动变成了世界性的活动，也就把产生的矛盾变成了世界性的矛盾。两次世界大战都起因于资本主义的矛盾，世界性的矛盾。人类卷入空前规模的大屠杀。资本主义矛盾的空前尖锐性、它自身不可调和性。可以调整也只有限。它的内在矛盾不可能自我解脱，解脱了，就没资本主义制度了。

资本主义的维护者，认为它最完美，不需要不可能〖变〗。如果资本主义不变了，不被另外的制度代替了，那就是说资本主义已经是人类历史的顶点，再也没有什么可发展可前进的。尼克松《不战而胜》、布热津斯基的《》①。他们讲了不少道理，但是我认为没有回答这个问题。资本主义是已达到人类历史的尽头？人们要求追求光明、摆脱黑暗，认识自己的前途。如果黑暗剥削压迫是永不能摆脱的，大家就有理由要问：人类为什么要生存下去？

讲社会主义的历史现实意义。最后用《黎明》稿第一节。

按：首先要从当前世界局势，第二次世界大战以来的大变动、大动荡提出问题。这个问题是：马克思主义的学说归结到一点：社会主义代替资本主义，公有制代替私有制。目前的世界形势似乎说历史发展并非一定如此。资本主义仍表现出很有生命力。世界生产中，资本主义制度下人口占　%，生产总值占　%②。东欧一些国家实行40多年的社会主义，现在转回加入资本主义行列。意识形态领域的情况也发生剧变。中国有发表所谓《私有制宣言》

① 原稿如此，疑为《大棋局》。

② 原稿有缺漏。

的，有发布马克思主义是“五大空想”的。苏联历史家里也有人指责马克思主义是“野蛮学说”。现在再主张用马克思主义观察运动，指导历史研究，岂不是太落后于现实了吗？事情确实是这样。闭着眼睛不看世界生活的现实，高谈马克思主义，很少不流于空谈。目前的国际形势对立，我以〖为〗给学术理论界提出了两个根本的问题，要求回答：一是人类最终能不能从历史形成的剥削压迫制度中摆脱出来，人类的前景是光明的还是只能永久悲叹漫漫长夜何时旦乎？资本主义是不是就是到了人类历史发展的顶点？二是人类的智慧认识，能对自己的过去、现在和未来，是大体上能够认识的，还是只能永久漆黑一团，无法认识。如果确实无法认识，我们关于社会历史一切研究又有何意义？而且又有何理由称自己的研究为科学研究呢？世界上许多起过先进作用的社会历史学说，这里包括哲学的、经济学、历史学的等等。它们为人们认识自己、认识社会提供了智慧，积累了知识。它们分别为回答这样的问题贡献了科学成分。不强调指出这个事实，就等于割断历史。从文化社会走向沙漠，那太愚蠢了。但作为一种系统的科学，至今仍只有马克思主义。现今国际形势的变动，并没有改变马克思主义的科学地位，也没有推倒社会主义代替资本主义的认识。

我们说马克思主义是科学，是指它的整个体系，而绝不是说它的某些论点，甚至是重要的论点。

讲个别认识，孔子其他先贤也都有。“学而时习之，不亦说乎？”有何不正确。

最后，在适当的地方利用《黎明》旧稿第一节。马克思学说是科学是一回事，人们是〖否〗接受是又〖一〗回事。伽利略故事。

二、关于中国哲学儒学。孔子的一项基本特色，是强调民族性（“内诸夏而外夷狄”，夷夏之辨。经学尊王攘〖夷〗，“微管仲，吾其被发左衽矣……”等）。孔学的民族特色（有血统的种族主义的成分，所谓“族”早初的来源就在血统）。主要是文化的，“吾闻夏变夷也，未闻夷变夏也”，即用先进的文化改变落后的文化。夷狄则夷狄之，中国则中国之……（夏变夷，先进的文化改变落后的文化，并不在于作为思想观点等文化的，而在于诞生、形成这种文化的社会生产力，经济基础。中国周围民族与汉文化接触后接受了汉文化，就是因为汉族的生产力水平高于周围民族的水平。）（按：这个道理应用于现〖在〗，即看中国文化与西方资本主义文化，似乎“全盘西化”

是行得通的。对此必须分析。中国的生产力总体上落后于西方先进资本主义，但并非处〖处〗【于】落后，它有与〖中〗国〖相〗近的地方。)（一）中国历史上的少数民族先是武力进入中原，而后整合于中原。这证明生产力落后，并不等于就不强大，不能进入先进文明。反相［相反］，这正是成了它们进入先进文明的一种方式。少数民族与中原不存在剥削压迫的关系。它们进入中原反映了中原地区仅有先进的生产，并不能保持〖强〗大，还要〖看〗统治阶级的进去［步］与否。统治者腐败了，落后可以起来代替先进的。而且【对】使原有文化加入新的力量，重新奋发。（二）中国与西方的关系与此不同。西方资本主义生产力对中国是压迫与被迫的关系。中国必须改变这种关系，同时又吸收西方的生产力技术，才能发展自己的生产力。而且中国在现代也非一切落后，而是总体落后，个体部分先进。因此中国不存在被西方同化问题。“全盘西化”在生产力、经济领域是把中国化归西方的原料市场。（三）中国作为意识形态、价值观念的中国文明，内容丰富，源远流长。“全盘西化”是不可能的。西方把它们的文明叫作“基督教文明”，把八亿中国人都“化”为基督徒，改信基督教行得通吗？行通了是前进了，还是后退？

以上是从经济、意识形态看，还有一项就是政治领域，即多党制、自由选举等。这至少在目前各地的经济差异、群众的文化教育水平等来看是行不通的。北洋军阀实行过，蒋介石实行过。不是丑剧就是欺骗。即令现在就是多党并存、轮流执政了，谁又能够拿出比今天更有效的良方，领导中国社会的发展前进，而不适得其反？

三、李泽厚写文章提出“西学为体，中学为用”，遭到别人的反驳。李认为别人断章取义，自己的道理是合乎马克思主义的。“西学为体”，体即“本体”，即物质生产。西方科学技术生产力。马克思说的“本体论”。把生产力作为本体，这怎么不对？云云。

其实这里有矛盾，有牵强。问题出在把旧口号略加颠倒，不能摆脱限制。

社会主义的伟大历史功绩①

它给苏联、中国等带来了社会生产力的迅速发展。

苏联、中国的根底不一样，又有一样的地方。十月革命以前的俄国，生产力一直落后于欧洲列强。1910年，俄国生产300万吨生铁和2500万吨煤，远远低于英国的1000万吨铁和2500万吨煤、德国的1500万吨铁和1.5亿吨煤。1913年俄国工业产值在欧洲排列第四位，落后于英、法、德三国，更不必说与美国相比了。1928年，苏联把遭受世界大战和以后国内战争破坏的经济恢复到了1913年的水平。从这一年起，它开始编制和实施国民经济长期发展计划。1928年至1940年的12年间，工业总产值增长7.5倍，重工业的产值增长14倍，其中机器制造和金属加工业增长40倍。苏联与美国的人均工业水平，迅速从1∶8缩小到1∶4。第二次世界大战前夕，苏联实现了工业化，工业生产居欧洲第一位，世界第二位。世界经济史上真的出现了一个奇迹。第二次世界大战造成巨大的破坏，苏联依靠自己的力量，在短短几年里得到恢复。1950年，它的经济实力达到英、法两国的总和，这时又重新编制和实施长远发展计划。1950年到1982年，苏联国民收入增长8.2倍，工业总产值增长12倍。1950年苏联国民收入只有美国的30%，1982年苏联的国民收入达到美国的67%，工业总产值为美国的80%。70年代末，苏联的经济增长滞缓了，但也就在那以前，它成了全球的超级大国之一。如果否认社会主义给苏联带来了高速发展，那就要回答：它是凭什么由一个欧洲落后国家一举而成为世界超级大国之一的呢？

苏联经济的那种高速发展，没有人能够不予重视。西方有的研究者评论30年代的情形说，苏联制造业产量与国民收入增长之快，即使人们采用更为小心的估计，在工业化的历史中的确是没有先例的。也有的研究者认为，那个时期苏联经济的发展，相当于历史上主要资本主义国家50至100年时间

---

①这篇随笔中一次引用1990年4月《纽约时报》文章，两次引用《人民日报》1990年5月文章，可以判定随笔写于1990年5月以后。

的经济发展。50至60年代，苏联的工业增长速度仍快过美国。苏联如此迅速地把自己由一个工业落后国家，改变成了一个工业发达国家，以至成了超级大国，根本原因就是一条，它实行的是社会主义制度。反观资本主义世界，30年代爆发两次经济危机，其中一次“大萧条”。而美国从20年代至30年代，连续爆发三次经济危机，其中一次工业生产接连下降14个月，危机蔓延到西欧、日本。两相对照，事情一目了然：社会主义制度给苏联带来了调整经济发展。这是历史事实。没什么东西可以改变这个历史事实。

当前的苏联经济被认为与美国差距遥远。美国中央情报局说，去年美国生产总值为5.2万亿美元。苏联生产总值大约是美国的一半。苏联科学院一些经济学家则认为，苏联经济的实况远低于苏官方和美国中央情报局提供的数字。苏联国民生产总值只有美国的28%，农业产量只有美国的50%（《纽约时报》1990年4月2日报导）。现在的情况如何，人们大可去研究、争论。苏联在很短时间里变成了一个综合国力仅次于美国的世界第二强国，其动力来自社会主义则没什么可以争论的。不然的话，人们必须回答这样一个决定性问题：欧洲那些工业远比俄国发达的资本主义国家，谁也没有做到这一点；号称“日不落之国”的大不列颠的太阳落下去了，后进的苏联反而一跃而起，走上了与资本主义霸主美国相匹敌的地位，其原动力何在？西方否定苏联社会主义成就的说法各种各样，但是没有哪种说法对这个决定性的问题真正作出了回答。

中国在半殖民地半封建统治的漫长时间里，社会生产力的最高年份是抗日战争前的1935、1936年。1935年全国粮食数量，包括杂粮和进口粮食，人均494斤；钢产量东三省除外，不足5万吨，无法与别国相比；纱锭486万锭，仅为印度的1/2；布机1.4万台，仅及日本的1/60。中华人民共和国建国初期的1952年，也仅能生产钢135万吨，日本在1938年已达700万吨。

中国1953年开始制定并连续实行国家经济发展计划，至1988年，国民生产总值达14015亿元，居世界第8位。其中工业生产占世界第5位，钢产量5943万吨，占世界第4位（1989年已突破6000万吨），原煤9.8亿万吨，占世界第一位，原油13705万吨，占世界第5位，发电量4452亿度，占世界第4位。农业方面，1953年至1984年，增产近4倍，年平均增长速度为4.3%，高于世界各国平均水平。1988年棉花产量达414.9万吨，1989年粮食产量达4亿万吨，均占世界第一位。1985年人均每日摄取热量2602卡，接近世界平均水平。从1950年至1987年，中国工业总产值平均增长率为13.2%。这个时间里，日本平均增长率为10.2%，意大利为5.6%，联邦德国为5.5%，法国为4.4%，美国、加拿大为3.9%，英国为2.4%。中国国民生产总值都有几倍、十几倍甚至几十倍的增长。世界银行提供的数字表明，1950至1987年间，除日本以外的其他工业化国家的总产值一般增加了5倍，而中国则为15倍以上。有的研究者据此指出，中国现在的人均产值大约达到了英、美1900年的水平，或者说，中国人在过去的40年中，走完了英、美人花了100年稍多的时间走过的路程。40年间，中国工农业增长速度为世界第一，国民收入和人均国民生产总值增长速度为世界第二。中国所以发生了如此巨大的变化，根本原因同样就是一条，它实行的是社会主义。

中国现在的人均产值排在世界的100位以后。这是由于：（一）人口众多，6000万吨钢数字不小，与11亿人口相除，人均却只有50.5斤。（二）起点低下，同发达国家无法相比，同一度划入日本版图、工业基础也高于大陆的〖中国〗台湾〖地区〗也难以相比。论历史、人口等情况，中国与印度有相近的地方。美国中央情报局提供的数字，1963至1984年，中国的经济发展速度高于印度两个百分点，印度则高于日本、〖中国〗台湾〖地区〗。西方有的评论家说，共产主义国家在其对手面前相形见绌，只有中国的发展超过印度。而印度所以发展不快，是由于它“拥有一个准社会主义的经济体制”，深受其害（布热津斯基《大失败》，279页）。后面这个说法如果是严肃的和有根据的，那岂不是给社会主义的优越性提供了又一个证据？无论怎么说，中国是在社会主义制度下，在短时间里把自己变成一个综合国力足以称作世界大国的国家的。这是事实。没有什么东西能够改变这个事实。

苏联、中国人口多，面积广。社会主义使它迅速发展起来，改变面貌，这本身就足够伟大了。何况它是表现了社会发展的一种途径，指出了历史前进的长远方向。

它作为一种制度，使苏联在第二次世界大战中成了战胜法西斯的支柱。

第二次世界大战中，同盟国对于打败德国法西斯各有贡献，不可磨灭。但苏联与英美的作用是不一样的。苏联付出的牺牲最多，所起的作用最大，世界上没有别的力量可以代替。希特勒的闪击战从东欧到西欧一路横扫过去，30天内灭亡波兰，44天中占领荷兰、比利时、卢森堡和法国。这里应该是讲英国，可能漏了一行！回本岛，号称“欧洲大陆最强国”的法兰西也只撑持了短短6个星期。苏联加入作战，这种情况才改变过来。从那里起，苏联一直处在反法西斯战争支柱的地位上。

苏德战场上，双方投入的兵力、交战规模远远超过其他的战场。1941年6月，德国武装力量的总人数，达723.4万人。其中陆军约500万人。希特勒对苏作战一开始，就投入75%的主力，总兵力达550万人（朱可夫《回忆与思考》下册，689页）。交战头18天，苏军30万人被俘（法，亨利・米歇尔《第二次世界大战》上册，250页，商务印书馆1980年版），德军也丧失近10万人。战争头3个月多一点，即至9月26日，德军伤亡总数达53.4万人（军事科学院《第二次世界大战史》，178页），头5个月，苏军则损失380万人（同上，178页）。莫斯科会战时，苏德战场德军有陆军兵力430万人，投入莫斯科交战的180万人，苏联兵力为324.5万人，投入莫斯科交战的125万人。在一个狭小地区300余万人展开空前大搏斗。斯大林格勒会战前夕，德军620万人，苏军610万人（朱可夫《回忆与思考》下册，669页）。会战中双方不断增加兵力，苦战200个昼夜。德军损失约150万人，一个庞大的军事集团被合围消灭，德国人痛感发生了106年未曾发生过的不可思议之事，受到强烈震撼（德，K. 蒂佩尔斯基斯《第二次世界大战史》上册，311页）。苏德战场以外，隆美尔指挥的非洲军团10万余人，艾森豪威尔、亚历山大指挥的北非登陆美英联军也只有11万人。盟军开辟第二战场，总兵力280万人，但并非同时投入作战。1944年底，德国兵力仍达750万人，其中作战军队530万人，用在东面战场上的310万人。同一个时期，苏军作战部队约600万人（朱可夫《回忆与思考》下册，997—998页）。这时最激烈的交战主要在东面战场上。攻克柏林的任务也是由苏军承担的。

苏联军民的牺牲超过英美许多倍。波茨坦会议时，斯大林估计苏联在战争中的损失，计死亡和失踪共500万人。德国人除工业方面不计外，共动员了1800万人（《丘吉尔回忆录》第六卷下，第四分册，927页）。1946年斯大林宣布，卫国战争苏联损失了700万人。此后不久苏联官方又宣布损失达1500万人。赫鲁晓夫公布的数字为2000万人。1990年5月7日，苏联国防部第一副部长对塔斯社记者讲，苏联在卫国战争中损失的军民总数为2700万—2800万人（《人民日报》1990年5月12日）。英美公布的数字是：英国武装部队死亡、失踪、被认为已死亡的人数共303240人，加上自治领、印度和各殖民地总数为412240人，又国内死于空袭的平民60500人，死亡的商船船员和渔民30000人（《丘吉尔回忆录》第二卷上，第一分册，7页），美国空军、海军、海军陆战队死亡322188人（艾森豪威尔《欧洲十字军》，见丘录第二卷上，第一分册，8页）。苏联军民的牺牲，从最早的数字到最新的数字，与英美两国的牺牲加在一起相比，是5:1到10:1、20:1、40.5:1。

丘吉尔、罗斯福作为盟国领导人，他们都反复讲，苏联在战争中的特殊重要性。例如丘吉尔说，如果俄国人在冬季临近前能够打下去，“我们（英国）得到的利益是不可估量的”（《丘吉尔回忆录》第三卷下，第三分册，580页）。我丝毫也不怀疑，“俄军的抵抗粉碎了德军的力量，并给日耳曼民族致命创伤”（同上，597页）。德军在头6个月中取得重大胜利，“使他们的敌人受到任何别的国家所经受不起的损失”。所有反对纳粹的国家“见到德国闪电战首次失败，无不欢欣鼓舞。只要德国军队在东方从事于生死搏斗，对于我们这个岛国的入侵威胁就消除了”（同上，808页）。“俄国的力量是重大的，我们也蒙受他们的恩惠”（《丘吉尔回忆录》第四卷下，第四分册，1170页）。艾森豪威尔、艾伦·布鲁克（英国将军）“都确信俄国陆军是能够取得决定性战果的唯一地面部队”（同上，1209页）。罗斯福说，“斯大林格勒保卫战使每一个美国人都热血沸腾，我们深信保卫战获得胜利”。我坚决认为，我们应坚定地承担责任，“俄国战场是今天我们最大的依靠”。“无论如何不要在这时危害我们同俄国的整个关系”（《丘吉尔回忆录》第四卷下，第三分册，846页），等等。罗斯福、丘吉尔那样讲，也采取相应行动。罗斯福抱着病躯，一至德黑兰，再至雅尔塔，两次与斯大林会晤。雅尔塔会议确定德国赔偿战费200亿美元，苏联将获得100亿，以示“按功分配”。充任罗斯福特使多次会见斯大林的哈里曼说，罗斯福援助苏联，“压倒一切的行动，是要使俄国人打下去”。这当然是对的。问题在于为什么非让苏联人“打下去”不可？英美开辟第二战场时，苏军已经开展战略反攻，节节推进。在那以前，整个欧洲大陆只有苏联能够打下去。没有苏联就没有力量能够打败希特勒。说苏德战场是欧洲战场的主战场，也是第二次世界大战的主战场，那合乎事实。

苏联广土众民，作战潜力大，这很重要。但战胜德国法西斯起决定作用的，是社会主义制度。国家迅速工业化和农业集体化取得的成就，给国防提供了坚实的物质基础。社会主义思想、精神，共产党的领导，使人民能够团结起来与敌人作殊死斗争。战争前夜，红军中共有65万共产党员，战争头6个月，就有110万共产党员奔赴前线。戈尔巴乔夫说，卫国战争胜利的主要原因，是这场战争在苏联成了人民战争，希特勒曾梦想入侵能够使苏联社会分裂，但苏联在共同敌人面前紧密团结起来了。又说，党的组织工作是胜利的决定性因素之一。苏共的政治先锋队作用从来没有像十月革命后初期和卫国战争中发扬得那样充分。战时4/5的共产党员上了前线，300万党员为国捐躯，占当时党员总数的一半（《人民日报》1990年5月10日）。所谓苏共的政治先锋队作用，当然就是社会主义制度的政治作用、社会力量的体现。丘吉尔在德国当天发表演说，不顾自己以往充当“头号反共人物”的角色，极力强调联合与支持苏联对德作战的必要。他不看重苏联社会主义国家的力量，就没有理由那样强调这种联合的必要。同一天，德国外交部部长发表讲话，“布尔塞维克对全世界都是一种威胁。德国人民意识到自己的责任是从布尔塞维主义的威胁中拯救世界文明”（德，K. 蒂佩尔斯基斯《第二次世界大战史》上册，214页）。希特勒一再对他的军队将领讲，“这次战争是两种意识形态的决战。不可能应用按照国际上被认为唯一正确的方法”。他们这些话都是强调苏联是一个与他们的制度相敌对的国家，是一个特殊的作战对手。“两种意识形态的决战”，也就是两种制度的决战。德国军事人员写的《第二次世界大战史》上说，斯大林号召“全体劳动者”在敌占区展开游击战争，保卫社会主义祖国。“德国军事当局无力在占领区建立比原制度更自由的制度”，人们就甘心情愿地响应斯大林的号召（同上书，223页）。又说，世界观的对立，使两国有天壤之别。那种对立，并没有因为1939年条约而缓和。希特勒始终认为苏联是德国意识形态的敌人。该书作者认为，斯大林格勒“这次会战，确实是两个敌对世界进行搏斗的象征”（同上书，288页）。各种事实，不同的议论和评论，归结到一起，说明的是同一个问题：苏联作为战胜德国法西斯的支柱，其力量主要来自社会主义制度。

20世纪是社会主义与资本主义并立的时代①

20世纪不同于人类以往任何时代的，是绝大部分时间里社会主义与资本主义两种制度并立。历史的特点是过去、现在、未来相通。掌握20世纪的基本格局，可以对21世纪的趋向作一些展望：

第一，社会主义是现代资本主义生产方式的产物，资本主义存在，两种制度就会继续存在。

第二，历史发展的基本规律是不平衡性，有高潮，有低潮，经济发展是最终起作用的。

第三，20世纪最大的事件，是两次世界大战。它们都不是两种制度间的战争，但是社会主义制度的出现和跃进，都是伴随世界大战而来的，俄国、中国两个落后程度不同的大国，都是在社会主义中得到发展、兴盛的。这一切，都很足以显示出未来世界的宏观景象或远景。

第四，现代科学技术、社会生产把中国和世界多方面联系在一起。事物的特性就在不停顿地运动和变革。中国的任务是在历史所选择的道路上改革、开放、创新、前进。

刘大年

一九九五年六月五日

① 本稿标题是编者代拟。签名旁还钤一“刘大年”章。

抗日战争是中国复兴的枢纽①

抗日战争中，客观上存在着两个过程、两种演变。一个过程、一种演变是日本的力量由强变弱，由军事胜利推进到最后彻底失败，另一个过程、一种演变是共产党与国民党的力量朝相反方向行走，人民力量空前强大起来。这两个过程、两种演变是紧密相连的。前一个演变关系中国亡国不亡国的问题，后一个演变关系今后将是新中国还是旧中国的问题。谁在抗日战争中最出力，谁就在抗战以后更有力量，更有发言权，去领导缔造新中国。反过来也是一样。共产党坚持敌后抗战，收复广大国土，得到人民拥护，力量大幅度上升，国民党由前期积极抗战，比较得人心，变为后期消极退守，保存实力，实行专制统治，日益丧失人心，政治影响衰落下去。

抗战开始，共产党领导的武装只有3万多人，革命根据地只有一个150万人口的陕甘宁边区。抗日战争胜利前夕，共产党领导的军队多达100万，民兵200万，抗日根据地北起长城内外，南至海南岛，人口多达11（？）亿。以前共产党始终被国民党指为不合法，这以后才开始取得与前者平起平坐的政治地位。抗日战争结束以后，人民解放战争很快取得胜利，中华人民共和国随之诞生，不久，中国踏上了社会主义发展前进的道路，归根到底就是由抗日战争这个历史的转折所造成的，是和那种政治力量对比的决定性改变分不开的。所以，要问抗日战争胜利的伟大历史意义是什么？我以为用一句话可以回答，那就是，抗日战争是中国复兴的枢纽，抗战准备了新中国与旧中国的决战，加速了新中国走进社会主义。它是不以人的意志为转移的。

① 原载《社科信息文荟》1995年第11期。

透过历史洞察现实①

毛泽东阅读、评点二十四史的中心有两个，其一是唯物史观，其二是把历史的经验与现实的运动结合起来。先说第一点，毛泽东读二十四史的评语，尽管分散，但表现出的唯物史观却非常鲜明。首先，毛泽东的有些评语，如读《旧唐书》《新唐书》的评语，是从客观形势出发来认识历史的演变和发展趋势的。他称赞贾谊的《过秦论》《治安策》，也是认为贾谊能够从客观形势出发，提出对社会大变动到来时历史走向的基本看法。其次，毛泽东特别重视重要人物在历史上的地位和作用。如他读《三国志》时，对《集解》指责、贬低曹操大不为然，认为“此篇注文，贴了魏武不少大字报，欲加之罪，何患无辞”。他又认为李白说的“魏武营八极，蚁观一祢衡”则比较符合实际。再说第二点，从毛泽东读二十四史时对许多历史事件的分析、对各种人物的评价中可以看出，他是为了让人们从历史中汲取经验教训，是密切联系社会实际的。《史记·陈涉世家》叙述了陈胜起义后脱离群众的有关情况，毛泽东批了“一误”“二误”等语。此外，他对《南史·韦睿传》《新五代史·王彦章传》等的批语，既可看作是品评历史人物，又可看作是毛泽东对自己长期指挥战争的深刻认识。当代中国最根本的现实，自然是走社会主义道路和如何建设社会主义的探索。不用说，二十四史没有社会主义的内容，但是，毛泽东还是找到了一个地方来谈论这个问题，那就是他读《三国志·张鲁传》时写的长达1300余字的评语。从注明的时间上可知那是写在中共中央北戴河会议作出《关于在农村建立人民公社问题的决议》以后，又在武昌举行会议、考虑将人民公社作一些调整的期间。评语讲了张道陵“五斗米道”以下历次农民起义中的平均主义思想，指出“其性质当然与现在马克思主义革命运动根本不相同”，而又拿它与人民公社作某些比较。人民公社等一类“左”的主观空想性的办法，根本不是什么社会主义，已经为历史

① 此文为刘大年在“毛泽东与二十四史学术研讨会”上的发言摘要，原载《光明日报》1997年12月26日。

所否定。我们这里要说的是，从评语中可以看出毛泽东在读书的时候是如何时时都在考虑联系实际，联系社会主义这个中国最大的现实的。毛泽东与所有的人一样在读书，但又有所不一样，他是作为一个大思想家、政治家在读书。他跟所有的人一样，读二十四史是想要了解历史，但又不一样，他是想着如何以对历史的了解来帮助变革现实。他在读二十四史和其他文史古籍时留下的大量评语和考订，当然是对历史的研究，但他跟通常的历史研究者对待历史又不一样，这就如同马克思在《关于费尔巴哈的提纲》中所说的，哲学家们只是用不同的方式解释世界，而问题在于改变世界。

香港回归与中国现实[①]

中国对香港恢复行使主权，如今正在引起世界注目，成为一件世界性大事。一种分析说，这标志着英国在亚洲殖民统治的最后结束。此说有理。我们要问一下，是什么因素使英国殖民统治从此结束的？当年丘吉尔在谈到香港地位问题时宣布过：他当英国首相不是为拍卖大英帝国的遗产；属于英国的土地一寸也不能让予别人。毫无疑问，这也是丘吉尔以后英国当权者的共同立场。今天英国殖民统治要最后退出亚洲了，答案显然无法从英国一方来寻找，而只能从中国一方来寻找。

一百五十多年前，清政府被迫把香港割让给英国，但在中国人心目中从来就没有认为香港不是中国领土；可是长时间里又没有能够收回，为什么？不为别的，就因为中国衰败，江河日下，没有那个力量。辛亥革命推翻了清朝统治，完全有理由拒绝承认它与外国订立的一切不平等条约，可以提出收回香港了。但革命阵营不但没有提出这个问题，而且武昌起义后，就宣布承认清政府与外国签订的各项条约。为什么？国家衰微，没有力量。第一次世界大战以后，中国作为战胜国，北洋政府在巴黎和会上只提出收回九龙租借地，小心翼翼，不敢涉及香港，但那也根本无人理睬。为什么？中国四分五裂，更加衰弱了。抗日战争爆发，中国全民奋起抗战，赢得举世刮目相看。其间，蒋介石也有心乘机收复香港，并一度表示，如果英国不答应归还香港，国民政府就不同它签订废除治外法权等条约。何况香港在太平洋战争后转归日本统治，中国当时要收回香港，就像收回在所有日本侵占下的中国领土一样，本是理所当然的。尤其是一九四五年日本投降，身为同盟国中国战区最高统帅的蒋介石，完全有权派兵赴港接受日本的投降，但终于眼瞧着英国军队远涉重洋，来港受降，蒋介石也不敢抗争，收回香港照旧落了空。为什么？依然是中国受外国势力束缚，没有力量。英国看准了，蒋介石掌握着装备精良的庞大军队，但反共心切。他不但不会用武力来收复香港，相反，他还必

---

① 本文原载《人民日报》1997年6月19日。

须靠外国的支持，在国内发动反人民的战争，来保持大地主大资产阶级的统治地位。抗日战争中，蒋政权统治下的中国是所谓的“四强之一”，其实，这不过是受美英苏三强支配的虚而不实的说法而已。现在，中国马上就要恢复对香港行使主权了，这个一反以往，最终结束英国在亚洲殖民统治的变化，是怎么发生的呢？新中国代替旧中国，故国新生，社会主义与改革开放改变了中国，百年衰败的中华民族大踏步走上了复兴的道路。对于这个现实，中国人民自己没有争议，世界上有争议的似乎也不甚多。因此，香港回归，说到底，不外乎八个大字：社会主义，改革开放。

人们了解历史，是为了认识现实。香港回归告诉我们的，正是当代中国基本的现实。一切社会都在矛盾中存在和运动，中国的现实也是一样。从香港回归来看待当代中国，将有助于回答一些重要问题。

士不可以不弘毅①

在座的多是博士、硕士，年轻的同志。

中国社会科学院大约相当于古代的翰林院。翰林院有编修、检讨、庶吉士，等等。博士、硕士们相当于什么？大概是庶吉士吧。研究员、副研究员，大体上相当于编修、检讨之列。50年代，近代史所还属于中国科学院，那时运动多，经常要检讨，范老曾开玩笑说是在“检讨上学习兼行走”。

要把研究工作做好，要靠你们了。不但要继续下去，还要做得更好。任务光荣。

近代史所，是一个很小的单位，不够一个连。但在国际上还有一些影响。

科学研究，把工作做好，眼光放远一些。视野辽阔，不要在一个小圈子里。要克服困难，要有坚持下去的决心。每一步都有困难。谁克服的困难多，取得的成绩就越大。

《论语·泰伯》篇中有这样一句话：“士不可以不弘毅。”

其原话是：“曾子曰：‘士不可以不弘毅，任重而道远。仁以为己任，不亦重乎？死而后已，不亦远乎？’”

意思是说：曾子说：“读书人不可以不心胸宽广、意志坚强，他们责任重大，道路遥远。把实现天下的仁德作为自己肩上的重任，难道这也不重大吗？努力到死才罢休，难道说也不遥远吗？”

朱熹注：“弘，宽广也；毅，强忍也。非弘不能胜其重，非毅无以致其远。”

弘，通宏，宽宏大量之宏。弘：要有所成就，首先要有气量。要有一个规模，或一定的格局。要有追求事业的事业心。如果没有，就不能说是“弘”。研究工作只看到非常小的问题，不能到宏观的角度考虑问题；或只

---

①这是作者1998年10月13日上午在中国社会科学院近代史研究所召开的“老专家与中青年学者见面会”上的讲话整理稿。

注意鼻子底下的细小的事，身边琐事，都放在肚子里，也不能说是“弘”。

毅：毅力。坚强、顽强，百折不挠。不在困难面前退缩。不能一有困难就缩回来。探索是允许失败的。失败有大有小。失败了，也是一个结果。说明这件事没有什么可探索的。

要有气量、理想、追求，克服困难的精神。坚持下去。

宋人王安石有篇《游褒禅山记》，褒禅山在今安徽省含山县北十五里。有前洞与后洞。前洞，“记游者甚众”。后洞，“入之愈深，其进愈难，而其见愈奇”。他和朋友们一起游的是后洞，可是中途有人提出照明火把不够，一定要出去，于是大家就跟着一起出去了。出来后，又有人抱怨提议出洞的人。王安石本人也后悔未能坚持下去。并借题发挥说明治学的道理，指出不要浅尝辄止或半途而废，而是要克服困难坚持到底：“夫夷以近，则游者众；险以远，则至者少。而世之奇伟瑰怪非常之观，常在于险远，而人之所罕至焉——故非有志者不能至也。”

凡是平坦的地方，游人多，但大家都看得到。到洞里，越走越困难，才能得到奇伟瑰怪的“非常之观”，才能有意想不到的新的收获。

中心问题，仍是一个弘，一个毅。要肯去追求，不能动摇。都写一样的文章，差不多的水平。要克服困难。古往今来，真正有成就的知识分子，都有弘和毅。

科学研究不能离开现实。要认识现实，改造现实。

社会科学，基本也是这样。历史学和经济学，不太一样。但司马迁说得很有道理，“通古今之变”。怎么变化的，变到哪里去。不能离开现实。为什么现实是这个样子，而不是另外什么样子，这是历史造成的。

当今世界最大的现实，还是资本主义社会。

马克思和恩格斯写的《共产党宣言》，发表已150年了。美国有家出版公司再版发行这本书。一印就是两万册。这家公司的总裁说：“人们对于这一千年存在一种焦虑不安的心情。人们认为事情不会就这样继续下去，市场不可能永远欣欣向荣。马克思对于易于受到冲击并出现痉挛的资本主义制度的描述迎合了这种情绪。”美联社的评论是：今天出版这本书是“试图使马克思和恩格斯成为激进的最新时尚”。两者的说法都反映出，在美国，人们也并不相信资本主义会永远存在下去，想知道马克思主义能够给他们提供什么答案。

《华盛顿邮报》今年3月31日刊载的詹姆斯·格拉斯曼《卡尔·马克思无形的手》一文说：在苏联和一些东方国家实行的那种马克思主义，确实不复存在了，但是马克思的影响力依旧相当大。事实上，包括美国在内的西方各国政治制度都是极其恭维马克思的。他说：

“马克思的革命主张首先是：至今一切社会的历史都是阶级斗争的历史，而目前的、也是最后的阶级斗争是在‘两大敌对阵营……（即）资产阶级和无产阶级’之间展开的；第二是：在控制着一切、但最终必将消亡的国家体制之下的集体主义是社会的最好组织形式。”

“即便在美国，我们也依旧按照马克思的划分办法把我们自己划归某一阶级。在1996年的一项调查中，45%的美国人自称是‘劳动阶级’（即无产阶级），45%的人自称是‘中产阶级’（即资产阶级）。”

《华盛顿邮报》文章的作者是美国事业研究所研究员。对于马克思的思想体系，他说是“影响”。其实不仅仅是影响，而是社会发展的现实。资产阶级和无产阶级的对立。它的中心很明白，是在说明高度现代化了的资本主义社会如何出现了或存在着社会主义的成分或者人们希望出现这种成分，是说明人们如何认为出现和存在或者希望出现这种成分是必要的和合理的乃至不可避免的。由此可见，高度发展了的用最新科学技术装备起来的现代资本主义不是证明马克思主义的陈旧过时，相反，它是证明马克思主义揭示的资本主义最终必定要通向社会主义；并且，越是现代化，将越发加速这个过程。

北大今年纪念翦伯赞，我在北大学报上发表了一篇文章，其中引用了上述内容（按：见刘大年《历史学的变迁》一文，载《北京大学学报》1998年第4期）。

资本主义社会。9月中旬访华的法国的若斯潘，很有思想。东南亚经济危机，实即资本主义危机。不只是东南亚，俄罗斯。是从资本主义第一天就来的。其目的就是为了赚钱。资本主义罪恶，从原始、娘胎里带来的。

结论：资本主义的敌人就是资本主义。怎么办？

研究近代史，还要注意现实。现实是什么？还是资本主义社会。要立足于这个现实。

民族独立问题，现代化问题。到底怎么评价？

一要弘，二要毅，三要注意现实。

与博士生谈写论文[①]

《中国文化研究》编者按：这是刘大年先生与他的学生杜语谈写博士论文的一封信。信中涉及研究方法的一些问题。现征得作者的同意，发表出来，供读者参考。

上次讨论中，我的一些想法不知说清楚没有。再写在这里，便于继续讨论。

一、通商口岸的独特性，在于对外开放。具体地说，是中国封建社会被迫在一定范围内对资本主义世界开放。独特性也就是问题的关键。因此，抓住对外开放这个关键，应该是研究和论述本题的中心思想。所谓中心思想，不言自明，它绝不意味着字面的纠缠、重复，而是要从多方面的讨论中体现出来。历来文章要有中心，同时尽可能枝叶扶疏。好的学术论著也不例外。

二、本题的研究和论述，我觉得要包括下列几个部分（指内容，非章节安排）：

第一部分，提出问题。这一部分叙述前人和当代人对此问题的研究、看法，扼要评价。主要目的在于提出你认为值得讨论和需加反驳的问题与观点，准备在全文总结中加以论述回答。这样就可以使论文全篇从头到尾一贯下来了。介绍他人研究中的问题时，不仅要指出论点，还要摘引他们的论据，不可曲解。对于你同意的论点、论据，有的可以放在最后对问题的回答中，作为支持你的论点、论据用，不要总是自拉自唱。

第二部分，叙述史实。基本内容就是现有提纲的第二至第四章。你提出通商口岸是"港口城市"，而非"近代化城市"，这个见解很重要。这应该是贯穿全书的见解。两种不同城市是两个不同历史时代的产物。它们的区别是城市性质的区别，亦即社会性质的区别。它们的对外开放是不可混为一谈的。模糊了两者的区别，便会造成谬误。因此，要讲开放，但必须分析事情的实质。现有提纲缺少一项内容，来说明通商口岸以外的情况。例如口岸外面或

---

① 原载《中国文化研究》1998 年冬之卷（总第 22 期）。

周边地区的旧式生产、经济落后的状况等。需要加上这项内容，强调说明中国口岸对外开放了，并不等于中国就发展了，或为发展开辟了道路。旧中国的口岸对外开放，和中国的发展、近代化完全不是一回事。旧中国是帝国主义封建主义统治下的半殖民地。社会要发展，走上近代化，就一要民族独立，推翻帝国主义的压迫、剥削，二要废除封建统治，最后解放生产力。它们是中国近代历史的全部根据，历史也就是这样走过来的。不要因为讲对外开放，就把事情闹颠倒了。

第三部分，总结或总评。主要是回答第一部分提出的问题，也兼及其他。它们大致是：

(一) 通商口岸的两面性——对历史的一个认识。

(二) 从横向视角看，旧中国的开放与中国的贫穷落后并存 (旧中国的贫穷落后，并非由于没有对外开放，而是由于半殖民地半封建的统治、生产力低下、人民生活贫困……)——对历史的又一个认识。

(三) 从纵向视角看——新中国的、当代的对外开放，使中国取得了迅速、巨大的进步。这是由于历史发生了根本性的转折：

民族独立了，中国是在独立自主下开放的。

生产力解放，生产水平空前提高，物质基础不同了。

外界条件也有了很大变化。

旧中国原来的通商口岸、“港口城市”于是变成了中国“现代化城市”，成了中国走向现代化完备的或不完备的基地。这就是旧中国之所以为旧中国，新中国之所以为新中国。

社会主义加开放：中国的发展。

三、通商口岸是一个专门的比较复杂的题目。它与近代经济史有联系，也不同于经济史。我对此毫无知识。上面说的大都是泛泛之谈，隔靴搔痒，可能不着边际。你必须根据自己掌握的事实加以分析，独立判断，讲自己的见解。对我说的那一些，有几分可取就取几分，了无可取，就彻底干净抛弃，毫不犹豫。在这里，来不得半点虚假、客气。千万千万。我自己的经验，写一点东西，总要反复推翻前面的想法，然后才能落在纸上。自己认识问题尚且如此，怎么能够想象看了你的提纲讲的一些泛泛之言，就能一概站得住脚！事情可能相反，讲得越具体，情况越会糟糕。总之，科学研究要解除思想束缚，坚持科学态度。谁有研究，谁就有发言权。问题是这种发言权，是要建立在踏实的科学研究基础上的，而不是信手抓来一点什么，就自以为实现了所谓突破之类。当然，别人讲的对自己有启发的意见，必须充分注意，充分吸收。这就在自己的思想水平、认识能力了。“启予者商也”，孔子还重视从他的学生那里得到启发呢！

学术研究的功能在于寻求知识，增加人对世界事物的认识。说来容易做起来难。谁克服的困难多，谁的成绩就大。博士论文如果是攀登科学的起点，希望你在这个起点上打响头一炮！

这一百年——中国由百年衰败到奋起复兴①

国外报载，美国白宫在今年3月就举行了迎接新世纪的庆祝会。媒体称为与牛顿、爱因斯坦并列的斯蒂芬·霍金在会上发言。据说他从本世纪自然科学的空前大发展出发，很自信地描绘出了下一个世纪的“历史”。历史学与自然科学不同，是只讨论过去出现过的事变的学问。那么，我们在迎接新世纪的时候，怎样看待与世界历史前所未有的种种剧变相联系的中国过去的这一百年呢?

中国进入20世纪，摆在它面前的基本问题是两个：一是民族不独立，要求在外国侵略压迫下解放出来；二是社会生产落后，要求工业化、现代化。两个问题内容不一样，又息息相关。

中国以前是独立的东方大国。英国用鸦片和大炮打开中国大门之日起，情况发生了根本性变化。中国在战争中遭受失败，割地赔款，受到不平等条约束缚。国家衰败下来，民族不独立了，社会逐渐走上殖民地半殖民地道路。这条黑暗的道路，使中国像在深渊里不断下沉。中国各族人民一浪高过一浪的反侵略反压迫斗争，迫使它的敌人在进攻中或者要“暂停”，或者变换方式策略，或者要重新寻找同盟者与鹰犬，中国人民的斗争阻止了帝国主义把整个中国变为殖民地，但是没有阻止住民族危机加深。日本发动长达八年的侵略战争，把中国推向了灭亡的边沿，至于要求社会生产工业化、现代化，上个世纪六七十年代中国近代工业是露头了。那时它要发展，简直像“蜀道之难，难于上青天”。中国海关掌握在外国人手里。外国在中国自由地开设银行、工厂。外国商船、兵舰在中国沿海、内河自由航行。中国产业与外国在华产业资本相比，远远地少于后者。外国资本依靠帝国主义的特权，投资获取最大的利润。中国资本根本没有力量竞争，要仰外国资本鼻息生存。中国的重工业几乎等于零。1936年关内的钢产量不足5万吨。1949年全国钢产量也只有15.8万吨。中国社会经济毕竟有历史积累的底气，又地广人众，

---

① 原载《瞭望》周刊1998年第33期。

列强不可能阻止中国民族工业的出现，也就不可能阻止它极其曲折、极其微弱的增长。民族工业是中国历史上的最新事物，给中国前景带来了光明。伴随它，中国出现了民族资产阶级、近代知识分子和最富于革命性的工人阶级。这些新的社会力量凭着自己不同的作用，再加上占人口绝大多数、强烈要求反对剥削压迫的农民群众，构成了争取民族独立解放的最后支柱和基础力量。中华人民共和国就是由这个巨大力量孕育诞生出来的。

中华人民共和国成立，历史翻开崭新的一页。近代中国民族不独立，社会生产落后，无法工业化、近代化那两个基本问题，发生了以前几代人梦寐以求的变化。现在中国独立地屹立于世界民族之林。中国是联合国常任理事国，也是核俱乐部一个成员。香港已经回归祖国。中国与世界各大国都有正常的邦交，自主交往。这是历史上所未曾有的。国家工业化、现代化前进的道路打开了。美国总统克林顿 1997 年 10 月 24 日在有关中国的讲话中说：今天大多数中国人的生活水平比中国近代历史上任何时候都高。中国市场改革带来二十多年史无前例的发展。城市中的人均收入在过去的仅仅十年里就猛增了 555%。它在世界上的贸易国地位已经从第 22 位上升到第 11 位。“预计到 2020 年将成为第二贸易大国，仅次于美国。”这些话里最后一句是预测，其他都是讲的事实。

概括上面的叙述，不管是否有点像与“工笔画”对应的“写意画”，我们对中国近代一百年历史地位的评价，应当是一目了然的：20 世纪是中国由百年衰败转变为奋起复兴的世纪，是中国由殖民地、半殖民地半封建的旧中国转变为重新独立发展的新中国的世纪，最终是有中国特色的社会主义在改革开放道路上前进的世纪。说来很巧，这个转变的时间恰恰是在把本世纪一分为二的分界线上。

世界每天都在飞速更新。西方早就在讨论“后现代时代”即将到来，加以推测和描绘。历史不断变化，它的基本方向又是不可违逆的。历史千锤百炼铸就的今天中国的现实，也就是指引新世纪中国行进的方向，尽管人们在前进的道路上，还不知道要去克服多少艰难险阻，以至碰上惊涛骇浪、电闪雷鸣。孔子是一位唯心论的哲学家，但也讲过合乎唯物论的话。他站在河边指点说：“源泉混混，不舍昼夜，逝者如斯夫。”这个话就合乎唯物论。谈到迎接世界新世纪，对中国 21 世纪的展望——其中包括人们预言的“后现代时代”，我想把孔子的话偷来，略加篡改说：中国今天的道路既然是百年历史的选择，那它就会源泉混混，不舍昼夜，来者如斯夫！

蔡元吉事略①

〖蔡元吉〗即华容东山蔡仲卿（号?）。清封“猛勇巴图虏”。“花屋”旧址至今尚存。大革〖命〗时被农民打死的大劣绅。

蔡元隆，湖南岳州人。自幼在家读书。咸丰四年，蔡十六岁，参加太平军。同治十二年二月投降清军，改名蔡元吉。蔡作战勇敢，为李秀成所喜，招为女婿。（李鸿章《朋僚函稿》卷四，15页）李鸿章淮军初至上海，李秀成命谭绍光、蔡元隆发动猛攻，“围北泾营七昼夜”，李鸿章“几为所窘”。（《朋僚函稿》卷一，58页）太平天国癸亥十三年，蔡被封为“会王”。李秀成不久北上，收苏、浙一带地方交蔡元隆、谭绍光、陈炳文镇守。蔡部先驻扎江苏太仓，后移防浙江海宁。淮军进至江浙境，蔡向潘鼎新表示愿“薙发献城”，李鸿章认为“蔡元隆狡黠难信”，未能实现。（《李鸿章致潘鼎新书札》，8页）同治二年十二月，蔡向清已革（？）宁绍台道道员张景渠乞降，为张为接受。（沈兆元《随军目睹武功纪略》）最后江浙藩司蒋益丰（？）澧直至蔡驻地，收受城池。（《太平天国》第六册，652页）蔡等过江，跪拜左宗棠，“泣诉衷曲”，自捐所部八营两月粮饷，捐献资金，遣散余部。蔡、谭、陈三人，谭为英雄，蔡、陈为叛徒。

① 这篇事略，可能是应湖南《华容县志》编委会邀请写作的。

近代经学（参考资料）[①]

原稿手迹

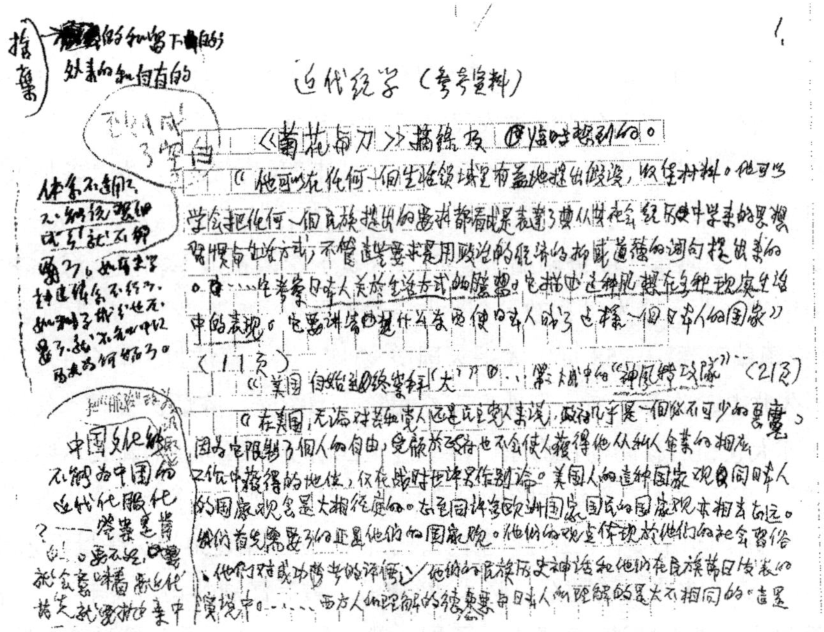

近代经学（参考资料）

《菊花与刀》摘录及临时想到的。

“他可以在任何一个生活领域里有益地提出假设，收集材料。他可以学会把任何一个民族提出的要求都看成是表达了其从其社会经历中学来的思想习惯和生活方式，不管这些要求是用政治的经济的抑或道德的词句提出来的。……它考察日本人关于生活方式的臆想，它描述这种见解在各种现实生活中的表现。它要讲清的是什么东西使日本人成了这样一个日本人的国家”（11页）

“美国自始至终要拿‘大’……影响中的‘神风特攻队’”（21页）

“在美国，无论对其他人还是民主党人来说，政府几乎是一个必不可少的恶魔，因为它限制了个人的自由，免除于政府也不会使人获得他从私人企业的相应工作中获得的地位，仅在战时也许另作别论。美国人的这种国家观与同日本人的国家观念是大相径庭的。甚至同许多欧洲国家国民的国家观亦相去甚远。我们首先需要了解的正是他们的国家观。他们的观点体现于他们的社会习俗、他们对成功者的评价、他们的民族历史神话和他们在民族节日发表的演说中。……西方人所理解的……与日本人所理解的是大不相同的。这是

《近代经学（参考资料）》原稿手迹之一

---

①《近代经学（参考资料）》，原文系抄录在 8 开大稿纸上，共 12 页，约 1.3 万字。此篇为美国学者本尼迪克特《菊花与刀》及冯友兰《中国哲学史新编》两书的摘录（缩写）及批语（按语）。

〔美〕本尼迪克特著《菊花与刀——日本文化的诸模式》，英文版初版于 1946 年，有浙江人民出版社 1987 年 6 月版中译本（孙志民等译）。冯友兰著《中国哲学史新编》，有人民出版社 1989 年出版的 7 卷本。作者所据以摘录的，应即是以上的两种版本。其中冯友兰的《中国哲学史新编》，作者主要摘录了第 6 册和第 3 册的相关内容。

作者写于摘录原文之内、之下、之旁的批语和按语，都以黑体标识，以与摘录的原文相区别。

又：相关的摘录文字经查对原书，有添漏字或语词前后颠倒或改用同义词的现象，甚至有据原文予以节略缩写者，标点也与原文有出入。对于这些变动之处，除影响文义者外，一般不再据原文加以校改。对于明显的衍、错、漏字，或辨识不清者，则按卷首《编者说明》所列文字处理符号标识。

作者所加的下划线（包括双下划线）及着重号等标识较多，亦尽量照样予以标识。

本篇由孙连华录入，姜涛校定。

《菊花与刀》摘录及临时想到的

他可以在任何一个生活领域里有益地提出假设，收集材料。他可以学会把任何一个民族提出的要求都看成是表达了从其社会经历中学来的思想习惯与生活方式，不管这些要求是用政治的经济的抑或道德的词句提出来的。……它考察日本人关于生活方式的臆想。它描述这种臆想在各种现实生活中的表现。它要讲清楚什么东西使日本人成了这样一个日本人的国家。（11页）

舍弃的和留下的；外来的和自有的。

体系不适用了，不能说整个成分就不要了。否则成了空白。如历史学封建体系不行了，如科学成分也不要了，就不知中国历史为何物了。[①]

美国自始至终崇拜“大”……第二大战中的“神风特攻队”。（21页）

在美国，无论是对共和党人还是民主党人来说，政府几乎是一个必不可少的恶魔。因为它限制了个人的自由，受雇于政府也不会使人获得他从私人企业的相应工作中获得的地位，仅在战时也许另作别论。美国人的这种国家观同日本人的国家观是大相径庭的。甚至同许多欧洲国家国民的国家观亦相去甚远。我们首先需要了〖解〗的正是他们的国家观。他们的观点体现于他们的社会习俗、他们对成功者的评价、他们的民族历史神话和他们在民族节日发表的演说中。……西方人所理解的德和恶与日本人所理解的是大不相同的。这是一个独特的体系。它既不属佛教，也不属儒教。它是一个日本体系——既是日本的力量所在，也是日本的弱点。（16—17页）

中国文化能不能为中国的近代化服化［务］（把“服务”改为“汲取”）？——答案是肯定的。要不然，就会意味着要近代化先就要抛弃中国文化。这是《河殇》之类的观点，或“全盘西化”论，但必须区别指导思想、文化遗产的不同。不能把它们混为一谈。[②]

按：近代经学研究，中心应该是要说明经学这种中国哲学所表现的世界观、价值观，它的形式与特点和这种哲学在近代的突然兴起和迅速衰落。国家政权观念——政权的合法性，它的作用等，是经学的基本观念、价值观之

---

① 这两段批语，写于上一段摘录文字的左侧页边。

② 写于上一段摘录文字的左侧页边。

一。这个哲学包括社会观——“天人关系”、道德观、认识论等等，自成体系，即中国式哲学体系，不同于西方，也不同于东方的日本、印度等。把西方文化强凑在这个体系里面，使它不成体系，标志了它的衰落和终结。这里最重要的是必分清两件不同的事：一是体系，社会生活变成〔革〕了，整个体系崩溃了。不能再存在。二是历史文化因素，民族特点因素，在表现中国文化之所以异于其他文化，渗进在后来人们的话里，是长期存在的，简单否定不了。（如在《求实》文中讲的四点，加上本体论、认识论，等等。）要分析对待。经学的封闭性与开放性问题，它反映的是封建经济体系，因此是一个闭塞的体系，同时就像封建经济是缓慢变动的一样，它也是缓慢变动的。近代经济的变动，不是一个开放问题。开放意味着在原有体系上吸收新的成分，加以改造发展，近代经学不是改造发展问题，而是旧社会生活的终结，新社会生活的开始。与一座历史上视如奇迹、放射光彩的伟大建筑物的保存有异有同。那样的建筑物，年久失修了，用现代技术加固整修，在格局上仍是古老建筑物。……[1]

又与李泽厚所〖说〗的孔学强调民族文化的内容（另手册）。

不止是“民族观念”，还有民族“文化”。[2]

七世纪日本从中国全盘输入佛教，（**按，也输入儒学**）……天皇们也采用其使节从中国介绍过来的官职、品级制度和律令。世界上很难在任何其他地方找到一个主权国家能如此出色地有计划地输入文明的例子。但是，从开始日本就没有能够仿照中国建立没有卡斯特的社会组织（**按：卡斯特，指一种世袭的等级身份制**）。日本所采用的官职，在中国本来是授予科举及第的行政官员的，但是在日本却被授予世袭贵族和封建领主……（《菊花与刀》，49页）

按：日本民族对吸收外来文化的态度，不是全盘西化，一切照搬。

美国文化的突出特点：西方人所称之为祖先崇拜的东西，实际上大部分并不是祖先崇拜，而且也不是完〖全〗对祖先而言的，这只是人对过去的一切表示感谢的仪式而已。……西方人轻视他们对这个社会所欠的恩情债，极

①这一大段按语，写于“在美国，无论是对共和党人还是民主党人来说……”这一段文字之后。

②这两句话均写于上一段按语“如在《求实》文中讲的四点”等字的左侧页边。

端轻视这个社会在抚养、教育、福利方面，或者甚至是在他们自己被生了出来这件简单的事实方面所给予他的一切，所以日本人觉得我们的动力是不足的。有德之士不会说他们不欠任何人的恩情，而在美国人们就是这么说的。（同上，82页）

一个人也受“恩”于天皇以下的地位较低的人。当然有受之于父母之“恩”，这是著名的东方孝道的基础，这种孝道使父母处于十分重要的地位，他们有管教其孩子的权力。……孩子们必须努力服〖从〗父母，而不是像在德国——另一个父母对孩子拥有管教权力的国家——那样，父母必须努力强迫使孩子服从。日本人对东〖方〗孝道的看法是非常现实的，关于父母之“恩”，他们有这么一句俗话，可以译成“一个人只有在自己有了子女以后，才知道他对自己的父母欠了多少恩情债”。（日语“有子方知父母恩”）（同上，85—86页）

按：①据此，同是西方文化，德国与美国在父母与子女的关系上也大不相同，这说明社会习俗、家庭关系不可能简单从经济基础上去说明。美国没有经过封建制自然有关。

②中国与日本类似。（谁言寸草心，报得三春晖……）

在我们看来，爱国主义和对我们家族的爱是与此截然不同的。对我们来说，爱是一种心灵的事情，自由给予的爱是最高尚的爱。如果爱国主义意味着把我们国家的利益置于一切之上，那么这一意义上的爱国主义被认为堂吉诃德式的，无疑是与易犯错误的人类本性不相协调的，除非是在美国遭到敌国武装力量攻击的时候。日本人的基本假〖设〗前提是每个男女生来都负有恩情债，我们缺乏这种观念。……而在日本，它们〖被〗看成完全类似美国的财务清偿能力，其背后的强制力也像在美国促使人人都希望有能力支付账单和抵押借款利息的强制力一样巨大。（**日本人的感恩心情**）如影随形，就像一个纽约小农对其抵押物的担忧，或者像一个华尔街的金融家在卖空后看着行情上涨时所感到的不安。（同上，98页）

美国的爱国主义[①]

资本金钱的强制力，变为思想观念的强制力。一切从商业看待。[②]

① 写于“如果爱国主义意味着”等有下划线部分的左侧页边。

② 写于“财务清偿能力”等有下划线部分的左侧页边。

日本人……背离了中国人关于对国家的义务和孝行的概念。自七世纪以来，日本不断反复地吸收中国的伦理体系，“忠”和“孝”这些词都是汉语，但是中国人并不使这些德成为无条件的。中国设定一种凌驾一切之上的德作为忠与孝的条件。这个德即是“仁”。但它几乎意味着西方人在说良好的人际关系时意指的一切。父母必须有仁。如果统治者不仁，那么他的人民起义反对他就是正当的。一个人的效忠是以仁这个条件为基础的。天子能否永据皇位，文武百官能否永占官职，均取决于他们是否施行仁政。中国人的伦理把这块试金石用于所有的人际关系。（《菊花与刀》，100—111 页）

明治初年的政治家在考察了西方诸国之后写道，在所有这些国家中，历史是由统治者和人民之间的冲突构成的，而这不符合日本精神。（107 页）

日本人总是极为坦率地否认所谓德即是同恶的斗争，……他们扬言这正好证明日本民族道德的高尚。据他们说，中国人曾不得不制定一种道德戒律，把“仁”——公正和善行——作为一种绝对的标准，并以此来衡量所有的人的行动。……“道德戒律适合于因本性低劣而不得不用这种人为手段予以约束的中国人。”（江户中期的国学者，日本国学四大家之一的本居宣长（1730—1801）语）

“仁”的定义。对中国道德水平的评价。①

（**日本**）是一个内心极度不安而又富于进攻性的民族。……日本人律己甚严。为避免被排斥和受诽谤的巨大威胁，……在人生的重要事情中，他们必须抑制这些冲动。……这些人才是为家、为村、为国增光的人。这样产生的压力是巨大的，这些压力表现为使日本成为东方领袖和世界一大强国的雄心壮志。（246 页）

日本民族进攻性。每个人受到的压力。②

战争这种异常的体验就好像是显微镜，它把日本人的精神生活、文化和传统等放大，并清楚地展现在人们的眼前。（同上书附录，267 页，川岛武宜《评价与批判》）

战争是放大镜——从抗日战争看中国的传统文化、民族特性。③

① 写于“中国人曾不得不”等有下划线部分的左侧页边。

② 写于“这些人才是”等有下划线部分的左侧页边。

③ 写于上一段摘录文字的左侧页边。

文化研究的观点、方法

我们日本人受到的教育是有限的，日本人比其他任何民族都更盲目地接受自己的传统和思考方法，并以此为中心判断事物。……本书（**《菊花与刀》**）与那些强迫作家歪曲事实，只写有利于自己国家的事情，像小孩似的辱骂敌国的国家不同，本书作者的国家是一个即使在战时也容许作家踏踏实实地对敌国进行保守的科学分析的国家。（267页）

中国人不能再盲目接受传统①

本来日本的社会科学就有较强的思辨性倾向，一般对实证性资料来加以印证不太感兴趣（**按：这恐怕是指战前，后来的情形显然相反，重视细微情节，不强调思辨**）。与此相反，盎格鲁·撒克逊的社会科学，尤其是美国的社会科学非常重视收集资料（**按：更有意义的是重视问题，收集有关〖资〗料，与中国经学烦琐哲学不同**）。（同上，269页）

中国两者都有

一、实证性、古文经学。

二、思辨性——宋代经学。②

我们（**日本**）的社会结构是由各种不同质的要素构成的等级制度，至少我们的行动和思考方法的许多方面至今仍受制于这个封建的等级制度，这个等级制度的各个方面对我们来说是重要的。但反过来，当我们试图理解不同性质的欧美文化时，我们同样从结构上来把握。……对象日本这样一个正在变化或变革的社会来说，这种方法实际上是非常有用和必要的。在今天的日本社会，与古老的传统行动和思想方法相对抗的新行动和新思考方法的模式正在发展。而搞清后一模式对前一模式是以怎样的方式、怎样的强度来表现自己的是颇有学术意义的，实际上这也是非常有用的。……日本文化的基础——等级制度……日本的等级制度是建筑在日家族制度之上的。（**与此相联系的农村、渔村的五人组制度，城市的邻保组织——邻组、町会等等。军国主义强化它们建立起权力机构。……日本军国主义的基层与德国法西斯并**

① 写于“日本人比其他任何民族都更盲目”等语的上侧。

② 写于上一段摘录文字的左侧页边。

非如出一辙。)(《菊花与刀》，272 页，川岛武宜《评价与批判》)

不同模式、关系、变化[①]

日本的社会结合大部分是人身或统治服从的关系，而不是个人与个人之间通过自由意志这一媒介的结合，这已成为常识。……著者指出了恩本身不是一个德，报恩才是德。换言之，用其他种种活动表现的行为在特定的人身结合关系的范围里是统治者所负的一定程度的道德义务，但“不是人所负的一般道德义务”。著者正是从这一点中发现了与以“仁”作为道德本质的中国古典儒教的重要差别。(273 页)

中国如何？[②]

经学里面没有道德的地位，只有历史的、政治的地位——这当如何解释。[③]

著作指出，明治以后政府致力于掀起向国家主义道德（忠）统一的运动，但是为何会产生这种道德体系的分裂、矛盾，进而是人的〖道德〗精神的分裂，以致没能形成统一的人格？……我认为，这只有用历史的分析方法才能做到。而试图将这些诸德［多］的道德圈统一在一个水［平］面上的努〖力〗是图［徒］劳的。(277 页)

道德圈、文化模式均不能统一在一个水平上。分析中国文化、儒学把握此点。[④]

道德修养提不〖到〗眼前，——孔学里是道德修养占很大的分量，它基本上是讲伦理关系的，经学斗争中不见了。民族危机、阶级矛盾，斗争太激烈了。[⑤]

任何一个社会都不可能不向其成员要求某种程度的自我牺牲和自我抑制。但是近代市民社会所要求的自我牺牲和自我抑制是〖个〗人在社会中互相尊重自由所必需的最低限度的自我牺牲自我抑制。由于自我牺牲的相互性，所以它可以建筑在人的自由意志的自发性上，因此，在美国没有像日本模式的“修养”那样的努力。与此相反，在日本，“日本人把自我监视和自我监督视

---

① 写于“在今天的日本社会……模式正在发展”等有下划线部分的左侧页边。

② 写于“恩本身不是一个德，报恩才是德”等有下划线部分的左侧页边。

③ 写于“道德本质”等有双下划线部分的左侧页边。

④ 写于“试图将这些”等有下划线部分的左侧页边。

⑤ 同上。

为重压”，所以“修养”就成了一种需要。……这恐怕是由于我们的封建社会没有自我牺牲的相互性，服从者在自我牺牲的“借贷对照表”中始终是被记在贷方，而统治者则始终被记在借方。**（按：所说美国自由意〖志〗也不对，资产阶级无产者两方不可能有同等自由意志。私有制社会里，劳动者始终只是贷方，不只日本封建社会如此。）（279页）**

冯友兰《中国哲学史新编》第六册摘录①

中国维新时代的主题是向西方学习，进步的人们都向西方学习，但不能倒过来说，凡向西方学习的都是进步的人们。这要具体地分析，要看他要学习的是什么。中国所要向西方学习的是西方的长处，并不是西方的缺点，洪秀全和太平天国所要学习而搬到中国来的是西方中世纪的神权政治，那正是西方的缺点。西方的近代化正是在和这个缺点的斗争中而生长起来的，中国所需要的是西方的近代化，并不是西方中世纪的神权政治。洪秀全和太平天国如果统一了全国，那就要使中国倒退几个世纪，这是我对于洪秀全和太平天国的评价。这个评价把洪秀全和太平天国贬低了，其自然的结果就是把它的对立面曾国藩抬高了。曾国藩是不是把中国推向前进是可以讨论的，但他确实阻止了中国的倒退，这就是一个大贡献。（六册，自序，3页）

在世界进步的潮流中，中国又落后了一步。这是一个大问题。这样的历史变化必定有很多的原因，绝不是用一个原因可以说明的。儒家思想的统治是其原因之一，除此之外至少还有两个原因，一个是地理上的，一个是政治上的。从地理方面看，中国基本上是一个大陆国家，……在政治上是一个统一的国家，……统一是一件好事，有时也是坏事。中国沾统一的光，有时也吃统一的亏。**（按：指中央管住了，内陆地区拖了沿海地区的后腿。）（冯，六册，4页）**

在中国近代史中，中国这个社会有两种势力，一个是自发地进入资本主义的势力，即半封建势力。**（按：别处指曾国藩〈？查〉、康有为。）**一个是

---

①原题如此。文中实际上也摘录了第三册的部分内容。凡录自第三册者，作者自己业已标明为“冯，三册”等字样。

外来的帝国主义势力。后者用政治上、经济上、军事上的压力迫害前者，使其不能发展；前者极力反抗这种压迫，在挣扎中前进。这是中国近代社会这个统一体的两个对立面，这两个对立面的斗争就是中国近代史的主要内容。（同上，4页）

按：此段要仔细看，民族独立不在其中？

关于向西方学习，在太平天国的官方文件中有一个文件题为《天条书》，其中说：……基督教所指引的人生道路是一条大路，西方国家顺着这条大路一直走下去，中国则受了阎罗妖的迷惑，走入了邪路。言外之意是说，西方走的是大路，所以兴盛，中国走的是邪路，所以衰落。他的意思也是向西方学习；不过他认为，西方的“长技”是基督教，所以中国人也要信奉基督教，排除阎罗妖。（六册，63页）

另一个文件《诏书盖玺颁行论》提出了一个排除的具体办法。它说：“当今真道书者三，无他，《旧遗诏书》（**《旧约》**）、《新遗诏书》（**《新约》**）、《真天命诏书》也。凡一切孔孟诸子百家妖书邪说者尽行焚除，皆不准买卖藏读也，否则问罪也。”（63页）

基督教《圣经》上的旧、新约。《真天命诏书》太平天国的官方文件。[①]

按：62页又有：“太平天国的官方文件中又有一个建议，要把‘五经四书’全部烧毁，禁止流通。从表面上看，洪秀全和太平天国的反封建可以说是很彻底了。”然后就接着根据所谓“四条绳索”的内容讲，太平天国一条也没有做到，而且相反。[②]

在《原道醒世训》（按：据瑞典人韩山文转述，此篇当作于1845、1846年在乡执教期间）中，洪秀全把《礼运》中所记录的孔丘的话“大道之行也”一段完全抄下来。这段话所说的是一种理想社会，是乌托邦思想。在近代，康有为、孙中山都引过这段话，作为他们斗争的目标。乌托邦思想是人们对于现实社会不满和希望改革的表现。《原道醒世训》引这段话，说明洪秀全的立场已经不同于中国封建社会中的普通知识分子的立场。他的立场开始转变了，他的思想也开始转变了，他希望把世界改造成为“公平正直之世”。这是他的宗教思想在发展过程中的一个进步。（60页）

---

① 写于上一段摘录文字的左侧页边。

② 同上。

《礼运》讲大同，何休《春秋公羊解诂》解释“大同”为“太平世”。从此，太平世深入人心。(查以前有无“太平”说)[1]

说鬼神能附在人的身上说话，这是很原始的宗教迷信。大平天国的神权政治就是以这种原始迷信为其表现形式。这种神权政治使其社会体制的改革都成了有名无实，起不了作用。(61页)

按：据此，太平天国并非遵行的西方的基督教，而是中国的原始迷信。[2]

笼统地看，洪秀全是农民起义的领袖，他领导了农民大起义，建立了太平天国农民政权，支持了十几年之久，这在中国是史无前例的，是应该充分肯定的。分析地看，洪秀全领导农民起义这是事实，至于太平天国是不是农民政权那还是一个可以讨论的问题。……农民是封建社会中的一个阶级，不代表新的生产力，转来转去还是在封建的生产关系中打圈子。一个农〖民〗起义的领袖，打倒了当时统治的王朝，建立了新的政权，他自已登上了统治者的宝座。等他登上宝座的时候，他自已就变了质，他所建立的新政权也变质了，它是一个封建政权，而不是农民政权了。

元末的朱元璋由农民起义的领袖，变成了封建政权的皇帝。李自成如果不失败，也不过在历史上多了一个大顺朝。(69—70页)

按：这是两个不同的问题，农民不代表新的生产关系，不能建立巩固的农民政权，是一回事，农民能不能发动反封建统治的起义，能不能进行反对封建剥削压迫的斗争，是另一回事。现在的问题是洪秀全领导了农民大起义，不是什么宗教革命，这与农民不能摆脱生产关系建立巩固的政权毫不相干。冯书事实上，提出的根本不是农民政权问题，而是太平天国的性质问题。不知冯书为什么要把它排在一起，把问题引到一边去。[3]

第一次鸦片战争以后，西方的资本家和帝国主义者强迫当时的中国政府签订了许多不平等条约，其中有两个基本的要求，一个是通商，一个是传教。通商是对中国人民的物质剥削，传教是对中国人民的精神麻醉。洪秀全宣传基督教，实行神权政治，这在客观上和西方的侵略起了里应外合的作用。(71页)

---

① 写于上一段摘录文字的左侧页边。

② 写于上一段摘录文字的右侧页边。

③ 同上。

按：这“许多不平等条约”割让土地、大量赔款何以都不见了，开辟租界、租借地，把中国领土变为外国管（查罗荣渠引费正清的说法）等也不见了。[①]

中国历史中的农民起义向来都以宗教为组织形式，因为农民是散漫的，如果没有一种宗教作为中心，他们就组织不起来。洪秀全等人用拜上帝教组织农民，这是农民起义的规律，和黄巾起义用太平教作为组织形式完全一样。不过洪秀全等人适逢其会，自己先受了西方传教士的影响，先信了基督教，所以就利用基督教组织农民。这正说明西方的传教士已经在中国社会中发生了影响，……在这种影响下，洪秀全的太平天国起了这些西方传教士所不能起的作用。（71 页）

按：十分正确！[②]

就宗教这一点说，宗教学家认为基督教是一神教，比之于多神教是进步的。洪秀全宣传基督教，称之为“拜上帝教”，认为只有上帝是真神，中国的民间迷信，如阎罗天子，城隍土地之类都是阎罗妖。据他说，“天父”能附在他的身上说话，这是用了中国民间迷信的说法，这样的上帝真正成了妖魔鬼怪，不是一神教的上帝了。他所宣传的拜上帝教实际上是西方的基督教和中国民间迷信相混合的一个大杂烩，是地道的多神教，不是一神教。（71 页）

“太平”来历[③]

何休对“井田制”作了一个详细的叙述，描绘了一幅农民在“井田制”生活“美好”的图画。当然这只是一种幻想。他提出了“太平”这个概念，认为井田制是实现“太平”的唯一途径。（冯，三册，312 页）

《汉书 · 王莽传》：“天下太平，五谷成熟。”据此，“太平”当以何休所

① 写于上一段摘录文字的左侧页边。

② 写于上一段有下划线一句的右侧页边。

③ 题为“‘太平’来历”的几段摘抄文字，即从“何休对‘井田制’作了一个详细的叙述”一段起，直到“近代的农民起义自称‘太平天国’”一段，均摘录自冯著《中国哲学史新编》第三册，且均写于第 4 页稿纸的左右两侧页边。

言为最早，大概西汉末此观念已在流行。①

"太平"是中国农民起义的一个理想。在东汉末年，农民起义所依托的〖宗教〗组织称为"太平道"，包括有农民思想的宗教经典称为《太平经》。后来太平天国农民大起义也用"太平"二字形容他〖们〗的"天国"。（冯，三册，313页）

在封建社会里，农民的生产是个体生产。在地主阶级的剥削和压迫之下，他们被剥夺了学文化的权利。农民起义往往要依靠一种宗教组织起来。借用一种宗教的观念，表达自己的要求和愿望。（同上，314页）

一点不差，这就是太平天国为什么要奉行宗教那一种形式，太平天国的性质，在取决于它奉行……另纸。②

东汉出现的《太平经》表现了原始共产主义思想。（同上，323页）

近代的农民起义自称"太平天国"，以"太平"二字作为其天国的主要特点。相隔一两千年的农民起义是有其一致之处的。（同上，326页）

中国近代"历史的主题是近代化③，其主要的内容是振兴工业，提倡科学和技术，这是近代维新的主流。洪秀全的宗教宣传和太平天国的神权政治正是逆流而行，把中国历史拉向后退。推向前进或拉向后退是评价历史人物的最高标准"。（71页）

按：把历史的前进说成历史的倒退。④

近代的主题⑤**，一是民族独立，二是近代化。此处不要民族独立了。因此也就〖不〗存在反帝了。**⑥

洪秀全和太平天国的对立面，名义上是清朝皇帝，实际上是当时的湘军统帅曾国藩。曾国藩（公元1811—1872年），是一个信奉程朱理学的道学家……洪秀全和太平天国在南京以西方的基督教为教义，以神权政治为推动力，以太平军的武装力量为支持，三位一体，力量雄厚。曾国藩以宋明道学为理论，以清朝政权为靠山，以湘军的武装力量为支持，与太平天国的三位

---

① 写于上一段摘录文字的右侧。

② 写于上一段摘录文字之后，但未见下文。

③ 冯著此句原作"历史的主流是近代化"。

④ 写于上一段下划线文字的右侧页边。

⑤ "主题"，作者原写作"主流"，后改。

⑥ 写于上一段"历史的主题是近代化"一语的左侧页边。

一体势均力敌。（73 页）

按：为什么要这样区分，文章在“圣战”，在两种文化的斗争。[①]

湘军不是由武人建立起来的，而是由文人特别是道学家建立起来的。曾国藩本人是一个道学家。……他们（**按：指曾国藩、罗泽南及其门徒**）有一个共同的目标，出于共同的激愤，这个目标和激愤集中表现在曾国藩的所谓《讨粤匪檄》之中：

“自唐虞三代以来，历世圣人扶持名教，敦叙人伦，君臣、父子、上下、尊卑，秩然如冠履之不可倒置。粤匪窃外夷之绪，崇天主之教，自其伪君伪相，下逮兵卒贱役，皆以兄弟称之，谓惟天可称父，此外凡民之父皆兄弟也，凡民之母皆姊妹也。农不能自耕以纳赋，而谓田皆天主[②]之田；商不能自贾以取息，而谓货皆天主之货；士不能诵孔子之经，而别有所谓耶稣之说、《新约》之书。举中国数千年礼义人伦、诗书典则，一旦扫地荡尽。此岂独我大清之变，乃开辟以来名教之奇变，我孔子孟子之所痛哭于九原。凡读书识字者又乌可袖手安坐，不思一为之所也？！

“自古生有功德，没则为神；王道治明，神道治幽；虽乱臣贼子，穷凶极丑，亦往往敬畏神祇。李自成至曲阜不犯圣庙，张献忠至梓潼亦祭文昌。粤匪焚郴州之学宫，毁宣圣之木主，十哲两庑，狼藉满地。嗣是所过郡县先毁庙宇，即忠臣义士如关帝、岳王之凛凛，亦皆污其宫室，残其身首，以至佛寺道院，城隍社坛，无庙不焚，无像不灭。斯又鬼神所共愤怒，欲一雪此憾于冥冥之中者也。”（《曾文集》卷二）

檄文中说太平天国“乃开辟以来名教之奇变，我孔子孟子之所痛哭于九原，凡读书识字者又乌可袖手安坐，不思一为之所也”？！这几句话说出了曾国藩、罗泽南等人共同的激愤和目标。“为之所”，就是说要有一个对付的办法，他们组织湘军就是一个办法。（冯，六册，75 页）

照这些话看起来，曾国藩和太平天国的斗争，是中西两种文化、两种宗教的斗争，即有西方宗教斗争中所谓“圣战”的意义。这是曾国藩和太平天国斗争的历史意义。曾国藩认识到，在这个斗争中所要保护的是中国的传统

① 写于上一段有下划线文字的左侧页边。

② 此处“天主之田”与下文“天主之货”的两处“天主”，经查冯著及曾国藩《讨粤匪檄》原文，均作“天王”。

文化，特别是其中的纲常名教。……从这一点说曾国藩是守旧的，他反对中国进步。笼统地说是这个样子，但分析起来看，守旧和进步是相对而言的。纲常名教对神权政治说还是进步的，因为它是建立在人权之上的。这里所说的人权是对神权而言，并不是资产阶级所说的人权。……神权政治正是西方的缺点，洪秀全和太平天国所要向西方学习的正是这个缺点。如果洪秀全和太平天国统一了中国，那就要把中国拉回到西方的中世纪，使中国的近代化推迟了几个世纪。（同上，75页）

当时，西方帝国主义所强加于中国的不平等条约，大都提出两个要求：一个是通商，一个是传教。通商是向中国的经济侵略，从经济上剥削中国，使中国人永远贫穷；传教是向中国的文化侵略，使中国人永远愚昧。洪秀全和太平天国以国家政权力量推行基督教，这就起了帝国主义所不能起的作用。在这一点上，洪秀全可能不自觉，但客观上就是如此。（《新编》六册，75页）

曾国藩的成功阻止了中国的后退，他在这一方面抵抗帝国主义的文化侵略，这是他的一个大贡献。（同上，76页）

1841年起，曾国藩开始从唐鉴学道学，信奉程朱。（76页）

曾国藩一贯主张“不诚无物”……当然也就“不诚无礼”。《关雎》《麟趾》之意，“至诚恻怛之心”，概括起来就是仁，所以也就“不仁无礼”。……总而言之，曾国藩的礼学，是将礼与诚、仁融为一体，而不是就礼论礼。（同上，79页）

按：指深厚的同情心。①

礼（评近代经学，解剖麻雀）

“礼”归根到底是讲小地主阶级的统治制度，统治方法。儒家从孔丘起，就讲两种统治方法：“道之以政，齐之以刑，民免而无耻，道之以德，齐之以礼，有耻且格。”封建统治一贯讲这两种方法，它们并不是只一种，而是同时并用。

① 写于“至诚恻怛之心”一语的右侧页边。

“不诚无物”出自《中庸》，用其中的资料。

曾“保护善类”，“诚”的对面是“伪”，即指曾为“伪”“诚”预□定内省工作，心理平衡。[①]

（此段以下讲“曾国藩对于辩证法亦有所见”）

曾国藩之所以接受并信奉从张载到王夫之的气学，这是由于……只有气学的“气”不可能曲解为类似上帝的东西，而理学的“理”和心学的“心”都有可能解释为类似上帝的东西，所以只有气学可以与洪秀全的“上帝”划清界限。……这一点，用我们现在的话说，就是，只有唯物主义才能彻底反对宗教。

……至于在当时的实际斗争中，曾国藩还利用中国固有的宗教与西方传入的宗教作斗争，这已不属于哲学史范围，本书不予论述。（80 页）

按：“诚”是对观念、思想某种状态的形容，说明。诚从来没有人认为看作观念、思〖想〗以外的独立的东西。所谓“不诚无物”，就是观念、思想以外没有物。哪里有这样的唯物论？

土宗教、土迷信、土上帝，反对洋宗教、洋迷信、洋上帝，何以就成为唯物论了呢？[②]

照此说来，对洪秀全的宗教迷信本无必要在本书中论述，因为它是宗教迷信，不属哲学。宗教神学只可以说有无与否，不能说正确与否。无法像哲学讲认识、讲逻辑推理等。孟说“遁辞知其所穷”。[③]

曾国藩认为，行军之本是“爱民”。他说：兵法千言万语，一言以蔽之曰：“爱民。”他告诫部将说：总宜时时警省：以爱民为行军第一要义。他所说的“爱民”就是“不扰民”，他特地撰爱民歌，令兵勇读之。歌曰：三军个个仔细听，行军先要爱百姓。（**按：自此往下大段引用《爱民歌》。**）……照这首歌看来，他所爱的“民”并不限于某一阶级，而是泛指城乡居民。“大家”富人和“小家”穷人，概在禁扰之列。（**按：从来讲仁义道德、讲爱、讲诚，有哪个指明只讲对哪个阶级，而又不对另外哪个阶级。如果只讲爱地主阶级，那岂不等于动员农民阶级起来反对自己？**）（六册，82 页）

---

① 从“礼（评近代经学，解剖麻雀）”到此均写于“曾国藩一贯主张‘不诚无物’”这一段摘录文字的左侧页边。

② 此两段按语加在“曾国藩之所以接受”一段摘录文字的左侧页边。

③ 此段按语加在“曾国藩之所以接受”一段摘录文字的右侧页边。

按：恰恰相反，一切旧有意识形态总宣称自己是全体人的代表。只有马克思主义例外。[①]

……他的政治所代表的根本利益是地主阶级的，他的军队也就必然是地主阶级的武装。所以他所说的“爱民”，都是就消极方面说的。至于军队爱民的积极方面，如帮助人民生产，为人民抗灾，这些方面，他都看不到了。这是他的阶级性所决定的。（**按：奇怪的阶级分析。照这么说，只要加进那些“积极的方面”，曾国藩的军队就不成为地主阶级的武装了！**）（83页）

曾国藩本以军“功”而致显位，但他告诫他的儿子们“切不可涉历兵间”，“不可从军”。这可见他的军事思想密切联系着他的哲学思想——“内仁外礼”这个总纲。（85页）

在对付太平天国的问题上，曾国藩和清廷的目的是相同的，但其出发点不同。清廷的出发点是维持自己的统治，曾国藩的出发点是保卫传统文化。他和清廷是同床异梦，同归殊途。（93页）

保卫传统文化[②]

按：不知曾国藩与清廷何以能够分开？照分开说，那就应该认为曾国藩的势力不是清朝势力的一部分，曾国藩不是清廷当权势力的一部分。没有清廷、整个政权的支持，他凭什么资本与太平军对抗？

如果曾的出发点只在文化，那就意味着他不反对农民及其他造反者，然而并不如此。捻军并无文化背景，曾也打捻军，并且用的是一支湘军。……等。更重要的，不但清政权反对太平天国，以基督教为国教的（西方）英国也反对太平天国。[③]

① 写于上一段摘录文字的右侧页边。

② 写于上一段加双下划线的“保卫传统文化”数语的左侧页边。

③ 这两段按语，写于“在对付太平天国的问题上”一段摘录文字的左侧页边和页脚。

现代性中的传统问题

（1998.6.1 晨起床时想到）

一、现代性与传统的关系——有没有不变的传统——历史是变的，传统也就是变的。有没有脱离传统——即国情、国家历史文化的现代性？

二、中国传统文化中处于支配地位的是什么？或主流——西汉至五四运动——孔学或儒学。

三、孔学的核心问题——尊王攘夷——仁、礼即政治的纲领、道德、制度。

四、关于“道”的问题——阴阳之谓“道”——认识论——唯物论（非历史唯物论）辩证法。

五、近代儒学传统的衰落——近代经学、托古改制、三民主义、马克思主义，它们熔铸在中国近代历史里，不可分割。

六、现代性中传统的地位——它们在现代生活中发生作用的主要内容：

1. 民族独立、国家统一。

2. 批判继承的道德。

3. 认识论——唯物论辩证法。（**注意：唯物论、历史唯物论不能混二而一。唯物论早有，历史唯物论是马克思主义才有。**）

4. 夷与非夷的文化观——文化问题上的开放思想——这和上面几项是相联系的。这一些是基本内容。

（这六条实际是两项内容：一至五讲背景，六是讲传统与现在。所以不能六项平列，重点在后面。否则就失去中心。）[①]

---

① 括号中内容为 8 月 10 日所写。

对《近代经学》的修改想法[①]

近代经学概述

近代经学概述弁言

近代经学的概述（中国古典哲学的终结）

近代经学概述剩语

核心提纲

一、近代经学今古文两派的起落都是和中国社会危机、社会基本矛〖盾〗斗争相联系的。从这方面看，它表现出的是两汉经学的本色。

二、经学里面没有民族独立与否这种语言，但有夷与夏、夷与非的对立，经学里面没有社会生产落后、现代化这种语言，但有“革新”“开新”守旧的对立。中国近代社会危机、发展演变，集中起来的民族丧失独立与社会生产落后两个基本问题也就〖是〗经学今古文两派争论的问题。

三、中国近代社会矛盾和斗〖争〗，最后民族危机越来越严重，就像打了一个死〖结〗，没有大变动或者找不到出路，经学那种古老的思想学说，不可自身革新适应社会要求，无论哪派，走到末路——中国古典哲学终结。

（改变旧稿极要）

注意

各节分甲乙段

甲、代表人物及其著作

乙、不同观点争论的问题

具体问题

1. 倒转《礼运》大同小康，洪秀全为第一人，康有为在后。

2. 章太炎讲《庄子》，可以用，但讲清楚不是讲经，不要硬联在一起。

---

① 此手稿写于 1999 年 5 月 28 日上午。

关于论康熙问题的思考

论康熙问题涉及对史可法、郑成功的评价。

康熙的活动是肯定的，史、郑等并不因此就要否定。因为他们的行动是对立的，但其活动的意义是不同的意义。

清代前期康等是推动了中国历史的前进。其中包括扩大版图，发展经济，抵抗早期殖民侵略。郑、史的活动在这方面从历史发展来看是没有意义的。但是他们反对的是一个生产、文化落后的少数民族的贵族统治。这个贵族有不同于大汉族……的特殊利益。“满清”与明王朝是两个并立的政权。在当时的封建的历史条件下，这种政权的转移意味着一个国家为另一个国家所征服（？）。郑、史等活动在当时是爱国的活动。首先是爱地主阶级的国。表面上看有爱全中国之意（？）。马克思《德意志意识形态》——把自己的思想赋予了普遍的形式，仿佛是代表全体，分不清特殊利益……

论叶赫·那拉氏（提纲）

仿《窃国大盗袁世凯》。中国最早的帝国主义代理人——写不朽之作。

总结的历史发展过程……

这是历史的必然规律。是长远起作用的。

国家是阶级专政的工具。“爱国”就一定有其阶级内容，不能脱离。

洪秀全、康有为、孙中山都是八十年来中国要求改变现状、革新的一面的代表。曾国藩、那拉氏、李鸿章、袁世凯是反动一面的代表。（《文史资料选辑》第26辑，溥杰文）

那拉氏的一生是反对革命的一生。她的是非功过，没有什么要叙述的。她是一个反面人物，那是已经论定的。我们认为值得论述的一点是：阶级斗争与阶级斗争推动历史前进这个历史唯物主义的基本观点，从那拉氏一生可以得到很好的说明。

一、阶级斗争的形势把一个平凡的人物推上了历史舞台。（1）取得政权靠外国与新兴地主（清宫廷矛盾，没有外国势力，没有新兴地主的支持，她不可能上台）。此处着重研究洋务的性质变化等。（2）中法、甲午战争中，特别是义和团运动中，不是个人才能，而是阶级斗争形势决定她必须那样。结果躲过了农民打击锋芒。

二、她建立的统治的阶级基础。有旧的基础——地主阶级，有新的基础——买办阶级。

洋务派、顽固派（名称）、北洋势力、清流派等。

人民是历史的主体。她经历了三次革命高潮。每一次都有很大的改变。最后不能阻止辛亥革命。这不是个人决定的，也不是反动统治者决定的（群众与个人的关系）。

三、不只讲其个人的许多活动的动机，而是叙述这些活动的历史意义。个人作用越来越小。

那拉氏支持的一个轮子是李鸿章与盛宣怀。李、盛兴起同时。中国历史上很少有一个女主实际统治中国近五十年。全文贯彻加强人民力量、作用的分量。

《论那拉氏》照《尼赫鲁为什么拒绝和谈》(见《红旗》1962年第22期。陈伯达同志称赞此文，认为把马克思主义具体化了)要求写。即具体论述这个统治的经济背景——大地主大资产阶级专政。1. 解决几个关键问题。买办何时出现等。2. 写法多保存原始材料，类似《甲申三百年祭》风格。

中法战后清政府的一些变化

一、中法战争前后买办化的官僚地主和商人。

二、中法战争前后清政府内部的几次斗争表现了同一矛盾，趋向同一结局。

1．清流派（假清流）的斗争（本身为地主阶级中不满对外投降的知识分子、中小官吏，主要是“言官”）。

2．湘、淮斗争。

3．宫内部斗争。

斗争的内容、结局：

1．内部：对外强硬一些，还是更多屈服一些——中华民族与外国侵略者的矛盾。

2．结局：每种都以与外国联系多的、主张屈服的获胜。西太后更无忌惮，李鸿章洋务派更得势。清政府买办性更多了。

三、那拉氏清政府变化的过程。

1．1860 年中外结合。

2．1885 年发展。

3．1901 年《辛丑条约》完成。“尽中华之物力，结与国之欢心。”①

内容着重为什么是人民而不是反动那拉氏、袁世凯推动了历史前进，和人民怎样推动了历史进行——注意讲课中说过的几点（附注在胡稿②上）。

---

① 应为“量中华之物力，结与国之欢心”。

② 按“胡稿”当指胡绳著《从鸦片战争到五四运动》。

中国近代的国内民族斗争问题（提纲）

一、问题的提出。

近代中国的民族运动首先是中华民族从帝国主义的压迫下解放出来的民族解放运动。这方面的问题一直是大家注意的。中国近代有没有国内民族运动这个问题还需要进一步讨论。看清楚这方面的问题最少有两个意义：一、丰富中国近代史。对一些问题作出正确判断。二、从而用正确的民族观点教育群众。

肯定中国近代史上有国内民族运动问题：因为一、中国是一个多民族国家。二、有残酷的阶级剥削压迫。因此国内各民族有两个方面的要求。一、和全国其他民族一起从帝国主义压迫下解放出来的要求。二、在国内争取与其他民族平等的要求。

二、依据什么来评判国内民族斗争。

1. 国内的民族运动是很复杂的问题。A. 阶级矛盾和民族矛盾交织在一起。国外斗争与国内斗争交织在一起。具体说是：B. 民族运动可能符合一个民族人民的利益，也可能违反其根本利益。C. 民族内部的反动统治者往往煽动民族情绪来达到自己的目的。他们把保卫自己的统治特权说成是保卫民族大多数人的权利。另一方面人民群众为了自己的利益进行斗争时不容易分清阶级利益与民族利益的界限。

2. 判断其〖是〗进步的革命的运动或者是相反，其依据可以是各不相同的。主要是：

A. 中国是帝国主义、封建统治的代表者清王朝统治的中国，中国不是人民的中国，不可能有人民的统一。因此，凡是削弱清政府统治的都是进步的——根据这个论点，几乎所有的国内民族运动都应当肯定。显然不对。

B. 中国各族人民的根本利益是反对帝国主义、封建主义的统治。要求从帝国主义压迫下解放出来。要求反对清政府的统治，民族运动就不利于反对帝国主义。因此，凡是分裂清政府的统治的就都是反动的，应当否定的。

显然这也是不对的。

C．正确的依据只有一条，马克思主义的阶级分析观点。即从一定的阶级立场来理解民族问题。（1）哪个阶级领导的，对谁有利，与其他阶级的关系。（2）什么时间，周围的条件，是全国革命运动的一部分，还是反对革命的一部分。

3．根据这个标准来判断民族运动有关的一切问题。A．独立政权问题。是否只有汉族可以有独立政权，少数民族起义就不可以。B．与外国的关系问题——不是凡有关系都坏，但也不能认为凡勾通外国都是可以赞成的。特别要重视帝国主义侵略中国的民族分裂的阴谋。尤其边疆地区是如此。C．杀人多少问题。哪个阶级，有无民族仇恨。不能超阶级理解。

三、用阶级分析观点看近代历史上各民族斗争。

从太平天国时起，至五四以前，包括杜文秀、张秀眉……西北、新疆、西藏、内蒙古等。从这里得出结论，基本上是有两类。肯定的，否定的。

四、只有消灭了阶级剥削压迫，国内各民族人民才能真正平等。（也就没有了那种运动。）这是中华人民共和国以后才实现了的。论及五四以后党对民族问题决议。

辛亥革命与五四运动之间
——从旧民主主义革命到新民主主义的转变

前人零散地讲过一点，都是服从他们当时需要的。

回答如何转变的，要从各方面论证。农民战争已无希望，特别是辛亥革命资产阶级的一切努力没有起色。资产阶级的各种方案都经过表演遭到破产——只有无产阶级领导是唯一出路。又有了无产阶级。世界范围是俄国十月革命，这是外部条件。

中国近代史研究诸问题（提纲）

没有近代史研究本身以前，先要回答一个问题：究竟我们为什么要研究近代史？

很奇怪，为什么研究近代史。这有什么好问的？谁还〖不〗懂得呢？其实回答可以是多种多样的。

研究近代史的中心，就是研究近代中国阶级斗争和阶级斗争的规律。研究历史，本来就是研究阶级斗争，不是只有近代史如此。但近代史的阶级斗争远不同于古代。一些新的阶级是新出现的，一些旧的阶级都换了一副新的面貌。它们都以自己的本来面目出现在历史舞台上。各自充分地表现了自己的本质。它远比古代历史上阶级斗争的内容丰富得多，复杂得多，更能表现规律性。而近代复杂的阶级斗争又离我们今天最近。这些阶级又都活跃于新民主主义革命时期的，又有些阶级现在还在。因此研究这段历史，它的意义不只限于一般的进行爱国主义教育，传播文化知识等等。它在今天我们的社会主义革命、社会主义建设中还具有特殊的意义。那就是：

第一，进行阶级斗争的教育。

第二，我们党的路线政策是从这个历史条件里产生的。研究这段历史有助于阐发党的路线、政策背景，说明它的正确性。它对于毛泽东思想也是这样。

第三，对今天世界革命运动有普遍意义。特别是亚非拉美有些地区的斗争，还处在中国当时的时期，总结这个斗争的规律，使之可以借鉴。

中国半封建半殖民地是一个典型，不是只有西欧封建到资本主义的国家有普遍性。中国近代也具有普遍性。

为什么今天我们要研究近代史？这就是我们的目的。一切问题研究，应当服从这个目的。

历史事实是谁也不能更改的。但每个时代的人们总有自己的不同的出发点来研究。

当然问题不能只这一些，重要的是方向。考证、资料也要有这种方向。

成果的形式不止一种。一个问题可以写文章，也可以写出专门著作。帝国主义如何破坏太平天国革命，帝国主义如何破坏资产阶级知识分子，都可以写一本书。

目前讨论的其他问题，都要按照方向去决定是否展开。

最后，让我们在近代史研究中，高举起马克思主义旗帜。

这样研究近代史的人就要熟悉世界当前阶级斗争形势，熟悉党的政策。熟悉后三十年历史。熟悉当前的思想斗争。最后的立脚点是现在。引古语：知古不知今，是为陆沉。反对陆沉。

全文分三部分：

一、回答为什么研究近代史。

二、应当研究的方面，意义所在。

三、回答问题。

1. 可不可从当前需要出发。

2. 这样是否没有科学，变成了政治。

3. 研究更困难了——讲人才训练问题、修养问题。最后一段讲为什么研究上有资产阶级、马克思这两种观点、两种作用，结果也有两种。

关于资本主义部分问题：

一、中国资本主义是怎么产生的。

二、中国资本主义是如何分为两个部分的。

三、中国民族资本主义的共同性和大中小之间的特点。

四、中国资本主义三个浪潮的政治、经济原因——包括辛亥革命以后资本主义发展的原因。半殖民地半封建的资本主义特殊形态、典型意义问题——世界各国状况，西欧、俄、德、日等国。

人民群众如何推进历史（提纲）
——中国近代史的一个考察

一、引言

二、中国近代史上的人民群众

三、人民群众是中国近代历史的主体

四、从群众与领袖的关系看群众是历史主体的问题

五、群众创造历史不是依靠个别活动，而是依靠阶级、阶级斗争

六、群众革命与历史飞跃

七、人民群众不是随心所欲创造历史，必须遵循历史发展的规律

八、不同的阶级，不同的活动，不同的作用

九、反动统治者阻滞历史前进，人民群众推进历史必然走着艰苦曲折的道路

十、现代修正主义者对待人民群众的观点完全是资产阶级观点

为什么要研究中国近代史[①]

中国近代史是全部中国历史的一个部分，一个段落。从根本上说，我们所以要研究、了解整个人类历史的道理，也就是为什么要研究、了解中国历史和中国近代史的道理。

历史研究所讲的，全部都是过去了的事物。人们从各种不同的角度出发，怀着各种不同的兴趣，研究、了解过去，理由说来说去，基本上不外乎两条：一，要求认识自己的来历，其中包括思想文化的来龙去脉，专门知识的发展、进步；二，寻求根据，来判断现在，瞻望未来，其中寻求历史发展前途的答案，占着主要地位。人类社会、国家民族，到处充满着矛盾和斗争。它们从何处来，向何处去，不管你关心不关心，问题总摆在每个人面前。中国古人谈论历史，不断地提出“彰往而知未来”“述往事，思来者”“鉴往知来”“察古而知今”等等说法。古人虽然不能从历史发展规律的意义上理解过去与现在、未来的关系，他们却明白地宣告了，谈论历史，不能离开古与今的关系，过去与现在、未来的关系。这绝非偶然的现象。历史与现实的不可分割性使人们必然得出这样的看法。现代古生物学、考古学的知识，把类人猿进化到人类社会的时间，提早到了百万年以前。从那时起，人类社会历史就开始了自己的摇篮时代。看起来，它离我们今天的生活非常遥远，但并不能说没有联系。我们知道，缺少了类人猿到人类社会的进化和旧石器、新石器等漫长的原始社会的历史，人的起源、人类历史发展最初的重要阶段，就会成为一个巨大的空缺。科学不能作出说明，上帝创造人类、创造世界的宣讲，就会情不自禁地去填补那个空白，令人怀疑历史唯物主义。历史事物是已经永久固定下来的，不可改变了的。但人对它们的认识是可以不断深化，不断更新的。历史不会完结，人的研究、认识的更新，它与后来的联系也就不会完结。一般地讲，这就是我们要研究、了解人类全部历史的道理。

---

① 此为一草稿片段。后有铅笔写“11. 23. 以上今天写的。晚上小刘回京。明天拟改武汉讲稿。冷，9 点睡”。

每个国家的民族，每个时代的历史，又都有不同于其他时代的独特内容。没有某种独特的内容，也就不存在这段历史了。讨论为什么研究中国近代史，我们必须紧紧抓住它独特的内容。不然的话，就会停留在为什么研究人类历史的一般道理上。人们不会满足那种回答。

中国近代史是中国私有制、阶级对抗时代历史的延续。

中国民主革命时代（提纲）

一、写历史书和文学创作不同，它没有选择的余地。不能随意愿写什么，不写什么，或多写什么少写什么。不能改变历史。但是照我想，历史书仍然有各种写法。平铺直叙、无所不包是一种写法。按照某种实际需要，有的放矢是又一种写法。我这里采取的是后面那种办法。

二、有私有制以来的人类社会历史就是阶级斗争的历史。科学的历史书最根本的任务就是要说明阶级、阶级斗争的性质、各阶级之间的相互关系，它们的发展规律。中国近代的阶级、阶级斗争与过去任何时代相比都要更复杂得多。这本书想着重来叙述产生阶级、阶级斗争的状况，它们的相互关系、性质等等。让人们知道阶级、阶级斗争不是一个抽象的概念，并且它与今天的生活有直接联系。

人民群众是历史的主体，这是一个马克思原理。但古代和近代还有不同。恩格斯说，古代的阶级斗争主要是在统治阶级内部进行的。在近代，帝国主义及其走狗，把中国变成殖民地和中国人民反对帝国主义的斗争空前激烈。人民群众推动历史前进的作用比任何时候都表现得更加显著。两种势力的长期斗争证明真正强大的不是帝国主义以及其走狗，而是中国人民。这是本书所着重叙述的又一个根本内容。

基础与上层建筑都要论及。讲经济的目的是为了说明阶级、阶级斗争的背景，和说明那些阶级、阶级斗争的特点。不是要求讲近代经济史。讲上层建筑里意识形态领域的斗争，也是为了讲人民如何在旧的思想下解放出来，人民的进步的革命思想如何战胜反动思想。目的不在于讲近代思想史。

三、目前中国人民和世界人民的革命斗争要求彻底批判资产阶级思想、批判现代修正主义、推动革命运动的前进，最后战胜帝国主义。本书这样写就为了适应这个需要。

有人说写历史要介绍历史知识。问题在于介绍什么知识。我不反对在一本历史书里包括更加广泛的知识。我在这里讲的是近代中国阶级斗争的知识。

人民与帝国主义及其走狗进行斗争中最后战胜帝国主义的知识。我把这本小书献给一切站在人民群众一起、投身于当前阶级斗争、投身于反对帝国主义斗争的英勇的革命的人们!

题　词

黄一欧逝世挽词①

1981 年 1 月 14 日

名著两代，辛亥遗老无多位；

书迟一步，民报旧址问何人！

---

① 载刘大年著《赤门谈史录》，人民出版社 1981 年版，第 171 页。黄一欧为黄兴长子，中国同盟会中最年轻的会员；逝世前为民革中央委员、民革湖南省委主任委员。

新春联[①]

1984 年 1 月 28 日

两个文明同建设无分甲乙；
四项原则共坚持永传子孙。

雪花献瑞玉龙鳞甲飞大地；
绿酒添欢家人父子舞丰年。

海宇尘嚣坚甲牧马立国之道；
人寰春暖孺子为牛尽我所能。

岁月峥嵘应知花甲易屈指珍惜少壮；
江山锦绣乐与赤子同存心服务人民。

---

① 原载《人民日报》1984 年 1 月 28 日第 8 版。

岳阳楼楹联①

1984年4月1日

鲁肃兵轻范公文远万般气象观今日；
滕王歌歇黄鹤踪杳十面湖山上此楼。

①刘大年手稿中有："岳阳楼大修办公室负责同志：岳阳楼大修是一件好事。很早以前我曾去那里游赏。接悉征集作品来信，写了下面两行字：'鲁肃兵轻范公文远万般气象观今日；滕王歌歇黄鹤踪杳十面湖山上此楼。'奉寄一览，表示我很赞成你们的工作。内容单浅，不宜书写张贴，浪费笔墨。简复。敬礼。一九八四年四月一日。"

《中国历史学年鉴》题词[①]

1984 年 12 月 27 日

众人之力
一年之鉴

刘大年

①1984 年 12 月 27 日，刘大年出席中国史学会举办的《中国历史学年鉴》创办五周年茶话会，并为《中国历史学年鉴》题词。该题词载中国史学会《中国历史学年鉴》编写组编《中国历史学年鉴》（1985），人民出版社 1985 年版。

移情阁孙文纪念馆题词①

1985年4月13日

中山先生，革命先行。
纪念一馆，神户之滨。
天下为公，大宇镌铭。
中日友好，永垂子孙。

专程谒访
1985年4月中旬

① 摘自刘大年1985年4月13日之访日日记。

《纪念陈寅恪教授国际学术讨论会文集》题辞①

1988 年 6 月

大师世所尊

谨题

陈寅恪先生纪念论文集

刘大年

一九八八年六月

① 载纪念陈寅恪教授国际学术讨论会秘书组编《纪念陈寅恪教授国际学术讨论会文集》,中山大学出版社 1989 年版。

《岳阳地区苏维埃时期文化史资料汇编》祝辞①

1991 年 5 月

霜天岁月

大众心声

《岳阳地区苏维埃时期

文化史资料汇编》祝辞

刘大年

一九九一年五月北京

① 来自刘大年手稿。《岳阳地区苏维埃时期文化史料汇编（1927—1937）》由岳阳市文化局 1996 年编印。

在赠给乔还田的书中题词①

编检多劳，酬谢荒落。
迟奉此册，幸箴吾过。

①原载乔还田《寻找成功的写作者》，《出版科学》1997年第1期，第51页。乔还田，时任人民出版社编辑。

给金以林题字[①]

1997 年 2 月

客观世界的运动没有穷尽，人的认识也不可能有穷尽。对科学的权威必须尊信，对时兴的权威必须分析。走自己的路，去追求自己想要达到的境界。

金以林同志嘱草

刘大年　一九九七年二月木樨地

① 来自刘大年手稿。金以林当时在香港大学中文系攻读硕士学位。

为《近代史研究》创刊一百期题词①

1997 年 4 月

民族生存，要知古今。

不能盲瞽，尤惧陆沉。

① 原载《近代史研究》1997 年第 4 期。

为《山东社会科学》创刊十周年题词①

1997 年 4 月

《山东社会科学》创刊十周年

众人同德

十年有成

刘大年

一九九七年四月

① 原载《山东社会科学》1997 年第 5 期，第 8 页。

《中国社会科学院研究生院学报》百期纪念题词[①]

1997 年 5 月

《中国社会科学院研究生院学报》百期纪念

走自己的路，走科学思想理论指引的路。

刘大年

一九九七年五月

① 原载《中国社会科学院研究生院学报》1997 年第 4 期。

参观麻田八路军总部纪念馆并题词①

1997 年 5 月

民族之光

①1997 年 5 月中旬，刘大年重返太行山，参观山西左权县麻田八路军总部纪念馆，留下题词。

为传记写作题词①

1997 年 8 月 2 日

非则言非，是则言是。
声闻过情，昔人所耻。

刘大年
一九九七年八月二日

①湖南师范大学历史系拟为八位湘籍史学家作传，周秋光教授负责《刘大年传》的写作。这是刘大年先生在接受传记资料收集者访谈时在来访者笔记上的题词。

为上海《文汇报》创刊六十周年祝词①

1997年10月28日

信息盈十面
声名播五洲

① 来自刘大年遗稿。1997年10月28日，刘大年给《文汇报》编辑施宣圆回信，说："遵嘱凑了几百字，填满稿纸格子而已。没有胜语，想用'信息盈十面，声名播五洲'表示祝贺。有无可取，我就不问了。"

为《中国石油报·文史咀华》专版创刊题词[①]

1997年11月16日

科学技术门类繁多，任何人都不可能、也不需要把它们都掌握起来。如果有一门知识是大家都应该有所了解的，那就是人文社会科学、文明祖国的历史文化。一个人的行动要受灵魂支配，人文社会科学就是支配我们了解过去，辨认祖国的现状、前途命运，自觉地在社会主义道路上胜利前进的灵魂。我是说，应该有所了解，不是认为大家要像石油开采与提炼那样，深层地钻下去，然后又炼制出种种高型号的产品。假使有人对此有兴趣，学而不厌，当然一样值得赞许。编辑部开辟人文社会科学专版，很有眼光。我相信它会受到读者的欢迎，编者和读者将从中各有所获。

①原载《坚持古为今用，探析治世精义——于光远、刘大年、任继愈、张岱年、何祚庥、何兹全为本报〈文史咀华〉题词》，《中国石油报》1997年12月28日第3版。

《居里夫人》电影台词[1]

1998年6月3日

《居里夫人》电影台词

辞别旧日，迎接新春。
抛弃谬误，拥抱真理。

1998年6月3日晨

① 选自刘大年1998年6月3日晨在《刘大年史学论文选集》扉页上的题词。该诗是受电影《居里夫人》片尾居里夫人的讲话的启发而写的。刘大年先生去世后，该诗刻在湖南省华容县烈士陵园将军墓区刘大年先生和夫人合葬墓的墓碑正面最上方。

新年贺辞：寄呈后藤田正晴会长先生 ①

1998 年 12 月 22 日

东京拜会，识荆嫌晚。
中日关系，贵照肝胆。
以史为鉴，前途璀璨。
友好之车，尚赖推挽。
谨贺新春，福寿双添。

中国社会科学院
刘大年
1998 年 12 月 22 日

① 刘大年遗稿。后藤田正晴，时任日中友好会馆会长，曾任日本内阁副首相。

为《五四图史》题词①

1999年

德赛两先生不朽！

① 原载丁守和主编《五四图史》，辽海出版社1999年版。

为《中国近代启蒙思想》题词[①]

1999年4月

五四运动八十周年

德赛两先生不朽

刘大年

一九九九年四月

① 原载丁守和主编《中国近代启蒙思想》，社会科学文献出版社1999年版。

为湖南华容何长工纪念馆题词①

1999年10月7日

湖南华容何长工纪念馆

古邑新篇德业名隆洞庭水；
会师制敌功勋世重井冈山。

朱毛井冈山会师，何是最早的联系人。可用则代书。

刘大年

① 来自刘大年手稿。手稿中有："传贵同志：函悉。华容设立何老纪念馆，闻之欣慰。邮去两行浅语，怀念先贤，并寄乡心。有无用场，你们自行决定，万勿迁就凑合。如用可代书。敬礼。一九九九年十月七日。"传贵，为湖南省华容县工作人员刘传贵。